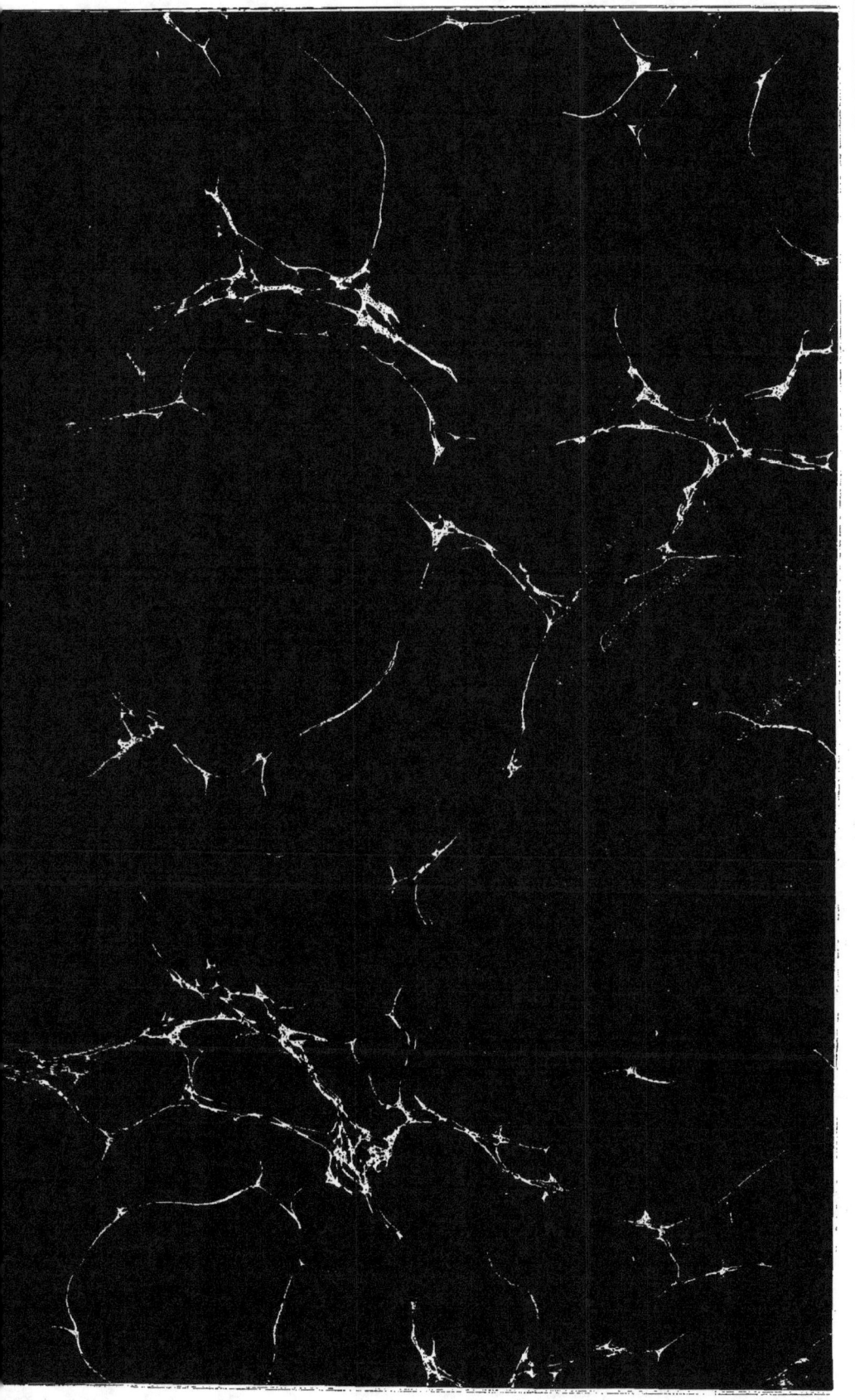

HISTOIRE CRITIQUE

DES ORIGINES ET DE LA FORMATION

DES ORDRES GRECS

HISTOIRE CRITIQUE

DES ORIGINES ET DE LA FORMATION

DES ORDRES GRECS

PAR

CHARLES CHIPIEZ

ARCHITECTE

Professeur à l'École spéciale d'Architecture

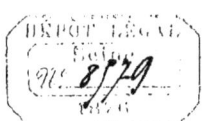

PARIS

Vᵉ A. MOREL & Cⁱᵉ, ÉDITEURS

13, RUE BONAPARTE

—

1876

Tous droits réservés

AVANT-PROPOS

Les formes architecturales représentent, ou peuvent toujours représenter des abstractions. L'artiste, suivant les expressions de Gœthe, « place ses moyens matériels sous la dépendance d'une inspiration raisonnée, à laquelle il les fait servir d'instruments ».

Ces deux principes, *abstraction, inspiration,* qui dès l'abord interviennent dans l'œuvre monumentale, semblent opposer d'insurmontables difficultés à l'étude des formes originaires. Comment, en effet, découvrir la source des idées ou des sentiments dont elles émanent dans le champ sans limites ouvert aux conceptions primitives?

L'intérêt qui s'attache à cette question a eu le privilège de provoquer de nombreuses recherches.

Au sujet des monuments helléniques, deux théories

depuis longtemps formulées divisent, aujourd'hui encore, un grand nombre d'esprits.

L'une trouve, dans les antiques sanctuaires en bois de l'Hellade, le modèle qui aurait imposé non-seulement la forme générale de l'édifice en pierre, du temple dorien, mais les formes particulières des éléments qui le constituent. Dans ce système, « le tronc d'arbre devient le type de la colonne; mais bientôt le type sera transformé de telle sorte, qu'il ne gardera plus de commun que les conditions de solidité ».

Dans l'autre système, tout principe d'imitation est nié, et l'on affirme que les membres d'architecture, et spécialement la colonne, « dérivent des nécessités de la construction en pierre, et doivent à cette seule origine leur forme et leur beauté ».

Ces théories ne se sont pas produites sans soulever de sérieuses objections.

On a justement fait remarquer qu'il y aurait invraisemblance et même impossibilité à substituer la pierre au bois, en donnant à celle-là les formes qui conviennent à celui-ci. Le mode d'emploi est réglé par la constitution et les propriétés des matériaux, parfois diamétralement opposées. Il a donc été facile de prouver que la métamorphose du temple ligneux en édifice lapidaire n'aurait pu s'opérer que par l'interversion des lois de la statique.

On a dit encore que, si les nécessités constructives remplissaient un grand rôle dans les édifices, elles s'imposaient à l'artiste comme moyen de réalisation, et non comme source de création; que l'œuvre d'art se manifeste dans un ordre expressif supérieur à celui des exigences matérielles, c'est-à-dire par une beauté qui la caractérise en propre.

Ces systèmes, tendant à expliquer les formes architecturales par des principes admis *à priori,* sont insufsants à déterminer l'origine de l'art monumental hellénique. On le prend bien au point de départ, il est vrai; mais on le considère comme indépendant de toutes relations extérieures; on le suppose autochthone, sorti de ce sol duquel le peuple grec prétendait être né lui-même.

Sans repousser complétement l'action des influences étrangères, les partisans de ces théories ne l'affirment pas; et, comme l'ethnographie et l'histoire semblent n'apporter à ce sujet que de vagues présomptions, ils n'y attachent qu'une médiocre importance.

Dès la fin du siècle dernier, les travaux de l'expédition scientifique d'Égypte, en nous initiant à l'art des Pharaons, donnèrent naissance à une opinion nouvelle : on crut trouver dans les monuments des bords du Nil le prototype des formes helléniques. Ce sentiment paraissait rencontrer une confirmation évidente dans des légendes qui, tardivement produites en Grèce, attribuaient aux Égyptiens la fondation d'un certain nombre de villes du Péloponèse et de l'Attique.

Dans notre siècle, la découverte inespérée des monuments de l'Assyrie, les explorations archéologiques de la Perse, de la Phénicie et de l'Asie Mineure, ont eu ce résultat, de déplacer de l'Égypte le berceau de l'art grec et de le transporter dans l'Asie. Les deux contrées ont partagé pendant quelque temps cet honneur; puis, finalement dépossédée au profit de l'Asie, l'Égypte s'est vu dénier jusqu'à la plus minime part d'influence sur l'art hellénique.

Aujourd'hui, la théorie de la *filiation des formes,* sur laquelle reposent ces derniers systèmes, paraît généralement acceptée. Une connaissance superficielle des monuments antiques suffit, il est vrai, à faire supposer que certaines formes élémentaires, apparues dans des localités déterminées, ont pénétré par une sorte d'irradiation, à des siècles d'intervalle, sous d'autres climats, ont été modifiées par d'autres peuples, *transformées* peut-être, tout en restant reconnaissables.

Mais ceci complique le problème de l'origine des formes architecturales, au lieu de le résoudre.

Sont-elles, en effet, la conséquence d'une sorte d'atavisme, ou bien doivent-elles être considérées comme des analogies fortuites?

L'expérience que les siècles se transmettent aurait-elle fait rayonner au loin, en dépit des différences de races et de civilisations, les formes similaires, issues d'une origine unique? Ou bien, produites par des causes identiques, seraient-elles nées dans des lieux différents, à des époques indéterminées et précédées des mêmes périodes d'incubation et d'essais?

Enfin, hors les principes invoqués par les théories que nous venons d'analyser, n'existe-t-il pas des sources inspiratrices, intimement liées à la condition de l'œuvre d'art, et dont influence sur l'artiste soit susceptible de constatations?

C'est ce que nous allons demander aux faits, c'est-à-dire aux monuments que le temps a conservés, et nous choisirons pour base de nos recherches l'élément constitutif des ordres grecs, la colonne.

Remonter aux formes primordiales, en suivre le développement, éviter de les séparer de ce qui les précède, et de les dégager de ce qui les entoure; et, à mesure que cette étude se déroulera sous nos yeux, déduire les conséquences : tel est le plan que nous nous proposons.

Nous ne pouvons songer, cependant, à écrire l'*histoire* des Ordres dans le sens étendu que comporte ce mot; notre seul but est de présenter, dans une esquisse rapide il est vrai, mais longuement préparée, l'ensemble des causes qui ont déterminé les formes grecques.

On chercherait donc en vain, dans cette étude, sur les architectes anciens et sur leurs œuvres, des indications que nous ne fournissons point, parce qu'elles transformeraient chacun de nos chapitres en un volume. A temps voulu du reste, et suivant l'opportunité, nous traiterons plus amplement certaines parties de notre sujet.

Un autre motif a contribué, pourquoi ne le dirions-nous pas, à restreindre le côté purement archéologique de nos recherches. Nous avons trouvé naturel de recourir aux lumières que l'architecte puise dans le sentiment de son art, plus qu'aux ressources de l'érudition : il nous a semblé que, dans une question si intimement liée au principe même des formes, ces lumières devaient être un guide plus éprouvé et plus sûr.

PREMIÈRE PARTIE

PÉRIODE ORIENTALE

PREMIÈRE PARTIE

PÉRIODE ORIENTALE

I

ÉGYPTE

COLONNES FIGURÉES

I

*Description du premier type d'édifices figurés dans les bas-reliefs égyptiens.
Le pan de bois.*

Un grand nombre de siècles avant la naissance de l'architecture dorienne, à une époque si reculée qu'elle semble appartenir aux âges géologiques, l'Égypte possédait l'art de tailler, de polir et d'appareiller les pierres. Elle superposait les énormes blocs quadrangulaires de ses édifices avec une science et une habileté qui ont triomphé des efforts du temps. Et malgré la simplicité, la pauvreté même, des ressources plastiques, les dynasties memphites ont élevé des monuments dont l'incomparable expression de grandeur et de stabilité, plus que les proportions colossales, a mérité l'admiration des siècles.

PREMIÈRE PARTIE.

L'étude de ces monuments révèle d'étranges particularités.

On voit des monolithes, et même des édifices appareillés, affecter les formes qui appartiennent en propre

aux constructions en bois et offrir l'aspect d'une claire-voie charpentée, ou plutôt d'une vaste cage[1]. Sur les parois se détachent, en bas-relief, des saillies plus ou

---

[1]. Sur les édifices des IVe et V^e dynasties, voy. Mariette, *Aperçu de l'Histoire d'Égypte*, p. 78.

ÉGYPTE

MUSÉE DU LOUVRE

moins nombreuses, disposées toujours d'après un même principe. Les traverses et les montants quadrangulaires, assemblés à angles droits, en forment la structure apparente, et une succession de surfaces planes, en retraite les unes sur les autres, simulent entre les montants un remplissage de panneaux creux. Dans cette construction imitative figurent la plupart des éléments qui entrent de nos jours dans la construction des pans de bois. On y trouve les poteaux et les sablières, les potelets et les linteaux; seules, les pièces obliques appelées *guettes* et *décharges* y font absolument défaut (F. I) [1].

Postérieurement à l'époque où ces monuments furent édifiés, des représentations de même genre forment, sur les bas-reliefs, un fond duquel se détachent des personnages. La continuité et les dimensions semblent indiquer une décoration murale étendue. Des ornements géométriques variés couvrent les surfaces des montants, des traverses et des remplissages, qui prennent ainsi un caractère d'extrême richesse (F. II) [2]. Ce système d'imitation paraît avoir été abandonné sous le Nouvel-Empire.

---

1. Musée du Louvre, stèle, c. 15. Cette stèle appartient probablement au commencement de la XIIe dynastie (3064-2850). De Rougé, *Notice des monuments du Louvre*, 4e édit. — Les monuments de la IVe dynastie (4235-3950) offrent des formes semblables.

2. Musée du Louvre. Bas-relief, b. 49.

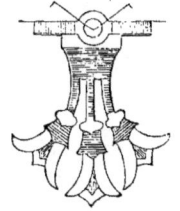

6   PREMIÈRE PARTIE.

II

Description du second type d'édifices figurés dans les bas-reliefs égyptiens.
L'édicule ouvert.

Dès la IVe dynastie (4235-3950), les bas-reliefs et les peintures montrent des édicules, sortes de petits

temples, d'un système de construction tout différent. Autant, dans le premier, les éléments sont rapprochés et l'édifice fermé, autant dans celui-ci les éléments sont séparés et l'édifice ouvert. Ces petits monuments se composent, en général, de deux supports minces et coniques, sortes d'aiguilles, toujours pourvues de chapiteaux, de socles, et reliées au sommet par des éléments horizontaux d'une faible hauteur (F. III et V) [1].

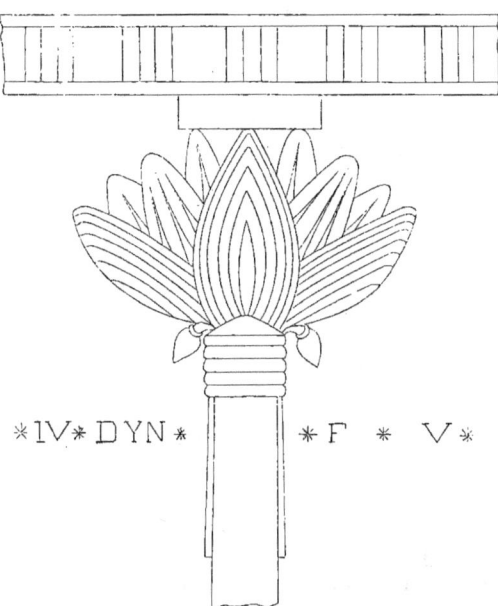

Suivant les époques, ces représentations accusent des différences que nous allons signaler, sans chercher toutefois à établir une classification rigoureuse.

[1]. IVe et V^e dynasties (4235-3702). Lepsius, *Denkm.*, II, pl. 14, 52, 61.

8 PREMIERE PARTIE.

Aux époques les plus anciennes, le fût des colonnes est limité par des lignes droites, et des rayures y indiquent parfois les pans ou les stries (F. IV)[1].

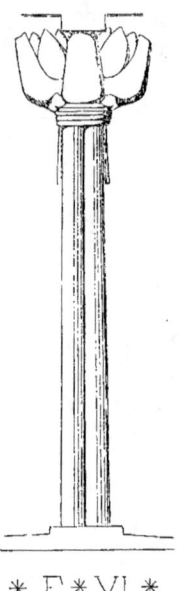

* F * VI *

Le chapiteau représente des formes végétales, ordinairement un bouton de plante entouré de bractées. L'ensemble, loin d'être compacte, laisse passer la lumière à travers les interstices des feuilles et des fleurs (F. V)[2]. A la partie inférieure, le chapiteau est attaché à la colonne par de nombreuses ligatures et un abaque mince

1. Prisse d'Av., *Hist. de l'art égyptien*, atl.
2. Prisse d'Av., *ibid.*

ÉGYPTE

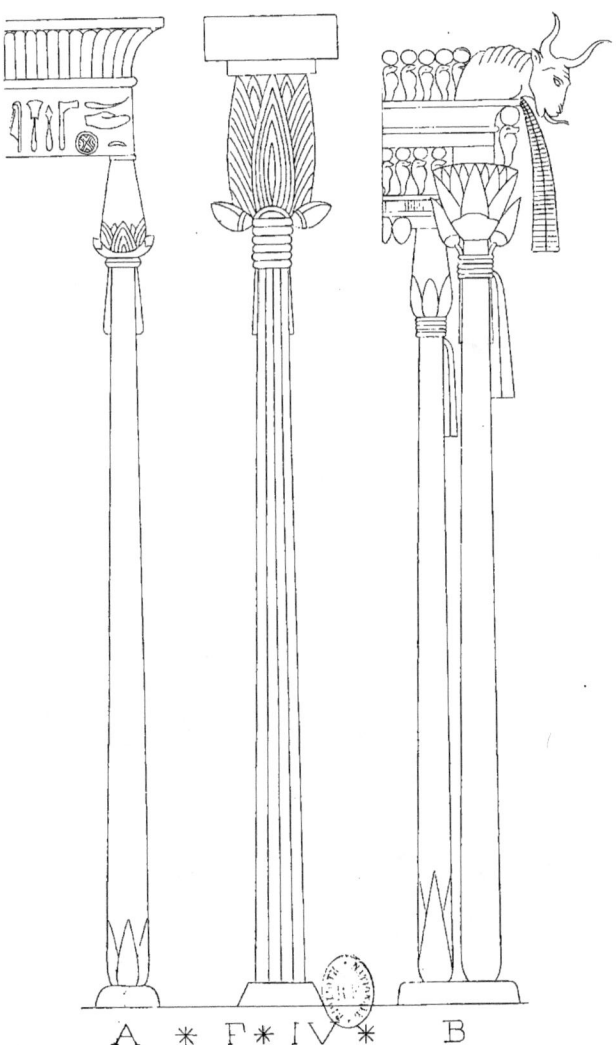

ÉGYPTE.

et large termine cet assemblage invraisemblable. La colonne, ainsi constituée, supporte un entablement composé d'étroits filets horizontaux, que sépare une face ou peut-être un vide régulièrement interrompu par des lignes verticales, dans lesquelles on a cherché l'origine des triglyphes[1].

A des époques postérieures, quelques-unes de ces formes subissent des changements assez notables. Les colonnes sont accouplées (F. VI)[2], puis réunies en

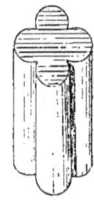

F. VII

faisceau (F. VII). Les proportions s'écourtent et le fût, arrondi à la partie inférieure, repose sur un dé hémisphérique (F. VIII)[3].

Plus tard encore, le chapiteau s'épanouit et se développe en éventail; alors les formes végétales se multiplient, s'allient à des ornements géométriques, et se superposent dans des dispositions mouvementées et fantaisistes (F. IX)[4].

Dans ces colonnes, relativement trapues, l'abaque

---

1. Prisse d'Av., *Hist. de l'art égypt.*, atl.
2. Lepsius, *Denkm.*, II, pl. 57.
3. Prisse d'Av., *Hist. de l'art égypt.*, atl.
4. Prisse d'Av., *Hist. de l'art égypt.*, atl.

devient parfois cubique. Les proportions de l'entablement s'accroissent, et les lignes verticales qui rappel-

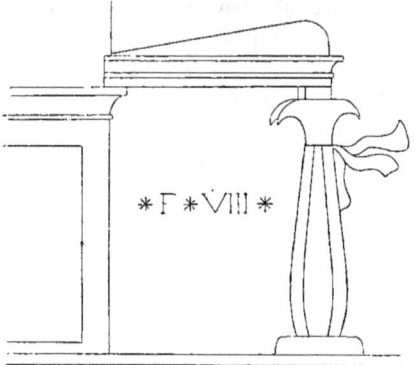

lent les triglyphes, également espacées et de couleurs

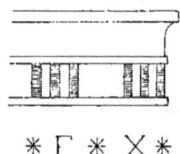

différentes, s'étendent sur toute la longueur de l'entablement (F. X)[1].

---

[1]. Musée du Louvre. Stèles, c. 76, c. 80.

ÉGYPTE

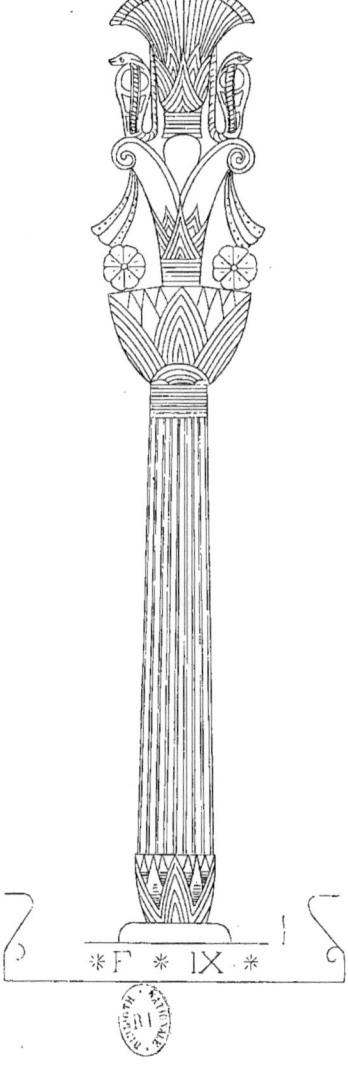

III

Recherche de la valeur imitative des édifices figurés. — Explication du nombre restreint des éléments columnaires.

Quelques archéologues pensent que ce mode de figuration reproduit, d'une manière plus ou moins conventionnelle, les constructions en bois. Leur opinion a été contestée.

On ne peut ni l'admettre ni la repousser sans discussion.

De nombreux édifices sont représentés d'une manière conventionnelle sur les vases grecs; on y observe la même exagération des vides sur les pleins, le même amaigrissement des formes. Les peintures de Pompéi offrent des exemples de ce genre non moins remarquables; la fantaisie y est portée jusqu'à l'extravagance. Dans notre moyen âge même, l'architecture *feinte* a reçu un développement considérable, et les caractères en sont parfois non moins bizarres.

Il est pourtant impossible de rattacher les formes architecturales ainsi dénaturées, *déformées* plutôt, à des systèmes de construction définis, quoique d'étroits rapports les unissent souvent à certaines formes de l'architecture réelle.

Dans ces circonstances, est-il raisonnable d'attribuer une valeur imitative aux fantastiques anaglyphes des monuments de l'Égypte?

Telle est la question à laquelle on est forcé de répondre, si l'on veut aborder avec des données suffisamment précises le problème des origines de la colonne lapidaire.

Il semble, à première vue, que ces figurations soient pour ainsi dire idéographiques : on dirait que l'on a voulu représenter l'idée d'un édifice plutôt que l'édifice même.

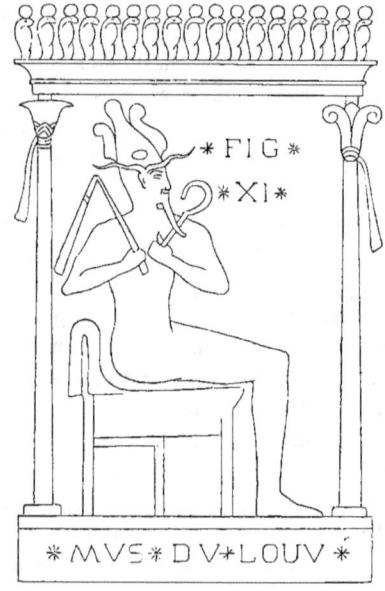

Le *naos* sous lequel repose Osiris (F. XI)[1] a en effet des formes semblables à celles de l'édicule sous lequel on foule la vendange à Thèbes ou à Beni-Hassan (F. XII)[2].

1. Musée du Louvre. Stèle, c. 80.
2. Osburn, *The monumental history of Egypt*.

Une étude plus suivie des monuments montre cependant que cette observation ne peut être généralisée.

Si, dans la plupart des cas, les colonnes sont peu

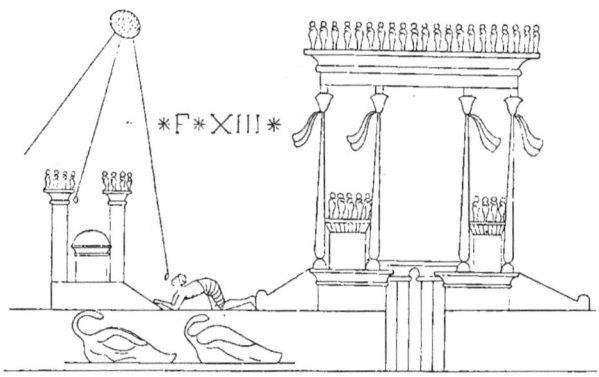

nombreuses et arbitrairement espacées, ce fait s'explique par les exigences de la peinture et du bas-relief. Lorsqu'une scène devait être représentée derrière ces supports, pour ne pas couper les figures, pour ne pas interrompre l'ordonnance de la composition, l'artiste faisait abstraction des supports qui le gênaient, et conservait seulement les colonnes angulaires. On conçoit que les formes abrégées, qui satisfaisaient si bien aux convenances de la glyptique et de la peinture, aient été adoptées de préférence à toute autre dans les compositions figurées; les avantages en étaient précieux.

Hors le cas précédent l'artiste a multiplié les supports columnaires (F. XIII) [1].

---

1. N. L'Hôte, *Lettres d'Égypte*, p. 69.

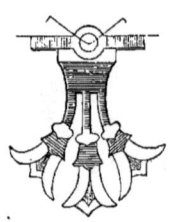

IV

<small>On reconnaît dans les édifices figurés un certain nombre de motifs appartenant aux constructions réelles.</small>

Nous avons remarqué qu'à une certaine période les arrangements des chapiteaux deviennent de plus en

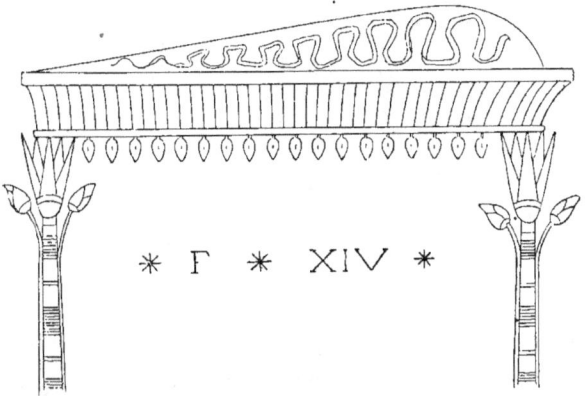

plus arbitraires, et les fûts relativement massifs. On peut donc supposer que ces changements étaient le reflet de ceux qui s'étaient antérieurement produits dans un type réel, et l'existence de ce type est d'autant plus admissible, que quelquefois l'artiste s'est fort heureusement départi de sa réserve, et a visé, dans certains assemblages de formes, à une imitation rapprochée, qui permet de découvrir quelques données positives sous une bizarre apparence.

C'est ainsi que, dans les bas-reliefs polychromes, quelques édicules sont couronnés par un triangle rectangle dont la superficie est sillonnée de dessins vermiculés. Cet appendice est fort laid, et ne peut s'expliquer que par l'imitation d'un objet réel, d'une couverture en forme d'appentis (F. III, VIII et XIV)[1].

On concevrait difficilement, en effet, que les édifices, sous un climat aussi ardent que celui de l'Égypte, n'eussent formé qu'une clôture légère et en quelque sorte fictive, renfermant un espace exposé à l'action des rayons solaires. Aussi voit-on sans surprise les plafonds des hypogées taillés dans le roc, et ceux d'autres monuments présenter la forme indiquée par la figure XV[2].

Il est présumable que ces couvertures dérivent du principe des constructions en bois. Les cylindres, cou-

---

1. Musée du Louvre. Stèles, c. 76, c. 80.
2. Lepsius, *Denkm.*, I, pl. 38.

verts de dessins imités du stipe, ou tige rugueuse du palmier, représenteraient donc des troncs d'arbre non équarris[1].

En l'absence d'un nombre suffisant de documents, je dois avouer que la proportion, l'échelle et la section fortement elliptique de la plupart de ces solives (F XVI)[2].

F+XVI

font naître quelques doutes dans mon esprit. Il me semble qu'une telle disposition pourrait aussi, dans certains cas,

F×XVI×A

représenter une couverture composée d'étoffes, de tentures placées sur de minces solives, sur des courroies ou des cordons, et décrivant une courbe légère. Quoi qu'il en soit, une valeur initiative peut être attribuée à

---

1. Osburn, *The monumental history of Egypt.* — Lepsius, *Denkm.*, I, pl. 38. La section d'architrave représentée dans cette planche figure assez exactement une poutre équarrie, dont les arêtes ont été légèrement arrondies. Voy. fig. 16, A.

2. Lepsius, *Denkm.*, III, pl. 79.

certaines formes de l'architecture lapidaire et de l'architecture figurée.

Ce n'est point une supposition hasardée; c'est un fait que font pressentir des documents puisés dans un autre ordre de recherches.

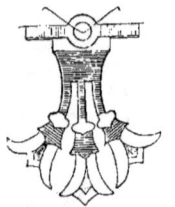

V

Les monuments portatifs élevés par les Hébreux après leur sortie d'Égypte expliquent les modes de construction des édifices représentés dans les bas-reliefs égyptiens. — Emploi des pans de bois fermés et des édicules ouverts. — Composition de la couverture de ces monuments. — Nature ligneuse ou métallique des supports.

On sait qu'une tribu sémitique, devenue plus tard le peuple hébreu, occupait une partie de l'Égypte, et qu'assujettie à des travaux pénibles, elle réussit, à une époque qu'on fixe généralement sous la XIXe dynastie, à se soustraire par la fuite aux exigences de ses maîtres. Or cette tribu, à qui l'art monumental était inconnu avant son arrivée en Égypte, à peine échappée aux périls de sa tentative, éleva au milieu du désert un sanctuaire portatif, qui révèle un art en pleine possession de moyens complexes. Il est bien évident qu'elle ne put demander qu'à la seule architecture égyptienne des formes et une technique. On n'improvise pas un système architectural pendant une migration en pleine Arabie Déserte, et, sans même imiter servilement, on est fatalement astreint à l'emploi des formes connues.

Nous possédons dans l'*Exode* et dans le livre des *Nombres* une minutieuse description de ce temple. Elle jette un jour éclatant sur toute une face peu connue de l'art égyptien.

Nous en détachons les particularités suivantes :

1° La construction du tabernacle se composait de

poteaux ou de madriers quadrangulaires assemblés[1]. On les avait disposés en montants et en traverses; celles-ci étaient partielles en forme de linteaux, ou s'étendaient sur la longueur des parois en forme de sablières[2].

Tous ces éléments étaient couverts de lames d'or[3].

Il suffit de regarder les pans de bois représentés figures I et II pour reconnaître non-seulement la frappante analogie de ce système de construction avec celui du temple hébraïque, mais encore pour apprécier le secours que celui-ci apporte à l'étude des formes égyptiennes. Le revêtement métallique explique clairement les ornements géométriques qui recouvrent les lambris représentés F. II. Sans l'emploi de ce métal, une aussi riche ornementation, appliquée sur une matière aussi pauvre que le bois, ne se comprendrait pas. Les creux et les reliefs légers permettaient en outre de fixer solidement l'or sur les colonnes ligneuses.

On doit supposer que ce mode de construction était usité encore en Égypte au moment du départ des Hébreux, et qu'on l'employait pour des destinations diverses, simultanément avec le système de la construction en pierre. Il s'agit d'un mode réel, qui devait remonter à l'origine des temps, puisque c'est le principe ornemental des plus anciennes constructions en pierre.

2° Le toit du sanctuaire hébraïque consistait en une suite de tentures, qui intérieurement formaient un plafond, et, s'étendant sur les parois, les dérobaient aux regards[4]. Sur ce plafond étaient superposées plusieurs

---

1. *Exode* XXXVI, 22.
2. *Exode* XXXVI, 33.
3. *Exode* XXXVI, 34, 36, 38.
4. *Exode* XXXVI, 14-19. — *Nombres* IV, 25.

ÉGYPTE

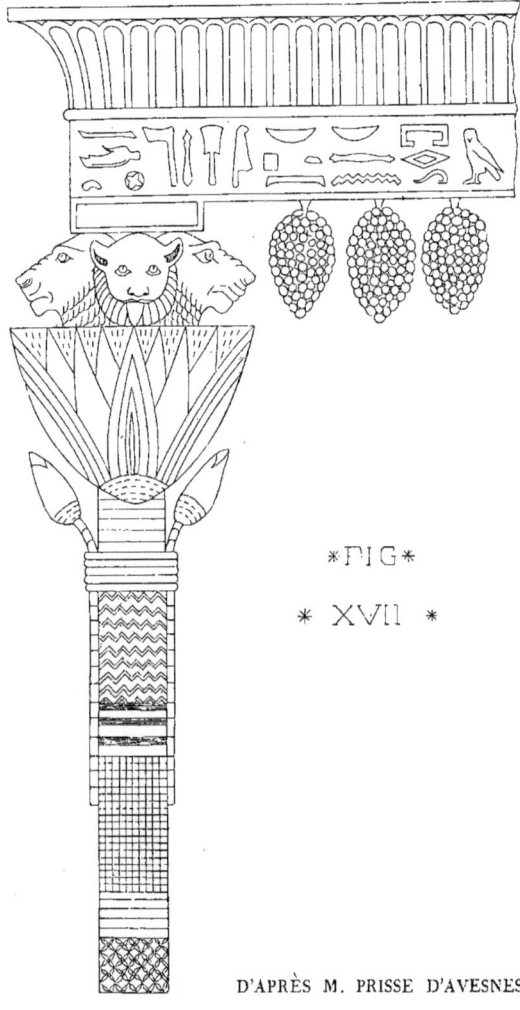

FIG

* XVII *

D'APRÈS M. PRISSE D'AVESNES

rangées de tentures de cuir, qui recouvraient les faces extérieures, et formaient une enveloppe sur trois côtés de l'édicule. On en avait fixé les extrémités inférieures à des pieux d'airain enfoncés dans le sol[1].

L'imitation d'un objet réel que nous avons reconnu dans l'appentis de la figure XIV se trouve ainsi confirmée de nouveau. Il est vrai que les tentures placées sur le faîte du tabernacle se développaient probablement sur un plan horizontal : ce devait être la disposition généralement usitée en Égypte. La connaissance que nous venons d'acquérir de la composition de ce système de couverture nous permet d'en fournir la preuve.

Presque tous les édifices ouverts, représentés sur les bas-reliefs, avec ou sans toit, montrent sous l'architrave une rangée de grains terminés en pointe, que l'on considère comme le modèle des oves grecques (F. XIV). Dans quelques bas-reliefs où l'édifice est représenté à une plus grande échelle, et où par conséquent les formes ont été moins abrégées par l'artiste, on voit ces ornements, ces prétendues oves, devenir des grappes et représenter exactement des raisins suspendus, la partie pointue en bas. Ces figures, simplifiées, donnent l'ove (F. XVII)[2]. Dans d'autres monuments, ces grappes se métamorphosent en fleurs et en rosaces, suspendues à des lanières ou à des courroies (F. XVIII)[3].

La signification de ces formes est facile à saisir : elles ne peuvent représenter que des poids métalliques attachés aux extrémités des tentures de peaux ou d'étoffes afin de les rendre suffisamment stables. Cette disposition

---

1. *Nombres* IV, 32.
2. Prisse d'Av., *Hist. de l'art égypt.*, atl.
3. Prisse d'Av., *Hist. de l'art égypt.*, atl.

était principalement appliquée dans le but d'éviter toute attache entre les tentures et les architraves, et de les rendre non solidaires de la construction.

Il est clair que, sans cette précaution, le moindre coup de vent aurait suffi à soulever, à renverser le frêle édifice, et l'aurait emporté, tandis que, indépendante de la construction et maintenue néanmoins par des poids suffisants, la couverture ne présentait pas cet inconvénient, auquel les Hébreux avaient paré, ainsi que nous l'avons vu, par un procédé plus énergique.

Or les franges métalliques se rencontrent dans les édicules pourvus du toit triangulaire semblable au *melkaf* qui surmonte encore aujourd'hui les habitations égyptiennes, et plus souvent encore dans ceux qui en sont privés. On peut donc conclure avec toute vraisemblance que, dans ces derniers monuments, on a indiqué les tentures dont l'*Exode* révèle l'existence. C'est l'horizontalité qui les rend invisibles dans les représentations des bas-reliefs et des peintures.

3° Dans le tabernacle, le *naos* était séparé de l'*adyton* par quatre colonnes de bois, dont les fûts et les chapiteaux étaient recouverts d'or, et les bases d'argent[1]. La largeur du tabernacle atteignant à peine quatre mètres et demi, on peut conjecturer que les quatre colonnes, espacées sur une aussi faible largeur, ne devaient avoir qu'un diamètre extrêmement faible; sans cela, l'entrée du Saint des Saints eût été complétement inaccessible. Enfin les colonnes d'airain qui formaient la clôture du parvis avaient les chapiteaux et les ornements recouverts d'argent[2].

---

1. *Exode*, XXVI, 32.
2. *Exode*, XXVII, 11-18.

ÉGYPTE

FIG
* XVIII *

D'APRES M. PRISSE D'AVESNES

Les soutiens étaient dans les deux cas couronnés par des chapiteaux métalliques.

Ces remarquables particularités expliquent la sveltesse des colonnes égyptiennes dont nous avons analysé les dispositions, et en font comprendre les formes et les ornements.

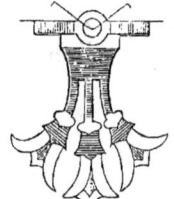

VI

Motifs qui ont provoqué la formation du couronnement des colonnes ligneuses. — Les chapiteaux métalliques de l'architecture légère de l'Égypte donnent la raison des formes étranges accusées par ce genre de couronnements dans les bas-reliefs.

Dans les plus anciennes représentations, une tablette, avons-nous dit, recouvre le chapiteau des colonnes. Il est difficile de la concilier avec la construction en bois, dont tous les éléments s'assemblent et se pénètrent directement; et cela est d'autant plus extraordinaire, que de tout temps les Égyptiens ont connu et pratiqué le mode d'ajustage qui convient aux éléments ligneux[1]. Le faible diamètre de la section supérieure des colonnes, rendant impossible ou insuffisant un assemblage avec l'architrave, avait probablement motivé l'emploi de ce couronnement.

Dans tous les cas, et quelles que soient les raisons qui l'ont nécessité, l'existence de l'abaque est un fait que les monuments rendent incontestable. L'intercalation d'un plateau entre l'architrave et le support simplifiait médiocrement, du reste, les difficultés matérielles et la pauvreté d'aspect que présentait la jonction du fût conique avec une surface rectangulaire. Ces difficultés donnèrent naissance au chapiteau, membre intermédiaire destiné à rendre cette jonction satisfaisante aux regards, et à relier parfois l'abaque ou l'architrave au fût d'une manière effective.

1. Voy. fig. 107.

ÉGYPTE.

Ce fait est pleinement confirmé par l'étude des monuments figurés.

Les chapiteaux s'y montrent traités de deux manières différentes. On reconnaît ceux qui sont « jetés en fonte », suivant l'expression biblique, à la finesse, à la simplicité,

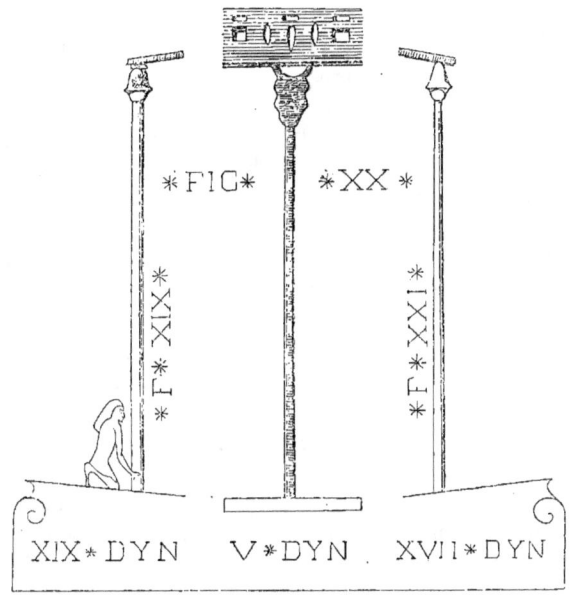

à la contraction des formes, et surtout à l'absence de ligatures à la partie inférieure. Cette dernière particularité en indique l'homogénéité avec le fût (F. XIX, XX, XXI)[1].

---

[1]. IVᵉ dyn. (4235-3950); XVIIᵉ dyn. (2214-1702); XIXᵉ dyn. (1462-1287). Lepsius, *Denkm.*, II, pl. 14; III, 14; III, 138. — L'architrave qui surmonte

Le chapiteau, composé de feuilles de métal réunies par des procédés divers, s'accuse, au contraire, par des formes épanouies et par les nombreuses ligatures qui l'attachent au fût (fig. V, XVII, XVIII).

De ces deux systèmes simultanément employés, le dernier paraît appartenir principalement aux colonnes ligneuses.

Les chapiteaux exécutés d'après ce principe se composaient d'une enveloppe métallique, figurant des formes végétales plus ou moins nombreuses, empruntées de la flore fluviale [1], et dissimulant presque toujours le mode réel de jonction du fût avec l'abaque [2]. Il suffit de jeter les yeux sur les figures V, XVII et XVIII pour se rendre compte de ce fait. Les évidements qui existent entre les feuilles pouvaient-ils s'obtenir autrement que par l'emploi de lames de métal embouties, repoussées au marteau, creuses par conséquent, et réunies soit par des rivets, soit par des soudures? Entre cette sorte de bouquet et les ligatures nombreuses qui le liaient à la colonne, se plaçaient des tiges gracieusement inclinées et des fleurs comparables à celles que présentent les épis du moyen âge.

Cet épanouissement du sommet de la colonne ne pouvait être ni en bois ni en pierre. Le métal seul en explique l'exubérance [3].

---

le support, fig. 20, est singulièrement composée; ses proportions et les évidements qui la caractérisent indiquent clairement sa composition métallique, et présentent d'étroits rapports avec les éléments ordinaires de nos charpentes en fer.

1. Sur le symbolisme de ces formes, voir G. Maspero, *Hist. anc. des peuples de l'Orient*, p. 8.
2. Lepsius, *Denkm.*, II, pl. 57. — Prisse d'Av., *Hist. de l'art égypt.*, atl., passim.
3. Voy. fig. 9 et 23.

VII

Diverses confirmations des faits précédents.

On portait dans certaines cérémonies de singuliers assemblages de formes végétales, probablement symboliques, superposés et fixés à une hampe.

Ces fleurs et ces plantes, présentant des dispositions semblables à celles des chapiteaux, ne pouvaient être formées qu'à l'aide des mêmes procédés. Les bas-reliefs et les peintures en indiquent le mode d'attache avec une grande précision. On les avait composées au moyen de minces lames de métal qui formaient deux côtés symétriques, réunis par des rivets ou par des clous on ne peut plus apparents dans la figure XXII[1].

La grande *échelle* de ces assemblages explique pourquoi les rivets sont visibles, tandis que dans les édifices figurés ceux des chapiteaux ne le sont pas. La petite dimension des couronnements rendait les abréviations nécessaires. Ces bouquets artificiels font comprendre en outre l'étrange superposition des chapiteaux représentés dans les figures V et IX, et en laissent soupçonner le caractère symbolique.

Enfin, dans quelques peintures, les feuillages qui couronnent les colonnes ligneuses s'appliquent contre la face antérieure de l'abaque et la recouvrent partiel-

---

[1]. Prisse d'Av., *Hist. de l'art égypt.*, atl.

lement (F. XXIII)[1]. Comment cette disposition s'expliquerait-elle, sinon par l'emploi des feuilles de métal ?

Il serait facile de multiplier ces exemples ; ceux que nous avons cités nous paraissent prouver surabondamment la nature, et expliquer la disposition et les formes

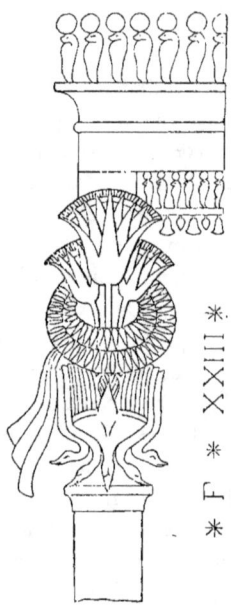

des chapiteaux représentés figures V, IX, XVII, XVIII, XXIII.

Nous verrons, du reste, que dans la haute antiquité l'application du métal dans les monuments était loin

---

1. Prisse d'Av., *Hist. de l'art égypt.*, atl., *passim*.

ÉGYPTE

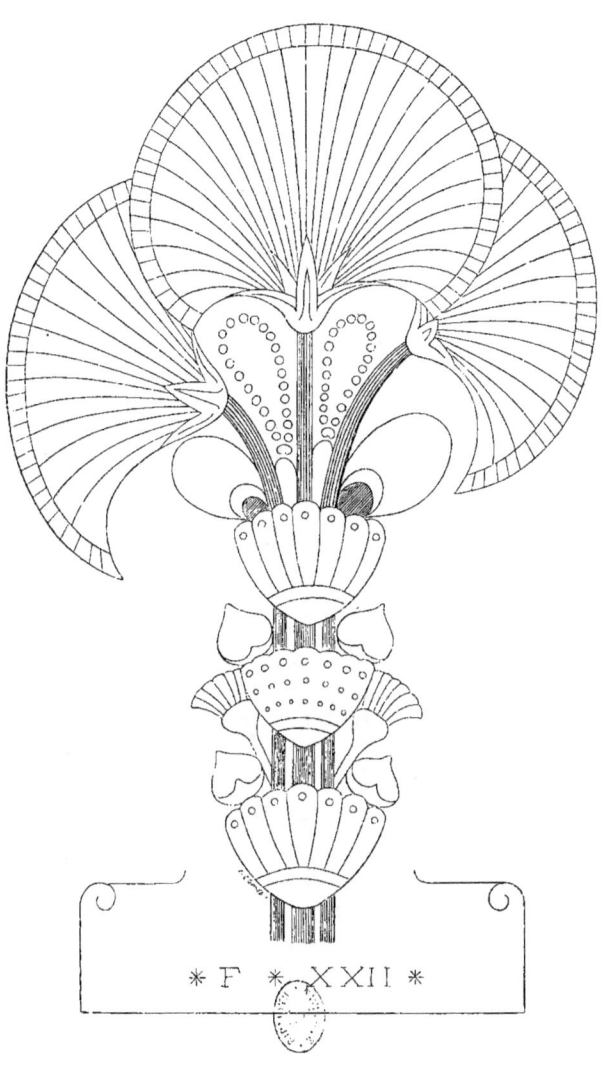

d'appartenir exclusivement à l'Égypte. Pline est très-explicite à ce sujet : « ... Déjà, dit-il, avait régné dans la Colchide le descendant d'Æétès, Salaucès, qui, ayant trouvé une terre vierge, en retira, dit-on, une grande quantité d'or et d'argent... On parle encore des chambres d'or, des poutres d'argent, des colonnes, des pilastres du même métal, qu'il posséda après la défaite de Sésostris, roi d'Égypte[1]. »

1. Pline, *Hist. nat.*, XXXIII, 15, 2. Trad. Littré.

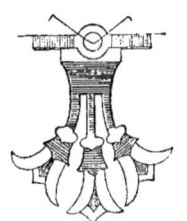

30   PREMIERE PARTIE.

VIII

Les bas-reliefs montrent que le bois formait souvent la matière du fût des colonnes — Au lieu d'un appentis, les édicules étaient recouverts quelquefois d'une légère charpente horizontale.—Valeur significative de l'abaque dans l'architecture légère.

Les bas-reliefs montrent encore que le bois four-

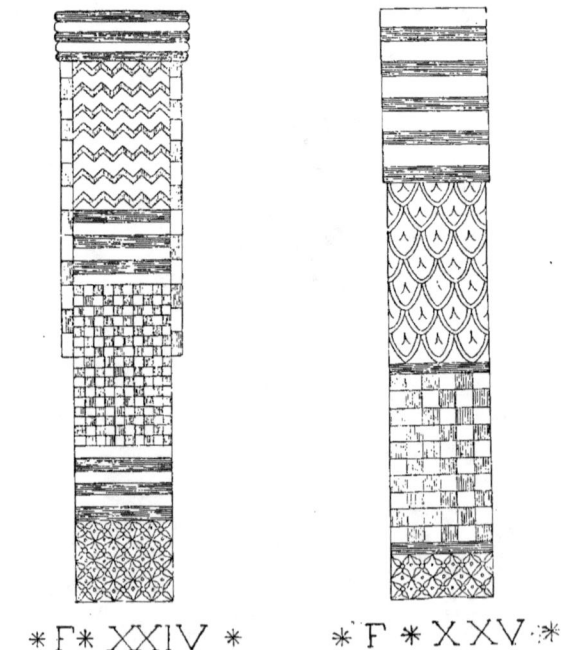

* F * XXIV *   * F * XXV *

nissait souvent la matière des supports. Un grand nombre de colonnes ont le fût sillonné par des bandes transversales aux vives couleurs, qui indiquent des peintures ou un revêtement (F. XL)[1]; mais, fréquemment aussi, les fûts paraissent couverts de dessins géométriques de petite dimension, nombreux et serrés. Quelquefois les ornements semblent contenus dans des alvéoles séparées par de minces cloisons (F. XXIV, XXV, XXVI)[2].

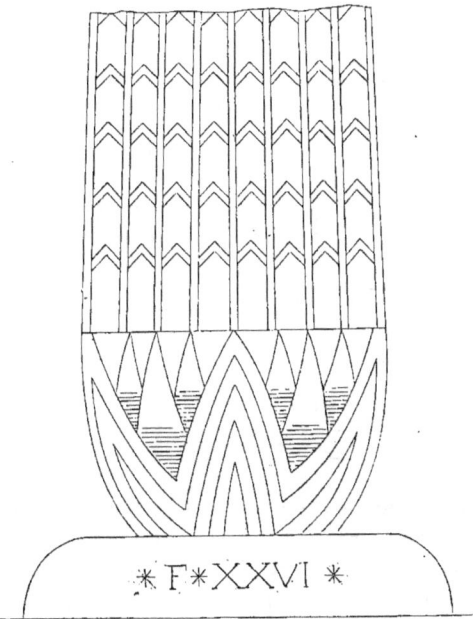

Il est impossible d'y voir autre chose que des incrustations, où l'ébène, l'ivoire et peut-être le métal jouaient un rôle considérable.

1. Musée du Louvre. Stèles, c. 82.
2. Prisse d'Av., Hist. de l'art égypt., atl., passim.

On acquiert la certitude de ce fait en comparant l'ornementation des fûts à celle qui recouvre, dans les peintures, les montants de quelques harpes. Celles-ci présentent les mêmes dispositions, les mêmes couleurs, en un mot, les mêmes caractères[1]; or, comme la matière qui formait le squelette de ces instruments était le bois, on doit conclure que cette matière entrait réellement dans la composition des colonnes (F. XXVII).

Il est à remarquer que ces décorations s'étendaient et se développaient sur l'architrave dès une époque très-ancienne. Le musée égyptien du Louvre possède des fragments de meubles incrustés d'émaux de diverses couleurs sur un fond de bois doré.

Indépendamment de ces particularités, les édifices figurés donnent lieu à plusieurs observations.

L'artiste n'a pas toujours départi des formes sem-

---

1. Prisse d'Av., *Hist. de l'art égypt.*, atl.

ÉGYPTE

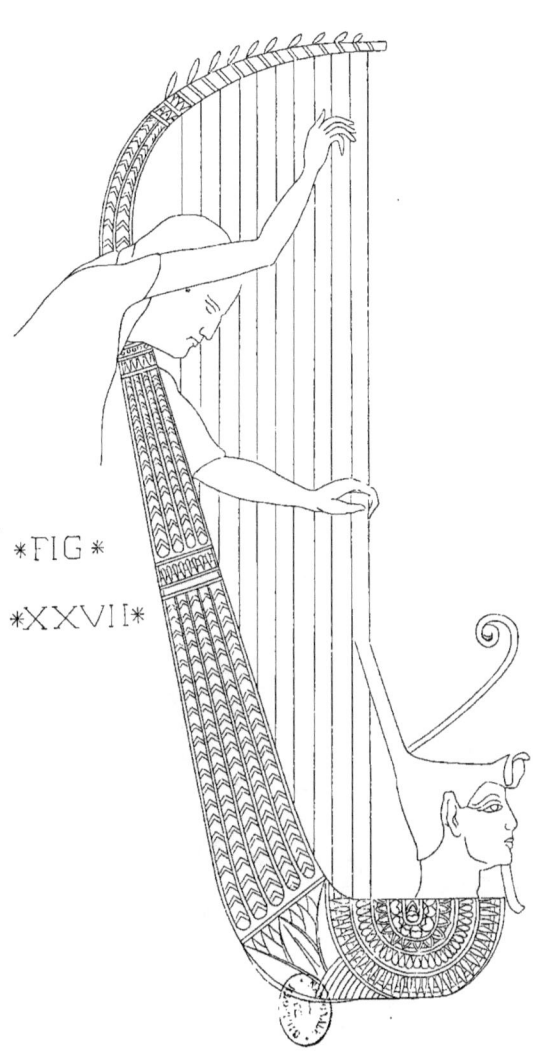

FIG
XXVII

ÉGYPTE.   33

blables aux chapiteaux des colonnes; des différences et même des contrastes accusés les distinguent souvent[1].

Ensuite, les tentures qui recouvraient les édicules n'étaient pas toujours soutenues par des cordes ou par des courroies; on devait les étendre parfois sur de légères charpentes; cette supposition est confirmée par les observations suivantes :

L'abaque oblong ou carré, qui ne paraît pas repré-

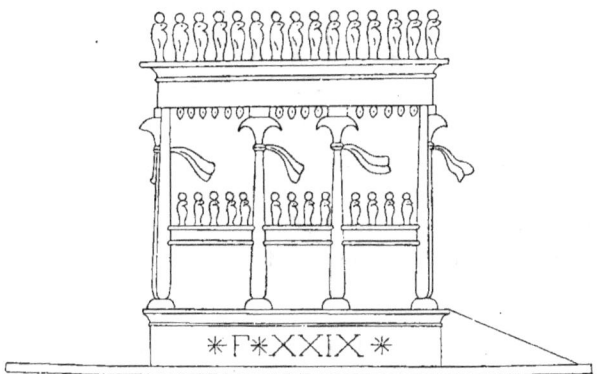

senter en général l'extrémité longitudinale d'une pièce de bois, offre toutefois dans certains cas cette signification. Il est évident que dans la figure XXVIII, par exemple, ce ne peut être autre chose que l'extrémité d'une architrave, à moins qu'on admette l'emploi des ressauts, dont aucun monument égyptien n'offre d'exemple.

La disposition indiquée dans la figure XXIX peut également autoriser cette conjecture; on peut reconnaître dans les abaques qui couronnent les colonnes de moindre

---

1. Musée du Louvre. Stèles, c. 76.

dimension, l'existence de solives parallèles, remplaçant les cordons sur lesquels la couverture étoffée se développait. Sur les faces latérales de l'édifice elles formaient une seconde architrave : certains exemples paraissent accuser des poutrelles transversales [1]. Ces charpentes avaient l'avantage de donner à l'édifice une plus grande rigidité [2].

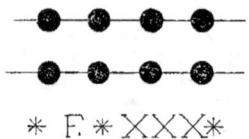

Les monuments de pierre n'offrent pas de dispositions analogues ; l'abaque n'y représente jamais l'extrémité d'une pièce de bois, et les épistyles, ou poutres de pierre, sont placées sur des lignes parallèles, et par conséquent ne se croisent pas (F. XXX).

[1]. Bas-relief de Tell-ell-Amarna. Prisse d'Av., *Hist. de l'art égypt.*, atl.
[2]. On peut considérer quelques-uns de ces monuments comme des sortes de dais ou de reposoirs temporairement élevés pour les besoins du culte ; mais, dans certains cas, une destination permanente peut leur être attribuée.

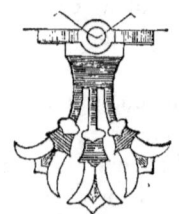

IX

Valeur imitative et composition des architraves.

Quelques bas-reliefs révèlent les particularités que nous venons ds reconnaître, quoique l'artiste ne les ait pas indiquées. Dans la figure XXII, par exemple, qui représente un pressoir, aucune frange, aucun feston ne fait soupçonner une couverture d'étoffes. L'emploi d'un plafond dans la composition duquel entrent des éléments rigides, y est au contraire évident. A une charpente seulement pouvaient s'attacher les lanières auxquelles les vignerons semblent s'accrocher afin de fouler avec plus de force la vendange. On pourrait supposer, il est vrai, que les deux minces filets horizontaux qui se montrent sur les faces supérieure et inférieure de l'architrave sont conventionnellement contractés, et représentent des sablières entre lesquelles auraient été placées des solives pleines ou refendues, formant un plafond. Cette interprétation, donnée aux trois divisions espacées à des distances égales sur l'architrave ou l'entablement, et qui représentent assez exactement le motif des triglyphes et des métopes, s'explique difficilement.

Ajoutons que ces doubles architraves semblent simuler, dans certains exemples, une sorte de perspective, et indiquer une face oposée (F. IV B).

Dans les époques anciennes, le motif des divisions verticales paraît avoir été particulièrement affecté à l'architrave. Devenu plus tard simplement décoratif, il fut

·uniformément répété sur toutes les surfaces longues et étroites, telles que les bordures et les cadres.

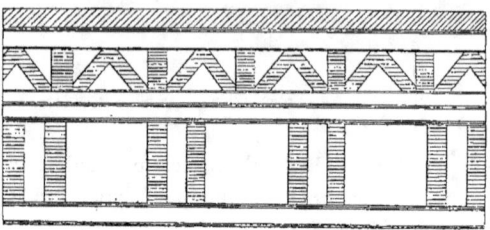

L'exemple représenté figure XXXI[1] montre une composition extraordinaire. On dirait des poutres étroites formées de pièces de rapport assemblées. Quelque singulier que paraisse ce mode, nous sommes obligé de reconnaître que le principe en est probablement imitatif. Il serait difficile d'expliquer autrement cette disposition, trop peu fantaisiste pour être une simple décoration, et trop compliquée pour ne pas reposer sur un motif réel[1].

1. Lepsius, *Denkm.*, II, pl. 57.

X

Différentes valeurs imitatives des édifices figurés sur les bas-reliefs. — Réalité de l'architecture légère, ligneuse et métallique. Elle s'était développée en Égypte parallèlement à l'architecture lapidaire.

En résumé, on peut apprécier de la manière suivante la valeur imitative des édifices dans les peintures et les bas-reliefs égyptiens :

1° Les formes générales des édifices dans la composition desquels entraient le bois et le métal étaient figurées d'une manière plutôt abréviative que conventionnelle. Les formes secondaires étaient reproduites avec plus de précision.

2° Par les avantages qu'il offrait au point de vue de la convenance des représentations picturales et plastiques, ce mode de figuration a pu être choisi dans certains cas pour exprimer les formes de l'architecture lapidaire, auxquelles on substituait ainsi celles de l'architecture légère.

3° Les monuments granitiques, sacrés ou domestiques, sont fréquemment représentés avec exactitude. On les rencontre, en même temps que les représentations abréviatives de l'architecture légère, dans les tracés graphiques d'un même ensemble d'édifices domestiques, tels que ceux des bas-reliefs de la xviiie dynastie (1703-1461), dans lesquels le manque de toute scène figurée n'a pu motiver l'emploi des formes de l'architecture ligneuse.

Cet emploi simultané prouve d'une manière décisive

PREMIÈRE PARTIE.

l'existence des types auxquels se rapportaient ces différents systèmes de représentation.

Il n'entre pas dans notre plan de rechercher si les matériaux de ces fragiles édifices étaient indigènes ou exotiques.

Nous ne chercherons pas davantage à découvrir les raisons qui ont motivé l'adoption du pan de bois fermé et uniquement composé d'éléments quadrangulaires, concurremment avec celui des édifices ouverts composés de colonnes ligneuses, reliées par un entablement.

Nous rappellerons seulement que ce dernier système, modifié par la clôture des entre-colonnements, semble avoir prévalu dans les constructions civiles et domestiques dès la plus haute antiquité[1].

Et nous dirons que, si l'on peut désapprouver la singularité de cette architecture, qui forme une opposition si tranchée avec les puissantes masses des monuments de pierre, si la légèreté des formes qui y est poussée jusqu'à l'invraisemblance, peut paraître déraisonnable, la réalité n'en demeure pas moins évidente.

Il nous suffit en ce moment de l'avoir constatée.

---

[1]. « Sous la IVe dynastie, une architecture élégante embellit les habitations. » Mariette, *Aperçu de l'Hist. anc. d'Égypte*, p. 17.

II

ÉGYPTE

COLONNES LAPIDAIRES

II

ÉGYPTE

COLONNES LAPIDAIRES

I

Developpement du support lapidaire. — Période monolithique. — Les supports primitifs sont quadrangulaires. — Sous le moyen-empire on les transforme en prismes octogonaux. — Le fût devient circulaire, et des cannelures en creusent la surface. — Formation de l'abaque. — Dès la IVe dynastie, le support est caractérisé par l'inclinaison des côtés et par l'abaque.

Dès l'époque, prodigieusement éloignée, pendant laquelle la colonne apparaît déjà dans les constructions en bois, on rencontre, dans les édifices en pierre, l'expression la plus rudimentaire du support.

Le petit temple de Gyzeh, découvert par M. Mariette[1], et les hypogées de Memphis[2], contemporains des pyramides, le montrent à l'état de pilier monolithe et quadrangulaire. Dépourvu de base proprement dite, le fût repose

---

1. « Seul spécimen que nous possédions de l'architecture monumentale de l'Ancien-Empire. » Mariette, *Aperçu de l'Hist. d'Égypte*, p. 77. — Voy. Beulé, *Fouilles et Découvertes*, II, p. 28.
2. Prisse d'Av., *Hist. de l'art égypt.* Cf. Lepsius, *Sur l'ordre des colonnes-piliers*.

sur un large socle, et opère une jonction directe avec la pierre supportée (fig. XXXII).

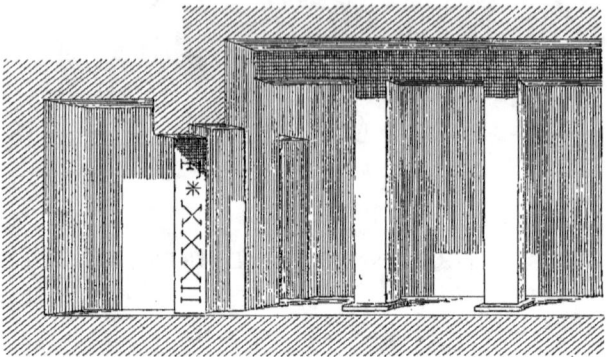

Plus tard, et, suivant l'opinion admise, sous les premières dynasties thébaines (3064-2850), on le transforme en prisme octogonal. Les faces nouvelles ainsi créées s'arrêtent au-dessous de la ligne de jonction avec l'architrave, de telle sorte qu'au sommet le pilier monolithe ne subit aucun changement et conserve la forme anguleuse (fig. XXXIII)[1].

Puis les côtés du solide se multiplient, une faible concavité en rend les arêtes plus vives. Légèrement inclinées dans le sens de la hauteur, les faces produisent un ensemble conique, et montrent, en s'arrêtant au-dessous du sommet à angles droits, le fût circulaire né du pilier, et portant la preuve irrécusable de sa filiation (fig. XXXIV)[2].

---

1. Lepsius, *Denkm.*, I, pl. 60 et 61.
2. Lepsius, *Denkm.*, I, pl. 60, 61 et suiv.

Les derniers genres de supports, qui ne sont déjà plus le pilier et ne sont pas encore la colonne, ont été simultanément employés; on les rencontre encore dans les édifices du Nouvel-Empire[1].

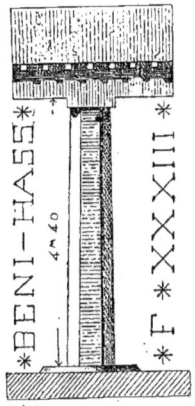

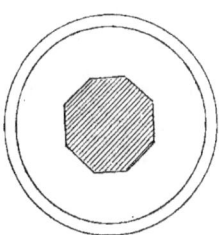

Les formes de ces piliers révèlent l'origine de l'aba-

---

1. On rencontre des colonnes polygonales, à huit ou seize pans, en trois endroits différents du palais de Karnak (Lepsius, *Sur les colonnes-piliers*, p. 9; N. Lhôte, *Lettres d'Égypte*, p. 95), ainsi que dans le temple consacré à Hor-Ammon, à Ouadi-Halfa (Champollion, 9ᵉ *Lettre*), et dans un ancien tombeau de Saqqarah. *Dict. de l'Acad. des beaux-arts*, art. *Beni-Hassan*.

que. Cette partie supérieure du monolithe satisfait à la double condition d'offrir une profondeur toujours égale à celle de l'architrave, et de conserver une forme invariable. L'emploi de l'abaque ne résulte donc pas de la nécessité

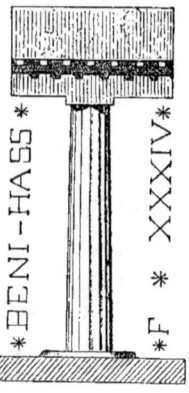

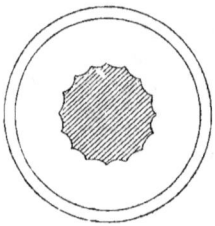

d'intercaler, entre le support et la poutre de pierre qui le comprime, un épais plateau destiné à protéger l'un et à donner une assiette plus large à l'autre, puisque ce couronnement n'est que le sommet du pilier monolithe [1].

1. Cf. Lepsius, *Sur l'ordre des colonnes-piliers*, p. 20.

Sans contester la marche générale des développements du support quadrangulaire, affirmée il y a plus de quarante ans par M. Lepsius, nous devons faire une réserve importante.

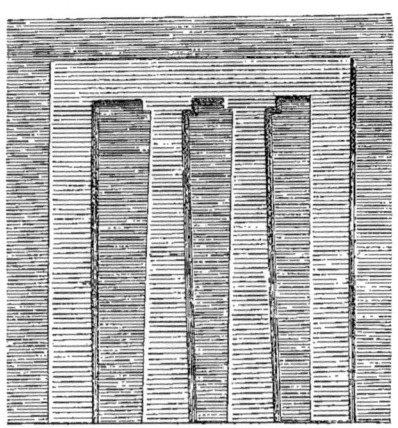

* F. * XXXV *

Un fait décisif, qui semble n'avoir jamais été observé, diminue singulièrement la durée vingt fois séculaire qu'on suppose avoir existé entre l'apparition du pilier et les premières modifications qu'il reçut. Cette période dut être fort courte :

L'abaque, la diminution du fût et l'encadrement en retraite des tombes de Beni-Hassan se montrent, en effet, nettement accusés dans une inscription de la IVe dynastie (4235-3950), à peu près à l'époque où l'on employait le grossier pilier quadrangulaire de Memphis (F. XXXV) [1].

---

1. Lepsius, *Denkm.*, II, pl. 6.

II

Apparition de la colonne lapidaire. — Les formes ne résultent pas des modifications du pilier. — L'entre-colonnement aræostyle. — Fin de la période monolithique. — La colonne est construite au moyen d'assises superposées.

Sous la xiie dynastie (3054-2850), et tout à côté des piliers striés, le soutien monolithe se montre enfin à l'état de colonne complète, c'est-à-dire pourvue de chapiteau; mais, circonstance singulière, la forme ne résulte pas des modifications que le pilier avait subies déjà. Loin d'être le dernier terme de celles-ci, elle ne les rappelle même pas.

De robustes rudentures, disposées suivant un plan cruciforme, découpent le fût, et quatre minces baguettes occupent les angles rentrants auxquels cet arrangement donne naissance (fig. XXXVI). Les mêmes courbes se montrent dans le chapiteau, qui déborde sur le fût aminci, puis bientôt se contracte et se replie sur soi[1]. L'abaque qui le surmonte conserve toujours la forme quadrangulaire au sommet du monolithe.

On rencontre dans l'architecture légère et figurée de l'Ancien-Empire plusieurs exemples de ce type.

Cette période monolithique s'accuse encore par un caractère important : les entre-colonnements sont souvent espacés suivant la disposition que Vitruve nomme *aræostyle*[2].

---

1. Lepsius, *Denkm.*, I, pl. 60.
2. Lepsius, *Sur les colonnes-piliers*, pl. 2; *Denkm.*, pl. 60.

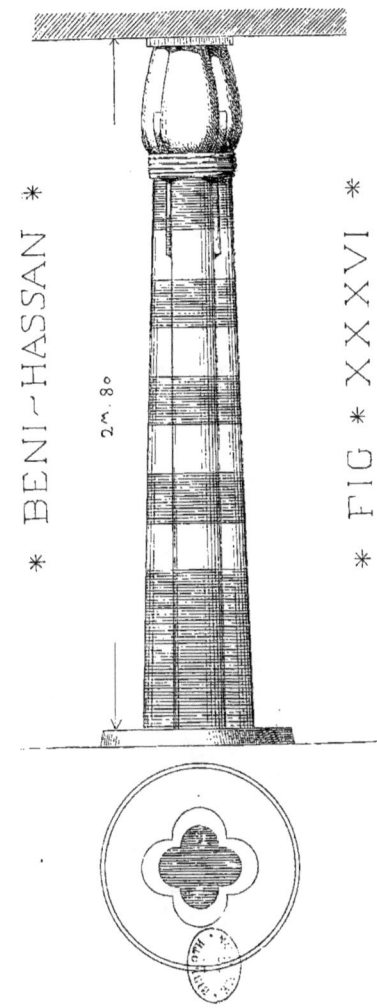

ÉGYPTE

* BENI-HASSAN *   * FIG * XXXVI *

2ᵐ.80

Ensuite, pendant plusieurs siècles, un travail analogue à celui qui a été opéré sur le pilier est effectué sur la colonne. La surface devient moins accidentée; en se multipliant, les rudentures s'adoucissent, et le plan se rapproche de plus en plus de la forme d'une circonférence (F. XXXVII)[1].

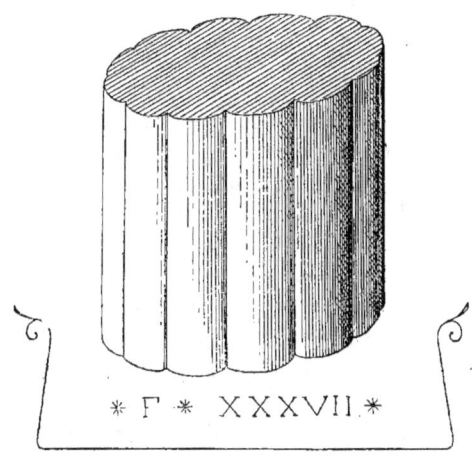

Cependant la colonne suit le développement que reçoivent les proportions des édifices, et les dimensions, qui deviennent colossales, ne peuvent être comprises dans un bloc monolithe; elles nécessitent la superposition d'un certain nombre d'assises, auxquelles on donne le nom de *tambours* en terme de construction.

1. Lepsius, *Denkm.*, I, pl. 47.

III

Les deux principaux types columnaires de l'Égypte. — Le premier, couronné d'un chapiteau rentrant. — Le second, d'un chapiteau saillant. — L'entre-colonnement pycnostyle.

La grande salle hypostyle de Karnak, élevée sous la xixe dynastie (1462-1287), montre ces changements dans le plus riche épanouissement de colonnes qu'il soit possible de concevoir. Les cent trente-quatre supports de la couverture de cette salle appartiennent à deux types essentiellement distincts.

Dans le premier, nous retrouvons l'antique colonne de Beni-Hassan simplifiée et reposant sur un socle d'un profil droit ou convexe. Aucune rudenture n'en creuse la surface circulaire. La chapiteau lisse semble n'être qu'un accident, un renflement de la partie supérieure du cône, et ne joue aucun rôle dans la construction, la largeur de l'abaque n'excédant pas le diamètre supérieur du fût. La silhouette de cette colonne, maintenue entre deux verticales, est d'une étonnante fermeté et rappelle le robuste caractère du pilier primitif (F. XXXVIII)[1].

Si, à part le développement des dimensions, le fût du second type ne présente aucune particularité qui le distingue du premier, il n'en est pas de même du chapiteau qui le couronne; celui-ci, au lieu de se replier sur soi, projette une courbe pleine de puissance et d'ampleur hors du fût. Un abaque cubique en recouvre

---

[1]. *Descript. de l'Égypte*, atl. III, pl. 30.

ÉGYPTE

✳ KARNAK ✳ I ✳TYPE ✳

✳ F ✳ XXXVIII ✳

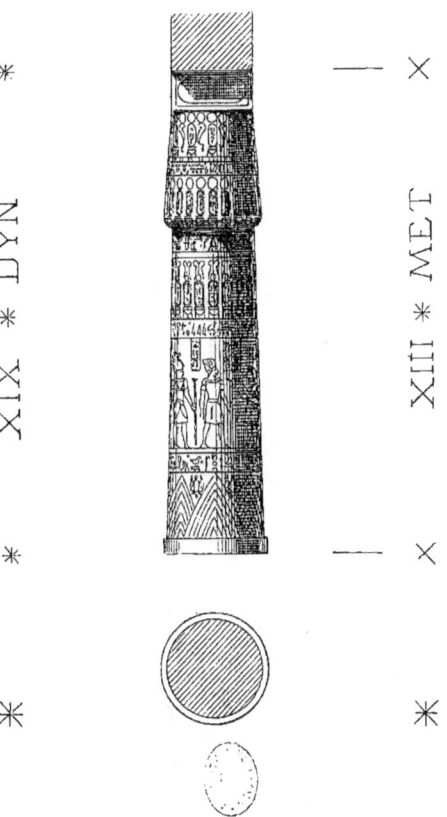

partiellement la surface circulaire. Ainsi isolé de l'architrave, et beaucoup plus large que l'abaque, le chapiteau proprement dit ne remplit aucune fonction constructive (F. XXXIX)[1].

La colonne à chapiteau campaniforme résume peut-être l'expression la plus haute de l'architecture égyptienne. Comme celui de de la colonne précédente, le fût est quelquefois rudenté; mais, à Karnak, ces deux types montrent, par la simplicité même des formes, qu'ils ont atteint un suprême développement.

Il importe de remarquer que, dans cette période, la proportion de l'entre-colonnement devient de plus en plus restreinte; elle est diastyle, pycnostyle même quelquefois[2].

Souvent la distance qui sépare les colonnes paraît déterminée par la longueur de l'architrave; un examen attentif montre cependant qu'il n'en est pas toujours ainsi. Dans un certain nombre d'édifices, une architrave monolithe est supportée par deux, trois et même quatre colonnes[3]. Ajoutons encore qu'un des caractères généraux de l'ordonnance columnaire des dernières dynasties est fidèlement reproduit dans l'architecture du Nouvel-Empire : les formes secondaires des chapiteaux sont alternantes, ou bien se rapportent à différents types[4].

1. *Descript. de l'Égypte*, atl. III, pl. 30.
2. *Descript. de l'Égypte*, atl. III, pl. 21.
3. Lepsius, *Denkm. Memnon*, pl. 86.
4. *Descript. de l'Égypte*, atl., *passim*.

IV

Les formes primitives de la colonne lapidaire n'ont été déterminées par aucun motif d'imitation naturelle, ni par une nécessité de construction.

Nous formulerons ainsi quelques particularités sur lesquelles il convient d'insister.

1° Le pilier et la colonne accusent originairement des formes d'une simplicité toute géométrique [1];

2° Des modifications successives du pilier, aucune n'a eu pour but d'augmenter la dimension du sommet afin de diminuer la portée de l'architrave;

3° Le mode de superposition de l'épistyle sur la colonne ne réalise aucun progrès, dans le sens de la construction, sur celui qui réglait antérieurement la jonction du pilier et de l'architrave.

Il résulte de là que les différentes formes du support et que la forme originaire de la colonne ne s'expliquent par aucune raison d'imitation naturelle directe et par aucune nécessité de construction.

On pourrait croire que la condition monolithique du pilier et de la colonne suffit à expliquer la rigidité et le peu d'extension des formes premières; mais cette explication, qui est juste lorsqu'elle s'entend de l'édifice appareillé, du petit temple de Gyzeh, ne saurait s'appliquer aux monuments taillés dans les rochers de Beni-Hassan [2].

---

[1]. Les ornements végétaux qui se montrent sur les couronnements des plus anciennes colonnes n'ont aucun relief; ce sont de simples peintures.

[2]. Les tombeaux de Gyzeh offrent un exemple de colonne monolithe couronnée d'un chapiteau aux formes exubérantes. Lepsius, *Denkm.*, I, 27.

ÉGYPTE

✻ KARNAK ✻ II + TYPE ✻

✻ F ✻ XXXIX ✻

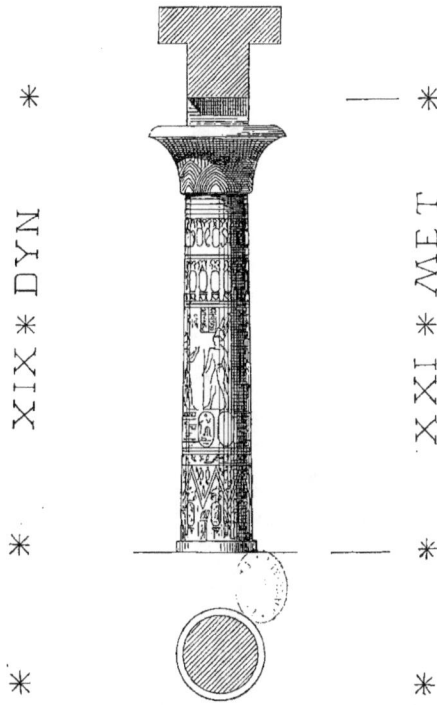

XIX ✻ DYN

XXI ✻ MET

Il est évident qu'ici les dimensions des matériaux n'imposaient aucune gêne à l'architecte et aucune restriction au développement des formes.

Les influences extérieures n'expliquent pas davantage celles-ci.

De ce côté, tout terme de comparaison fait défaut. Les plus anciens monuments asiatiques auxquels on puisse assigner une date certaine ne remontent qu'au XIIIe siècle avant Jésus-Christ.

C'est donc à la colonne égyptienne qu'il faut demander le secret de son origine et de ses transformations.

V

Les formes des supports de Beni-Hassan résultent du mode de travail de la pierre et de l'imitation des poteaux ligneux. — Preuves de ce fait. — Les colonnes lapidaires reproduisent aussi des formes antérieurement données aux colonnes ligneuses et métalliques. — Ce principe d'imitation se perpétue.

La forme de l'antique support de Gyzeh résultant naturellement de l'emploi du marteau, de la règle et de l'équerre, il semble qu'on en doive demander le principe au mode de travail de la pierre, aucune autre origine ne pouvant primer celle-là.

Le mode de travail assigne à l'architecte des limites qu'il ne saurait impunément franchir et empreint déjà l'œuvre d'art d'un caractère particulier.

On ne peut s'empêcher de remarquer pourtant l'analogie qui existe entre le support quadrangulaire et les poteaux simulés sur les parois des sarcophages (F. I et II). Jusqu'ici cette similitude n'a rien d'extraordinaire; car, malgré les différences de nature, le bois et la pierre reçoivent des formes élémentaires déterminées par la mise en œuvre de moyens à peu près identiques : ce sont principalement les modes de réunion de chacun de ces matériaux qui diffèrent.

Mais on est bientôt amené à faire la même remarque sur les formes secondaires qui ont modifié le pilier, et on en reconnaît l'analogie avec les formes secondaires des colonnes ligneuses de la IVe dynastie; c'est-à-dire, les surfaces longues et étroites, pans ou cannelures, qui

ÉGYPTE

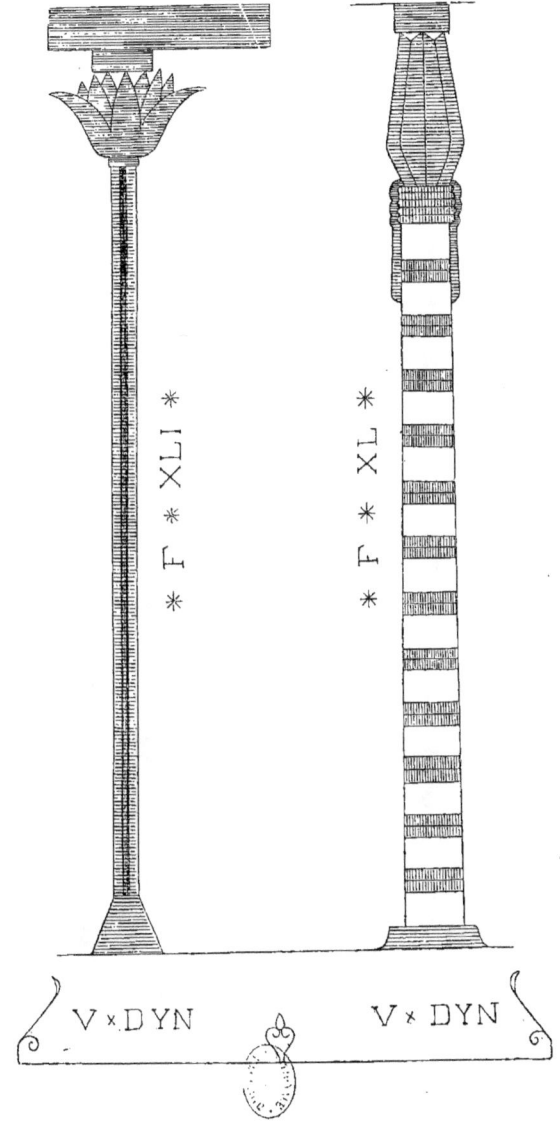

divisent le fût, se rencontrent sur celles-ci comme sur celui-là. Et le caractère intentionnel de ces rapports acquiert une certaine vraisemblance par ce fait, que l'architrave des tombes de Beni-Hassan est surmontée d'une rangée de formes saillantes, dans lesquelles l'imitation de la construction, en bois, des solives ne peut être méconnue.

Les premières colonnes canoniques justifient complétement ces présomptions : ici le doute n'est plus possible.

C'est uniquement au système des supports en bois et en métal que l'architecte demande des moyens expressifs : il emprunte la forme générale et les formes particulières de la colonne, à laquelle de nouvelles proportions sont imposées par les conditions de l'emploi de la matière. De léger, le fût devient massif; mais, en dépit du caractère géométrique, les éléments principaux de la modénature sont identiques à ceux d'après lesquels ont été exécutées les colonnes de la ve dynastie (4235-3950) (F. XL). C'est en assemblant et en représentant en bas-relief quatre de ces supports, que l'artiste a composé la colonne lapidaire. L'imitation est flagrante.

Disons, pour lever tous les doutes, que, lorsque la colonne eut atteint un entier développement, elle ne reçut pas d'autres formes que celles des divers types primitifs reproduits dans les peintures et les bas-reliefs.

Des caractères analogues à ceux du chapiteau campaniforme de Karnak se rencontrent dans les plus anciennes représentations d'édicules, sous les ive et v^e dynasties (F. XLI), et postérieurement à la xviiie dynastie (1703-1461).

Mieux encore, dans la période grecque, sous les

54   PREMIÈRE PARTIE.

Lagides, les chapiteaux qui couronnent certaines colonnes imitent, autant que les matériaux granitiques le permettent, les chapiteaux invraisemblables des premières dynasties [1].

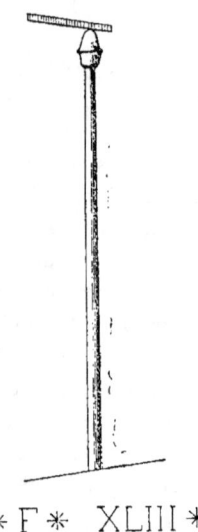

✳ F ✳ XLIII ✳

Les colonnes métalliques même, dont nous avons reconnu l'existence, imposent une forme à la colonne de pierre. Les soutiens de la partie la plus reculée du palais de Karnak, qui date de Thouthmès III, en sont une preuve (F. XLII). On y lit nettement les caractères d'un support métallique[2] : la finesse et le peu d'extension du chapiteau, si intimement lié au fût

---

1. Lepsius, *Denkm.*, II, pl. 108.
2. *Descript. de l'Égypte,* atl. III, pl. 30.

qu'il en paraît le prolongement. Ces particularités montrent l'imitation d'un type grêle et l'emploi de formes qui appartiennent au métal dès la plus haute antiquité (fig. XLIII).

Quelque extraordinaire que puisse paraître la préoccupation de l'artiste, de reproduire des types archaïques empruntés de l'architecture légère, et quelles qu'aient été ses raisons, il est incontestable que les formes principales et secondaires, ou ornementales, de la colonne,

PREMIÈRE PARTIE.

dérivent, en principe, d'un système de construction en bois et en métal[1].

[1]. On constate, sur les colonnes de quelques tombeaux, des essais tentés dans une voie différente ; mais les formes qui en résultent sont purement accidentelles, et n'ont exercé aucune influence sur le développement de l'architecture égyptienne. C'est ainsi que l'on rencontre le chapiteau campaniforme dépourvu d'abaque (Lepsius, *Denkm.*, I, 27), et que dans quelques exemples un chapiteau *rentrant* repose sur un fût cannelé (Lepsius, *Denkm.*, I, 42). Sous le Nouvel-Empire, on trouve des colonnes cannelées à chapiteaux épanouis. (Mariette, *Notice des monuments du Musée de Boulaq*, 3ᵉ édit., p. 32.)

VI

L'architecte égyptien imite les formes de l'architecture ligneuse ou métallique, sans les utiliser toutes.

Ainsi, de la comparaison des monuments égyptiens ressort ce fait capital :

Dès l'Ancien-Empire, des modes opposés de construction étaient usités, et, parallèlement au système des piliers lapidaires simplement pourvus d'abaque, se développait le système des légères colonnes métalliques ou ligneuses, couronnées d'un élégant chapiteau aux formes végétales, motif dont les dispositions se retrouvent à des milliers d'années d'intervalle dans tous les couronnements des colonnes monumentales.

Sans doute, le pilier, malgré un certain caractère imitatif qu'on ne peut méconnaître, présente des formes qui conviennent au plus haut point à la pierre, et l'architecte n'avait qu'un pas à franchir pour rencontrer la colonne dorienne; et ce pas même a été franchi, on peut l'affirmer.

Des colonnes d'Éléphantine, signalées particulièrement par M. Beulé[1], montrent, en effet, un chapiteau composé d'une échine dactyliforme et d'un abaque, supérieur par la fermeté du profil aux chapiteaux de Pæstum et de Sélinonte. Mais ces chapiteaux montrent clairement aussi qu'ils ne constituent pas la solution

---

1. Beulé, *l'Art grec avant Périclès*, p. 5.

cherchée par l'architecte égyptien. On les trouve, dans les monuments de la vallée du Nil, à l'état purement accidentel, et non à celui de types canoniques.

Ces essais donnent une force nouvelle à notre conclusion : ils prouvent qu'à une certaine époque, une impulsion imitative fut donnée à l'architecture égyptienne. Il en est résulté que la colonne lapidaire a reçu des formes anciennes, dont l'emploi originaire se perd dans la nuit des temps.

Est-ce à dire que cette imitation a été complète, que tous les motifs antérieurs ont été utilisés, ou qu'on les a tour à tour appliqués sans choix et sans discernement ? Assurément non.

Un grand nombre de chapiteaux, tels que celui qui est représenté figure IX, paraissent n'avoir jamais été employés dans les édifices en pierre.

Mais alors quelles raisons ont dirigé l'architecte dans le choix des formes?

C'est ce que nous allons rechercher maintenant.

Si nous ne pouvons pénétrer toujours les motifs qui l'ont guidé, nous arriverons du moins à reconnaître la marche générale qu'il a dû suivre.

VII

Motifs qui ont guidé l'architecte dans le choix des formes. — Pourquoi la colonne est conique et non cylindrique. — Le sentiment de l'artiste.

Originairement, lorsque l'édifice fut élevé avec les seuls éléments quadrangulaires, l'architecte ne dut pas tarder à s'apercevoir que les ressources expressives des formes étaient fort restreintes. La monotonie des surfaces planes parallèles le dut vivement frapper, et il éprouva probablement le désir de rechercher des effets plus riches et plus variés. Un sérieux indice que telles étaient ses préoccupations, c'est que, pour obtenir une certaine diversité d'effets, il combina systématiquement les couleurs des matériaux [1].

Mais, cette ressource lui paraissant insuffisante, il abattit les arêtes du support, qui prit une expression nouvelle; puis, par la multiplicité des effets obtenus, le fût circulaire se dégagea du pilier.

Ces modifications procédèrent du besoin d'augmenter le nombre et la valeur des effets plastiques, et de les varier par le moyen qui se présentait le plus naturellement *la gradation optique des plans sécants*.

L'observation et la recherche des expressions de la lumière conduisirent à créer une gamme de tonalités plastiques. Celle-ci permit d'amplifier, de modérer, de

---

[1]. Beulé, *Fouilles et Découvertes*, II, 28.

mesurer les effets dans les combinaisons les plus variées.

Par des considérations d'une nature semblable, nous expliquerons pourquoi les fûts circulaires du pilier et de la colonne sont coniques. Les fûts amincis des colonnes figurées pourraient suffire à justifier cette forme; nous croyons cependant que d'autres motifs ont dû amener l'artiste à l'adopter et à repousser le cylindre, dont l'emploi paraît pourtant plus naturel.

Les supports cylindriques et quadrangulaires ont la propriété de pouvoir s'allonger indéfiniment, en offrant dans toute la hauteur des sections égales. On peut user de cette propriété tant que la nature des matériaux et la statique le permettent, aucun autre motif ne provoquant à limiter la hauteur.

Il n'en est pas de même du support conique, sous peine de l'affaiblir matériellement, d'en rendre l'expression impropre et contradictoire à la fonction de porter, on ne peut le couper au-dessous d'un certain point qui, résultant de la forme même, crée une caractéristique particulière.

Le cône, en laissant au tact de l'artiste le choix du point précis où la section doit s'opérer, lui permet d'exercer son action entre les limites larges, mais définies, dans lesquelles il aime à se mouvoir, et qui sont indispensables à la conception de toute œuvre d'art.

A la vérité, cette diminution du fût est conforme aux lois de la stabilité; mais la faible inclinaison donnée originairement aux faces des supports ne permet pas de supposer que ce soit le résultat des calculs du constructeur : le motif en est bien plutôt dans le sentiment qui porte l'artiste à créer ou à choisir de préférence certaines formes, parmi celles que rend possible le mode de travail des matériaux.

En général, ce sentiment est juste, et l'on peut en découvrir les causes : il sait prévenir les exigences de la stabilité et de la construction, sans que celles-ci le déterminent.

VIII

<small>Du contraste qui existe entre le chapiteau et le fût résulte la plus haute expression plastique de la colonne.</small>

Cependant les résultats obtenus par l'architecte lui paraissent encore insuffisants, et l'observation l'amène à constater que cela tient à l'unique mode de proportion qui préside au rapport des formes. Il voit bien qu'il obtient une expression de grandeur d'autant plus caractérisée qu'il augmente les dimensions des éléments matériels; mais il constate aussi que cette expression se développe dans une certaine uniformité, à laquelle les transitions douces sont impuissantes à donner de l'accent, et la nécessité d'établir de nouveaux rapports lui paraît évidente.

L'emploi des éléments superposés de la colonne procure à l'artiste le moyen de combler cette lacune. Complétant l'idée qui lui a fait adopter la forme conique pour le fût, il place une saillie au-dessus de la section qui a déterminé la hauteur. Cette saillie, en s'accentuant, restitue à la colonne l'ampleur de la matière perdue, la termine et en fait un tout complet, achevé en soi, dont la proportion, une fois conçue, n'est plus, dans un certain sens, susceptible d'augmentation ni de diminution.

En plaçant sur le fût conique une forme *régressive*, l'architecte a conféré à la colonne toutes les richesses de l'expression.

Il en a découvert le principe, et, si nous ne craignions d'employer ce mot, nous dirions la formule.

Ce résultat a été obtenu par l'usage d'un procédé de contraste, qui a fourni à l'artiste le moyen de pousser les effets plastiques à la plus haute puissance.

IX

Du rôle des exigences plastiques. — Exemples. — Dans les colonnes égyptiennes les formes végétales sont accidentelles et non constitutives.

C'est dans cet ordre d'idées qu'il est possible de rechercher les motifs qui ont guidé l'architecte. Mais, qu'on ne s'y méprenne pas, les exigences plastiques qui ont provoqué, dans une certaine mesure, la création des membres du support et les conditions générales des formes, n'ont pas déterminé les formes mêmes. Et voici qui le prouve bien :

Un fragment de chapiteau antique, transporté sur les bords de la Tamise, dépaysé et privé, dans cette atmosphère brumeuse, de l'éclatante lumière qui en faisait valoir les effets, conserve tous les caractères essentiels de la beauté : la noblesse des lignes, la magnificence du style, toutes choses qui le caractérisent en propre, sont indépendantes de toute fonction antérieure, et n'ont besoin d'être expliquées par aucune destination particulière.

Il y a plus : ces exigences peuvent être satisfaites par des procédés divers. Ainsi, dans les ordres grecs, les chapiteaux obéissent à la double condition de former à la fois un contraste avec le fût de la colonne et une transition entre celle-ci et l'entablement. Les trois ordres fournissent donc chacun une solution à ce problème, et ces solutions sont différentes les unes des autres et même contradictoires.

ÉGYPTE.

Dans le cas présent, l'architecte égyptien, au lieu de créer les formes, préféra les emprunter aux monuments antérieurs.

Ce principe d'imitation explique les formes générales et les formes accessoires ou ornementales de la colonne. Les assemblages symétriques empruntés au règne végétal, les tiges, les feuilles qui s'épanouissent sur la surface du chapiteau, les prismes, les lobes qui la sinuent, tous les motifs, appartenant originairement aux colonnettes ligneuses et métalliques, se montrent dans les colonnes en pierre comme élément non principal, mais secondaire ou subordonné. Ces reliefs légers

* Γ * XLIV*

ajoutent seulement à la forme première, dont la modénature reproduit celles des colonnes figurées, une ornementation sculpturale, à laquelle l'architecte impose de ne jamais interrompre les lignes, de ne jamais dénaturer les formes générales. Dans les grandes époques, sous les XVIII° et XIX° dynasties (1703-1287), cette luxuriante ornementation est des plus restreintes. Même lorsque les inscriptions hiéroglyphiques couvrent le fût et que les feuillages entrent encore dans la composition du chapiteau, le caractère général de la colonne est abstrait.

Dans les beaux exemplaires de Karnak, le souvenir des bases de l'ancienne architecture est à peine rappelé par les semblants d'écailles qui entourent la partie inférieure des fûts. Encore cette décoration, dénuée de toute valeur imitative, se développe-t-elle également en longues lignes sur les assises inférieures des murailles (F. XLIV).

* F * XLV *

Nous ne pouvons omettre de faire remarquer aussi que la coloration vive et tranchée des colonnes et des entablements de l'ancienne architecture légère se continue dans l'architecture granitique, et que la polychromie en devient une des caractéristiques persistantes.

X

Type de colonne dont les formes ont été motivées par les exigences religieuses.

Les types que nous venons d'analyser ne sont pas les seuls d'après lesquels furent formées les colonnes égyptiennes. Un certain nombre de temples élevés sous les Lagides montrent des supports coniques qui n'empruntent rien aux exemples cités jusqu'ici.

Le chapiteau qui les couronne est cubique et surmonté d'une gorge. Sur chacune des faces se montre, avec la coiffure caractéristique, la tête de la divine Hathor, aux oreilles de vache. Le cou de la déesse se lie intimement au fût de la colonne, et semble le continuer ; seul le bourrelet qui enveloppe la chevelure de l'idole forme une pénétration avec le fût, et donne au plan inférieur du couronnement une forme quadrangulaire. Un édicule d'une certaine hauteur, affectant la forme d'un *naos* pyramidal, surmonte ce singulier chapiteau, et occupe la place de l'abaque. Remarquons, en passant, que le nom d'Hathor est écrit de manière à signifier Habitation d'Horus (F. LXV).

Malgré les soins d'exécution apportés à la réunion du fût et du couronnement, la jonction de ces formes s'opère mal ; il en résulte une opposition presque brutale et bien moins élevée que celle que nous avons admirée dans les colonnes du second type de Karnak.

Les supports formés d'après ce type appartiennent principalement aux édifices élevés dans la période de décadence, pendant laquelle on reproduisit avec prédilection les formes les plus archaïques. Le culte de la déesse Hathor remonte, en effet, aux premières dynasties, et des bas-reliefs d'une époque reculée montrent cette forme du chapiteau, particulièrement sous les xviiie et xixe dynasties (1703-1287)[1].

Les motifs que nous avons assignés aux développements de la colonne égyptienne n'occupent plus ici qu'une place extrêmement restreinte ; une cause puissante les domine et les éclipse tous. On peut conjecturer que l'emploi de ce chapiteau a été lié d'abord à celui du monolithe ; on le rencontre souvent merveilleusement adapté à des piliers quadrangulaires. Mais cette origine, qui peut expliquer des dispositions générales, ne saurait suffire à justifier la configuration de cette colonne. Dans ce cas, il ne faut évidemment pas en demander la raison à un accord entre les formes architecturales et les fonctions constructives et plastiques.

La volonté de donner à une partie de ce support un caractère hiératique, et la nécessité de recourir pour cela à un type immuablement fixé, ont eu nécessairement pour effet de subordonner et même de sacrifier complétement à la représentation de ce type tous les motifs de convenance et toutes les ressources d'expression qui relevaient d'un autre ordre d'idées.

A part la représentation d'Hathor, l'emploi des formes de cette nature, dans les colonnes, n'a reçu aucun développement en Égypte. Les monuments pharaoniques ont été préservés du trouble et de la confusion que l'abus d'un mode semblable a jeté, à d'autres époques, dans l'architecture de quelques peuples de l'Asie.

---

1. Prisse d'Av., *Hist. de l'art égypt.*

XI

Conclusions des chapitres précédents : les formes des colonnes lapidaires ont été empruntées des supports ligneux et métalliques de l'Ancien-Empire.

Telles sont, non pas toutes, mais les principales causes qui ont déterminé les formes de la colonne égyptienne. L'étude que nous en avons faite prouve que les gigantesques supports granitiques dérivent de l'élégante architecture ligneuse et métallique. Malgré l'évidence, cette conclusion aura, pour certains esprits, l'inconvénient de paraître éminemment paradoxale. Toutefois il nous serait facile de l'étayer de prémisses plus nombreuses. Quand bien même de nouvelles découvertes montreraient les colonnes lapidaires des premières dynasties, présentant des dispositions semblables à celles des colonnes ligneuses, ce fait : que les premières reproduisent les formes des secondes ne pourrait être infirmé.

C'est une circonstance remarquable, que, de tous les systèmes qui se rapportent à la naissance de l'architecture dorienne, le premier, celui de l'imitation de la construction en bois, explique jusque dans les moindres détails les formes de la colonne, tandis que celui des nécessités de la construction, auquel on a eu le tort d'attribuer une action prépondérante sur le développement de l'architecture égyptienne, n'en saurait donner la raison et semble n'avoir exercé qu'une influence restreinte et presque nulle.

Nous devons ajouter, comme corollaire, que les principaux éléments de la modénature égyptienne, antérieurement à la xviii° dynastie (1703-1461), sont la gorge, ou cavet, combiné avec une ligne droite, le talon renversé, la baguette, le tore et la cymaise (F. XLVI, XLVII et XLVIII)[1].

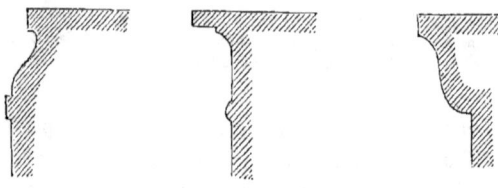

F *XLVI * XLVII * XLVIII *.

Ainsi, à propos d'un seul élément des édifices, nous avons dû et nous devrons encore soulever bien des questions et employer parfois des mots qui font songer à cette boutade d'un grand écrivain du xvi° siècle : « Ie ne sçais s'il en advient aux aultres comme à moy ; mais ie ne me puis garder, quand i'oys nos architectes s'enfler de ces gros mots de Pilastres, Architraves, Corniches, d'ouvrage Corinthien et Dorique, et semblables de leur iargon, que mon imagination ne se saisisse incontinent du palais d'Apollidon : et, par effect, ie treuve que ce sont les chestifves pièces de la porte de ma cuisine [2]. »

Mais, quoi qu'en ait Montaigne, il n'y a pas, dès qu'on touche aux formes d'art, de « chestifves pièces » dont le judicieux emploi n'exige la mise en œuvre de toutes les ressources de l'inspiration et de la science de l'artiste.

1. Lepsius, *Denkm.*, II, pl. 11.
1. Montaigne, *Essais*, I, 51.

III

ASSYRIE

III

ASSYRIE

I

Obstacles que rencontre l'étude de l'architecture de quelques anciens peuples de l'Asie.

Il nous paraîtrait peu prudent d'étendre notre étude aux monuments de l'Indoustan et de la Chine. Ceux de l'Indoustan sont peu connus, et nous n'en possédons pas de relevés exacts. De plus, l'antiquité en est douteuse [1].

Les anciens n'ont eu, avant le vi[e] siècle, qu'une connaissance très-imparfaite de cette contrée; c'est seulement après Alexandre qu'ils possédèrent des données positives. Enfin le silence que les historiens et les voyageurs grecs ont gardé sur ces monuments semble on ne peut plus significatif.

Les détails de quelques-uns des édifices qui paraissent les plus anciens offrent cependant des formes remarquables. On y voit, par exemple, les piliers repo-

---

[1]. Sur la date relativement récente de ces monuments, voy. J. Fergusson. — *Illustrations of the Rock-cut temples of India.* — *The illustrated Handbook of architecture.* — Batissier, *Hist. de l'art monument.*, 2e édit., p. 2.

sant sur des bases ioniques; on y rencontre les stries de cet ordre, formes appliquées dans l'Hellade bien antérieurement à l'époque d'Alexandre.

Nous ne pourrons omettre de signaler dans les pages suivantes, au moins à titre de curiosité, quelques-unes de ces analogies.

Des raisons d'une nature semblable, mais plus décisives encore, nous empêchent d'analyser les monuments de la Chine, et nous obligent à commencer nos recherches sur l'Asie, par les monuments de l'Assyrie, sur lesquels nous possédons des documents certains.

II

Les colonnes figurées de l'Assyrie se composent d'un fût lisse et relativement grêle, sur lequel repose un chapiteau rectangulaire pourvu de volutes.

« Et comme ces peuples étaient partis du côté de l'Orient, ayant trouvé une campagne dans le pays de Sennaar ils y habitèrent.

« Et ils se dirent les uns aux autres faisons des briques et cuisons-les au feu. Il se servirent donc de briques comme de pierres, et de bitume comme de ciment[1]. »

Ce passage de la Genèse indique avec une grande clarté le système constructif des anciens habitants de la haute Asie occidentale.

Un tel mode n'a pas été inconnu des Égyptiens : des briques crues composaient fréquemment l'enceinte des villes et des palais de la vallée du Nil, et quelquefois même les murailles des temples et le massif des pyramides. Il en était ainsi de celles que fit élever le roi Asychis d'Hérodote[2].

L'exiguïté de ces matériaux, qui devait conduire rapidement à l'invention de la voûte, ne pouvait favoriser que médiocrement l'emploi des soutiens de pierre. Aucun vestige de colonne n'a été, en effet, rencontré dans les diverses explorations de la Chaldée.

Les fouilles entreprises par MM. Botta et Place sur

---

1. *Genèse*, XI, 2, 3.
2. Hérodote, II, 136.

la rive orientale du Tigre ont eu sous ce rapport un résultat plus heureux[1]. Le premier de ces explorateurs a rencontré, sur un bas-relief du palais de Sargon, à Khorsabad, un édicule dont la façade est formée par

un petit ordre de colonnes supportant une architrave. La disposition de cette ordonnance présente une certaine analogie avec celles des temples de l'Égypte et

---

1. Botta, *Ruines de Ninive*, pl. 114.

des temples grecs *in antis* (F.. XLIX)[1]. Ainsi que dans cette dernière, les piliers angulaires accusent une fermeté qui contraste heureusement avec l'élégance des colonnes. Celles-ci sont largement espacées, et l'architrave est unie aux piliers comme dans les édifices égyptiens.

Il est évident que de telles dispositions étaient incompatibles avec le système général de la construction assyrienne, et qu'on ne peut les expliquer que par l'emploi de la pierre, auquel s'ajoutait peut-être dans une certaine mesure celui du bois.

En examinant avec soin les colonnes de ce petit édifice, on les trouve pourvues d'une base, d'un fût lisse, relativement élancé, et d'un chapiteau formé d'éléments horizontaux superposés et terminés par des profils curvilignes. L'accroissement donné à ces élé-

---

1. V. Loftus, *Chaldæa and Susiana*, et *Journal of the asiatic Society*, vol. XV.

ments à mesure qu'ils se superposent peut faire conjecturer que cette saillie avait pour but d'amener le chapiteau à recevoir dans la partie supérieure une forme rectangulaire, et à se développer ainsi dans le sens de l'architrave dont il était chargé.

Un autre édicule, découvert par M. Layard sur un bas-relief du palais nord de Koyoundjick, présente des caractères à peu près semblables; seulement les supports angulaires, antes ou colonnes, ne se lient pas à l'architrave, et les chapiteaux ne répètent pas exactement ceux des colonnes médianes. Ces dernières reposent sur des bases (F. L)[1].

Dans ces deux exemples, on ne rencontre rien qui rappelle les trois membres dont l'entablement grec se compose. A Koyoundjick, les colonnes sont couronnées

---

1. Layard, *The monuments of Nineveh.*

ASSYRIE. 79

par ce qu'on appelle une corniche architravée. Aucune saillie ornementale n'interrompt le profil; on n'y remarque ni mutules, ni denticules, ni modillons.

Dans un autre bas-relief, le même explorateur a reconnu des colonnes placées dans des tours, et formant une petite claire-voie. Le fût, lisse et court, est surmonté d'un chapiteau à volutes très-accentuées (F. LI) [1].

1. Layard, *The monuments of Nineveh*, pl. 40.

III

Exemple unique de colonne lapidaire assyrienne.—Fût lisse, surmonté d'un chapiteau rentrant, dans la composition duquel figurent des courbes.

L'unique fragment de colonne que les ruines de Ninive ont livré à M. Place, présente des caractères non moins remarquables. L'ensemble monolithe est com-

posé du chapiteau et de la partie supérieure du fût. Les proportions de celui-ci, restituées, rappelleraient celles des colonnes figurées dans les bas-reliefs de Khorsabad.

Le chapiteau affecte le profil d'un talon renversé,

surmonté d'un tore aplati, et offre l'aspect d'un vase sillonné par deux zones d'ornements géométriques curvilignes, semblables à des festons dont les mouvements se contrarieraient (F. LII)[1].

Les courbes du profil et la disposition linéaire des ornements accusent une originalité tranchée; la forme générale et le peu de saillie projetée sur le fût rappellent les chapiteaux coniques de Karnak. Ce ne sont point des accidents : un autre chapiteau récemment découvert par M. G. Smith, et appartenant à un pilier auquel un taureau androcéphale est adossé, offre une forme et des ornements exactement pareils[2].

En comparant les colonnes des bas-reliefs de Khorsabad et de Koyoundjick à la colonne de Ninive, on reconnaît que les caractères communs résident : 1° dans la proportion, relativement svelte, et la nudité des fûts; 2° dans les courbes ornementales développées sur la surface des chapiteaux.

Le caractère divergent de ces supports résulte de l'extension en sens contraire du profil des membres supérieurs.

Nous constaterons encore l'aspect particulier donné aux colonnes des bas-reliefs par les bases sur lesquelles on les a placées.

---

1. V. Place, *Ninive et l'Assyrie*, pl. 35.
2. G. Smith, *Assyrian discoveries*.

IV

Systèmes parallèles d'architecture, légère et d'architecture lapidaire en Assyrie. — On rencontre dans quelques édifices les dispositions des édicules ligneux et métalliques de l'Égypte. — Les colonnes figurées de l'Assyrie ne sont pas conçue, d'après les principes égyptiens. — Caractère demi-monolithique du fragment découvert à Ninive. — Conjecture sur les causes qui ont déterminé les formes des colonnes assyriennes.

Il est difficile, avec un nombre de documents aussi restreint, de rechercher le principe des supports ninivites. On peut soupçonner cependant que, de même qu'en Égypte un système de construction légère s'était développé en Assyrie parallèlement à celui des épaisses constructions d'argile.

Les peintures murales représentent fréquemment des colonnes grêles, couvertes d'ornements délicatement coloriés et couronnés par des chapiteaux aux formes exubérantes : comme dans les édicules de la vallée du Nil, la volute s'y montre parfois.

Des couvertures légères, ordinairement en peau, terminent les édifices ouverts (F. LIII)[1]; la plupart sont pourvues des poids métalliques que nous avons rencontrés en Égypte (F. LIII).

Pour attribuer une marche semblable au développement des formes columnaires de l'Assyrie et de l'Égypte, on pourrait peut-être s'autoriser de ce que M. Place a découvert sur l'un des monticules de Karamles des sup-

---

1. Layard, *The monuments of Nineveh,* pl. 30.

ports polyédriques; mais, comme le général Rawlinson, M. Place suppose que ces piliers ont une origine parthe[1].

Les colonnes de pierre ont-elles reçu les formes des frêles supports de bois ou de métal?

Le défaut de documents rend impossible la réponse à cette question. L'architecture ligneuse a certainement existé, mais sans exercer sur les monuments lapidaires une action aussi étendue qu'en Égypte.

Si, dans l'un des types assyriens, le chapiteau présente quelque analogie avec les formes égyptiennes, les autres types que révèlent les bas-reliefs ne montrent aucune parité de forme avec les supports pharaoniques; on y reconnaît des principes tout différents, dans lesquels il est possible soupçonner une certaine

---

1. De Mercey, *Étude sur les beaux-arts*, I, p. 105.

imitation de la construction en bois, mais d'une construction particulière à l'Assyrie.

Le caractère demi-monolithique du fragment représenté figure LII fournit de graves présomptions en faveur de cette conjecture.

En effet, le fût de cette colonne ne pouvait être divisé qu'en deux, ou au plus en trois tambours, dont la hauteur était par conséquent considérable. Dès lors, la base et le chapiteau ne formaient pas des tambours distincts et n'étaient pas déterminés par la construction de la colonne. Le caractère était purement ornemental.

Lorsque l'artiste dispose ainsi arbitrairement des formes, il est bien près d'en demander le motif à un principe d'imitation.

Nous n'insistons pas sur ce point, attendant que l'étude des monuments des différents peuples nous fournisse quelques termes de comparaison.

V

Une stèle de Ninive montre la cannelure ionique.

Une stèle quadrangulaire découverte à Ninive par M. Place[1] doit encore fixer notre attention. Le fût est composé d'une suite de surfaces alternativement planes et concaves, qui constituent ce qu'on a plus tard appelé la cannelure ionique (F. LIV). Au sommet se détache une palmette reposant sur des volutes assez semblables à celles des *prothyrides* grecques, mais affrontées et placées sur une surface horizontale. Une forme particulière de volute orne encore les *arbres symboliques* si fréquents sur les bas-reliefs ninivites (F. LV). La tige de ces figures sacrées est constamment sillonnée, comme le fût de l'édicule représenté figure LIII, par des ornements anguleux en forme de chevrons[2].

Il importe de remarquer que les exemples que nous venons d'étudier sont postérieurs à ceux que nous a offerts la vallée du Nil, et antérieurs aux ruines des plus anciens temples doriens. Tous les édifices découverts en Assyrie ont été construits pendant la période qui s'étend de la fin du XIIIe au commencement du VIIe siècle avant Jésus-Christ (1220-650). Le palais de

---

1. V. Place, *Ninive et l'Assyrie*, pl. 34.
2. Layard, *The monuments of Nineveh*, pl. 39; V. Place, *Ninive et l'Assyrie*, pl. 49.

Sargon, en particulier, date seulement de la fin du
VIIIe siècle.

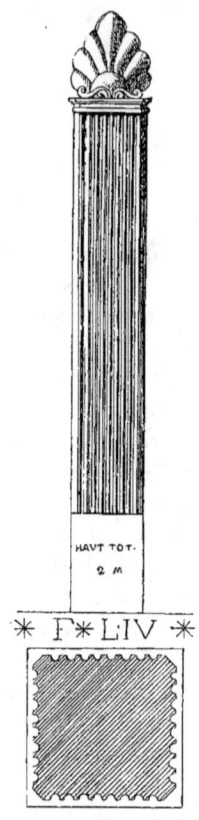

Ainsi, loin de surprendre le secret de la formation
et des développements de la colonne asiatique, à peine
pouvons-nous en entrevoir les dernières expressions

en Assyrie. Nous espérons cependant que, tout incom-

plète qu'elle est, cette étude ne laissera pas de nous être précieuse.

VI

Emploi du métal dans l'architecture babylonienne. — Les édicules représentés sur quelques cylindres paraissent dériver du système de la construction en bois. — Colonnes couronnées d'un chapiteau dont les volutes sont reliées par une courbe fléchissante.

Construits principalement en briques, les édifices babyloniens visités et décrits par Hérodote présentaient une grande analogie de forme et de disposition avec ceux de Ninive.

L'emploi de la terre cuite ou crue, dans la Babylonie et la Chaldée, s'explique facilement par la raison que le sol de ces contrées est à peu près dépourvu de pierres. Mais cela ne suffit pas à motiver l'emploi de cette matière à Ninive, dont les environs sont riches en calcaires. Nous verrons plus loin que des singularités semblables étaient fréquentes dans l'antiquité, et qu'elles ne peuvent que rarement s'expliquer, comme à Ninive, par les exigences du climat. A Babylone, le métal avait été employé à profusion dans un grand nombre d'édifices : les cent portes de la ville étaient d'airain[1], ainsi que celles des rues « qui s'ouvraient sur le fleuve[2] ». La citadelle renfermait aussi des chambres de bronze[3].

---

1. Hérodote, I, 179. « Les huit grilles en airain que j'y ai adaptées... je les ai ornées et recouvertes en argent (Inscriptions de Cambridge). »
2. Hérodote, I, 80.
3. Diodore, II, 8.

De même qu'à Ninive, une coloration éclatante rehaussait parfois les couronnements des murailles[1].

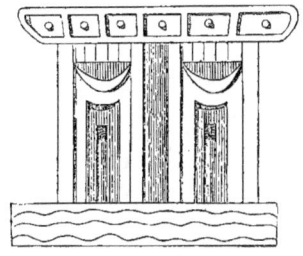

* F * LVI *

Sur des cylindres et des cailloux d'une antiquité prodigieuse que possède le cabinet des antiques de la Bibliothèque nationale, et qui proviennent des fouilles de la Babylonie, plusieurs édifices sont figurés (F. LVI, LVII). Ces représentations offrent une grande analogie avec les

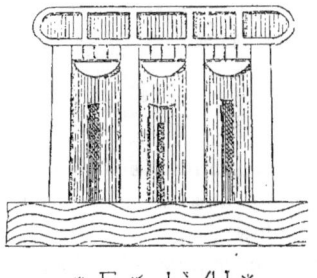

* F * LVII *

édicules des plus anciens bas-reliefs égyptiens (F. I et II), et paraissent également se rapporter aux types primitifs des constructions en bois.

1. Diodore, II, 8.

La colonne symbolique représentée figure 58 accuse des caractères que nous avons déjà observés, ou plutôt entrevus, dans les bas-reliefs découverts par MM. Botta et

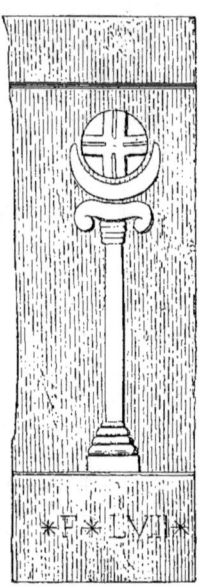

Layard (F. LIX) : la sveltesse et la nudité du fût, l'emploi des bases et des chapiteaux. Ceux-ci sont composés d'un gorgerin et de volutes, dont les formes générales et le mouvement se retrouvent dans les chapiteaux de l'Érechthéum d'Athènes.

IV

PERSE

IV

PERSE

I

Développement considérable de l'architecture ligneuse à Ecbatane.

L'insuccès des recherches entreprises sur l'emplacement des principales villes de l'Iran nous oblige à demander aux descriptions des auteurs grecs les seuls documents que nous possédions sur les édifices de Suse et d'Ecbatane.

Diodore de Sicile fait remonter, d'après Ctésias, la fondation de Suse à une époque antérieure à la guerre de Troie[1], et Strabon nous apprend que les monuments de cette ville avaient été élevés d'après le mode de construction babylonien[2].

---

1. Diod. de Sicile, II, 22.
2. On vient de découvrir à Suse une vaste construction, longue de 345 pieds (anglais), large de 244 et supportée par trente-six colonnes à base carrée, présentant la même disposition et les mêmes dimensions que celles du grand palais de Xerxès à Persépolis, à ce point qu'on croirait ces deux colonnades élevées par le même architecte. Sur plusieurs bases de colonnes on a trouvé des inscriptions en trois langues et en caractères cunéiformes, citant les noms de Darius, d'Artaxerxès et de Xerxès (Duruy, *Hist. anc.*)

Un système différent avait été employé pour les édifices d'Ecbatane.

Comme Suse, l'ancienne capitale de la Médie était située sur une éminence. Ce n'était pas absolument un monticule artificiel, car, ainsi que le fait remarquer Hérodote, « l'assiette aidait naturellement à la place pour être bâtie en une colline [1] ».

Le palais du roi était entouré de sept murs d'enceinte étagés, que couronnaient des créneaux polychromes. Les bois de cèdre et de cyprès, couverts dans les parties visibles par des revêtements métalliques, formaient une notable partie de la structure.

Ces matières, dont les propriétés physiques et le mode d'ajustement sont complétement opposés à ceux de la brique et de la pierre, devaient imprimer à cet édifice un caractère fort éloigné de celui des palais de Ninive. Polybe insiste sur le rôle considérable des soutiens. Couvertes de lames d'argent et d'or, des colonnes se montraient dans les portiques (Στοαί) et dans les péristyles (Περίστυλα), supportant les poutres des plafonds, revêtues de métaux précieux [2].

Il est facile de se représenter la magnificence et l'éclat de ces monuments ; mais on aurait tort d'oublier qu'un semblable système architectural avait été employé par les Hébreux plusieurs siècles avant la fondation d'Ecbatane, et par les Égyptiens à une époque infiniment plus reculée.

Polybe révèle à deux reprises, sur le palais royal d'Ecbatane, une particularité extrêmement curieuse : les lames d'argent de la couverture [3].

---

1. Hérodote, I, 98 ; trad. P. Saliat.
2. Polybe, X, 27.
3. Polybe, X, 27.

L'emploi d'un métal précieux sur des toits plats, que l'on ne pouvait voir, semble inexplicable. Il parait difficile de concilier la légèreté des portiques et des péristyles avec la lourdeur de la voûte assyrienne, qui eut motivé un revêtement extérieur. D'autre part, il est non moins difficile de recourir à l'hypothèse du fronton ou du comble, que ne légitimeraient ni l'emplacement réservé en Perse aux représentations divines, ni les exigences du climat.

Les édicules des bas-reliefs de Koyoundjick et de Khorsabad lèvent cette difficulté. La ligne supérieure de l'entablement est, il est vrai, d'une horizontalité parfaite, mais elle est surmontée de petits créneaux qui se détachent sur le ciel, à la manière des antéfixes. La situation et les dimensions justifient suffisamment le nom dont se sert Polybe (κεραμίδες). Pour un Grec, en effet, ce couronnement découpé de la corniche devait représenter exactement l'extrémité des tuiles.

Des motifs de décoration analogues se sont perpétués dans l'architecture orientale, et la caractérisent encore de nos jours.

Nous avons vu précédemment que l'usage des revêtements métalliques s'était répandu de bonne heure en Assyrie. Il est bon de noter que ce mode n'y avait pas reçu un développement aussi considérable qu'en Médie. On l'avait réservé surtout à la décoration de quelques petites chambres ou sanctuaires de dimensions restreintes, pour lesquels des moyens spéciaux de construction avaient été mis en œuvre.

II

Description des colonnes de Persépolis. — Les fûts grêles et les chapiteaux rectangulaires. — Comparaison des principes élémentaires des deux types principaux de la colonne antique. — Dans le premier, le chapiteau semble commandé par le fût de la colonne; dans le second, par l'architrave.

La ville favorite des Achéménides, Persépolis, montre, dans des édifices conservés en partie, un système de construction mixte. La pierre forme les murs et les colonnes des édifices. Le bois s'alliait à cette matière dans des proportions restreintes; on l'avait réservé aux plafonds et aux terrasses.

Il convient d'étudier avec attention les colonnes de Persépolis. On les rencontre le plus souvent groupées dans les salles hypostyles ou disposées en portiques. La hauteur des fûts est de près de 20 mètres dans quelques édifices; dans d'autres elle atteint 6 mètres à peine. Quelles que soient, du reste, les dimensions, les supports affectent un même caractère général, et accusent énergiquement les proportions élancées que nous avons observées déjà dans quelques bas-reliefs assyriens[1]. Des cannelures tangentes strient le fût grêle et conique (F. LIX et LXIV). Une base complétement circulaire paraît le supporter; en réalité, elle en fait partie, et appartient au tambour inférieur (F. LX). Mais c'est dans les chapiteaux que se montrent les particularités les plus remarquables (F. LXI).

---

[1]. Flandin et Coste, *Voyage en Perse*.

PERSE

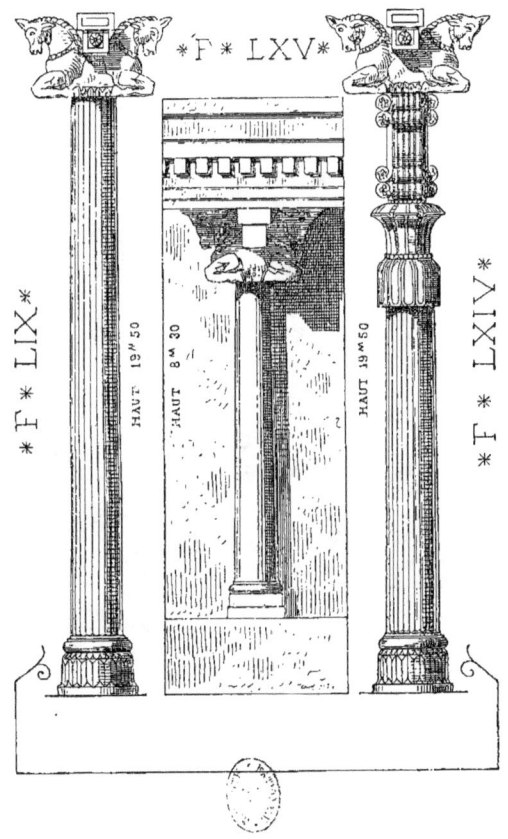

PERSE.   97

Comme celui de la colonne de Karnak du second

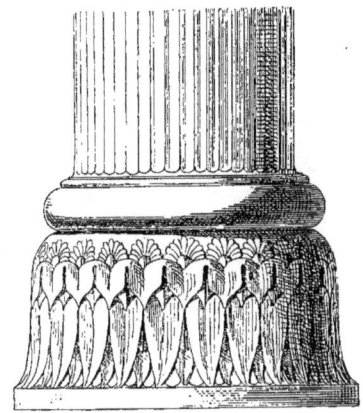

* F * LX *

type, le chapiteau de la colonne iranienne offre, par

* Γ * LXI *

l'épanouissement des formes, un contraste frappant avec

les lignes du fût. Toutefois, ce contraste est la conséquence de principes bien différents.

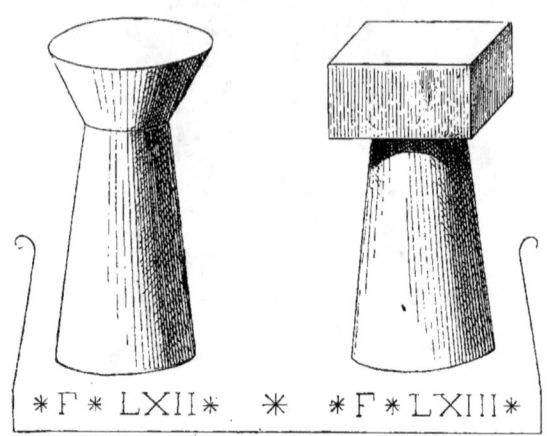

Si l'on réduit la colonne de Karnak aux formes élémentaires, qui succèdent à l'épannelage et précèdent la mise au point, on obtient deux cônes tronqués, d'inégale hauteur, et opposés par la moindre section (F. LXII). Le même procédé simplificateur, appliqué à la colonne de Persépolis, montre un cône tronqué, sur lequel repose un solide parallélipipédique (F. LXIII).

Dans le premier cas, le caractère du fût motive celui du chapiteau; les formes, unies par d'étroits rapports expressifs sont similaires tout en se contrariant. En un mot, coupée horizontalement en quelque point que ce soit, la colonne présente également une surface limitée par une circonférence.

C'est l'architrave qui, dans le second cas, semble déterminer la forme du chapiteau. Celui-ci l'accompagne à souhait en se développant dans la même direction. Une surface rectangulaire en limite la section horizontale. Cette particularité donne la mesure de la dissemblance qui existe entre le chapiteau et le fût, dont la section est une surface circulaire.

On voit que la différence des motifs produit celle des formes, dans les membres de même nature.

En Égypte, le chapiteau fait en vue de l'expression et de la beauté de la colonne ne répond à aucune exigence constructive. Aussi les yeux en sont peut-être plus satisfaits que la raison.

A Persépolis, le couronnement de la colonne qui semble, au contraire, relever de la logique du constructeur, ne se lie nullement au fût, et n'offre aucune parité avec le cône. Il en résulte que le support présente des contrastes heurtés, qui satisfont imparfaitement le regard, et sont bien près de le blesser.

Il ne faudrait pas exagérer, cependant, la portée de ces observations : le couronnement iranien remplit une fonction constructive plus apparente que réelle.

Les formes secondaires du solide parallélipipédique représentent le tronc d'un taureau bicéphale, et quelquefois les parties antérieures de deux monstres unicornes, réunies dans un ensemble fantastique. Au sommet, le chapiteau est perforé entre les têtes des monstres, et deux dés superposés simulent l'extrémité de poutres longitudinalement établies sur l'axe ; les évidements produisent une apparence fourchue très-caractérisée, mais diminuent d'autant l'aptitude à porter[1].

---

1. Les colonnes du Kailaça, ou temple souterrain de Siva, à Élora, un des plus anciens monuments de l'Inde, ont le même aspect, la même forme. Champollion-Figeac, *Hist. des peuples anciens, Perse*, p. 206.

On n'avait chargé le chapiteau, il est vrai, que du poids d'une légère architrave en bois, d'une mince couverture ; même dans ces conditions, le manque d'homogénéité n'en est pas moins significatif et inquiétant au point de vue de la construction.

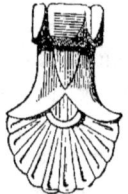

III

Inconvénients des chapiteaux rectangulaires au point de vue plastique. — Procédés compliqués et insuffisants au moyen desquels l'architecte essaye d'y remédier.

Un défaut d'une nature différente s'ajoute à celui-ci dans le chapiteau rectangulaire : c'est la brutalité de l'emmanchement avec le fût. On pourrait y voir le motif pour lequel, dans un certain nombre de cas, l'architecte a tenté de préparer le contact des formes, d'en ménager l'approche, au moyen du procédé suivant (F. LXIV)[1] :

Après avoir diminué la hauteur du fût, il l'a couronné d'un chapiteau divisé, dans le sens vertical, en deux parties égales et de formes contraires. L'une, celle qui repose sur le fût, est un cylindre dont les génératrices, à l'extrémité supérieure, se raccordent avec un quart de rond renversé; sur ce quart de rond repose l'autre moitié du chapiteau, qui affecte aussi, au point de départ, la forme cylindrique; la partie supérieure est terminée par un cavet. Le chapiteau, dénué d'ampleur, se projette faiblement hors du fût. La surface est relevée par des oves et des perles, formes grecques par excellence; d'autres ornements semblent être des réminiscences égyptiennes (F. LX).

Une hauteur considérable sépare le chapiteau inférieur du couronnement supérieur de la colonne. Cet espace

---

[1]. Flandin et Coste, *Voyage en Perse*.

est occupé par d'étroits piliers, disposés suivant un plan cruciforme. Dans chacun, des volutes superposées tiennent lieu de bases et de chapiteaux. La disposition offrirait quelque analogie avec celle des prothyrides, si l'on supposait les enroulements du sommet développés dans une direction opposée à celle des volutes inférieures. Des cannelures séparées par un méplat strient la face principale de ces piliers, ainsi que le *pulvinus* des enroulements. Nous avons observé des cannelures semblables dans la stèle de Ninive. Des monstres bimorphes terminent ce chapiteau complexe.

Est-ce en vue de satisfaire à une exigence plastique que l'architecte a tenté la solution du problème de la jonction du fût et du couronnement ? Nous le croyons. Mais, dans tous les cas, qu'il l'ait voulu ou non, l'emploi des membres placés sous l'architrave constitue un procédé de transition dont nous n'avons pas encore rencontré d'application aussi cherchée. De tous les procédés d'art, celui qui règle la réunion des formes exige peut-être le plus d'imagination et de science des effets plastiques.

A Persépolis, l'emploi n'en a pas été des plus heureux. Malgré l'accumulation des ornements, l'architecte n'a obtenu qu'une transition indécise et compliquée.

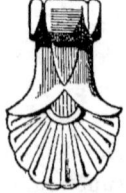

IV

L'alliance de la pierre avec le bois dans les palais de Persépolis, et l'emploi étendu de cette dernière matière dans les monuments antérieurs, suffisent à expliquer la légèreté des colonnes iraniennes et les entre-colonnements aræostyles. — Le caractère demi-monolithique de ces supports et la composition des chapiteaux semblent indiquer que l'architecte a emprunté les formes à des constructions ligneuses et métalliques.

D'autres considérations permettent d'expliquer plus complétement les formes que nous venons d'analyser.

Toutes les colonnes persépolitaines appartiennent aux types que nous avons décrits, et présentent des dispositions semblables, auxquelles il faut ajouter la grande quantité de cannelures du fût; on en compte souvent près de soixante. Il n'en est pas ainsi dans les bas-reliefs. Les colonnes sculptées sur les rochers de Nakch-i-Roustam, sont dépourvues de cannelures, et supportent un entablement architravé[1], c'est-à-dire composé de l'épistyle et d'une corniche, ou membre supérieur, sous lequel se montrent, semblables à des extrémités de solives, de gros denticules séparés par un étroit espace, figuration incontestablement imitative (fig. LXV).

Quelques fragments de colonnes n'ont pas de bases; d'autres en possèdent de semblables à celles de l'Hæreum de Samos.

Nous avons vu qu'à une époque postérieure à l'Exode des Hébreux et à l'édification du temple salomonien,

---

1. Flandin et Coste, *Voyage en Perse*.

l'emploi des revêtements métalliques et des matériaux ligneux avait été général dans la Médie, et que ces derniers formaient, concurremment avec la pierre, un des éléments des édifices de Persépolis. Aussi l'union de ces matières se manifeste par l'élégance et la légèreté des monuments iraniens, par le rapport des pleins et des vides, et la proportion aræostyle des entre-colonnements.

La structure de la colonne révèle encore une autre influence, en accusant le caractère demi-monolithique que nous avons observé déjà dans le fragment des ruines de Ninive. Des fûts de près de vingt mètres d'élévation comprennent seulement deux ou trois tambours. Les bases font partie d'une de ces assises, et par conséquent du fût. Cela explique à la fois la forme circulaire, le peu d'extension et la fonction simplement décorative de ces membres inférieurs. Ensuite les chapiteaux superposés offrent une trop grande analogie avec les assemblages que nous avons rencontrés en Égypte et en Assyrie, pour qu'on ne reconnaisse pas dans les dispositions celles qui furent originairement affectées aux colonnes métalliques et ligneuses. On s'en convaincra par la comparaison des figures IX et LV[1].

Ainsi, en Perse comme en Égypte, les modifications du support lapidaire n'ont pas eu pour but de satisfaire aux exigences de la construction, et, lorsque l'architecte les a opérées, probablement sous l'influence de préoccupations plastiques, il a demandé les moyens, c'est-à-dire les formes, à des créations antérieures.

---

[1]. La base du chandelier à sept branches figuré sur l'arc de Titus, à Rome, montre avec évidence que certaines formes iraniennes se liaient intimement à l'emploi des métaux.

Ce procédé, ou plutôt cette marche de l'architecture orientale, n'a rien qui doive surprendre. N'a-t-on pas vu, en pleine florescence de l'art grec, à Athènes même, la tente de Xercès servir de modèle à l'Odéon de Périclès [1]?

1. Plutarque, *Périclès*.

V

Traces de l'influence de l'Egypte et de l'Assyrie dans l'architecture de l'Iran. — Les colonnes de Persépolis sont les dernières expressions d'un art depuis longtemps formé.

On reconnaît l'influence égyptienne dans quelques-unes des formes persanes. Les couronnements des ouvertures rappellent la grande gorge des édifices de la vallée du Nil[1].

Il faut remarquer cependant que cette moulure se rencontre aussi accusée à Ninive, dans un soubassement[2].

L'influence assyrienne se manifeste à Persépolis, principalement dans les monstres symboliques qui forment le jambage des portes du grand palais, et, sans parler de la proportion des colonnes, de l'emploi des courbes dans les chapiteaux, des dispositions rectangulaires de ceux-ci, — particularités que nous avons reconnues dans les bas-reliefs de Khorsabad, — il est facile de constater que cette influence s'y est étendue encore, bien après le règne de Kambyse; on retrouve, jusque sous les Sassanides, les créneaux caractéristiques de la Chaldée et de Ninive[3].

Les monuments de Persépolis ont été élevés sous les Achéménides, à l'époque des premiers développements de l'art ionien. Cela explique qu'on ait attribué à l'architec-

---

1. Flandin et Coste, *Voyage en Perse*, atl.
2. Place, *Ninive et l'Assyrie*.
3. Flandin et Coste, *Voyage en Perse*.

ture grecque une influence considérable sur les formes de ces édifices, construits cependant par des artisans égyptiens, d'après Diodore de Sicile [1].

Mais, malgré la date relativement rapprochée, et en dépit des analogies qu'on invoque, les colonnes iraniennes appartiennent à un art formé depuis longtemps, dont le berceau se trouvait dans la haute Asie.

C'est ce que pense un savant dont l'autorité, dans ces matières, est incontestée. « En admettant, dit O. Müller, que des artistes égyptiens et même grecs aient travaillé constamment pour le Grand Roi, il n'en faut pas moins reconnaître que ces sculptures ont été exécutées sous l'influence d'un art indigène, mûr depuis des siècles, dont les principes et les méthodes passèrent aux Perses, sans aucun doute, d'Ecbatane en Médie, et aux Mèdes, comme nous le pensons, de Babylone, du moins pour les parties les plus importantes [2]. »

Depuis la découverte des bas-reliefs assyriens, ces présomptions se sont converties en certitude.

1. Diod., I, 46.
2. O. Müller, *Manuel d'archéologie*, I, § 247.

V

JUDÉE

V

JUDÉE

I

Les monuments salomoniens étaient lapidaires, ligneux et métalliques. — Développement considérable de ces derniers caractères. — Influences de l'Assyrie et de l'Égypte.

Il ne subsiste de l'architecture hébraïque aucun vestige appartenant à une époque reculée. La description détaillée du tabernacle, dans l'*Exode,* supplée heureusement à cette lacune. Ce que nous avons dit, dans les premiers chapitres, de l'intérêt que présente ce document, et les particularités que nous en avons extraites, nous dispensent d'y recourir de nouveau. Nous ferons remarquer seulement que plusieurs supports de cet édifice reposaient sur des doubles bases[1].

Le *Livre des Rois* montre que le temple du mont Moriah et le palais élevés sous le règne de Salomon, par des artistes tyriens, offraient des dispositions analogues. L'intervention d'artistes étrangers prouve indubitablement que, plusieurs siècles après la construction du

---

1. *Exode,* XXVI, 21

tabernacle, les Hébreux n'avaient pas d'art national. Ainsi se trouve confirmé ce fait, que les formes du tabernacle furent celles qu'ils avaient empruntées de l'Égypte.

On rencontrait dans ces édifices les colonnes ligneuses et les colonnes métalliques : des supports de cèdre soutenaient la couverture des portiques et des salles hypostyles [1]. Mais la pierre formait les murs [2]. Quelques blocs énormes du soubassement du temple salomonien sont encore en place [3], et forment des assises dont le parement, légèrement refouillé sur les bords, présente l'apparence d'un *refend*. La disposition de cet appareil se rencontre fréquemment dans les monuments phéniciens et persans, par exemple dans des soubassements, à Persépolis, à Istakr et à Passargade.

A l'intérieur du temple et du palais salomoniens, la pierre n'était visible nulle part ; partout des lambris de cèdre, d'airain, d'argent ou d'or la recouvraient [4] ; sur les parois, des chéroubs placés entre des palmiers déployaient leurs ailes, et formaient des motifs de décoration, dans lesquels on devine aisément une influence assyrienne.

M. de Vogüé, dans sa restitution du temple, a largement usé des formes égyptiennes. Il est probable en effet qu'on les avait combinées, dans une certaine mesure, avec d'autres formes appartenant en propre à l'Asie et dont les architectes phéniciens appelés par le roi hébreu avaient dû nécessairement user. Nous verrons plus loin que l'architecture phénicienne était loin d'exclure le mélange des styles.

---

1. *Rois* III, VII, 2.
2. *Rois* III, VII, 9.
3. De Vogüé, *le T. de Jérusalem*.
4. *Rois*, III, VI, 18.

JUDÉE. 113

Deux colonnes destinées au vestibule du temple présentaient des caractères remarquables : elles étaient l'œuvre du fondeur[1]. La hauteur des chapiteaux comprenait des éléments nombreux qui devaient offrir une certaine analogie avec ceux des couronnements de Persépolis. De plus, ces colonnes ne remplissaient aucune fonction constructive; elles avaient reçu des noms comme si elles eussent été des êtres animés, et une signification symbolique qui restera probablement toujours un mystère.

1. *Rois*, III, VII, 15.

II

Les bas-reliefs lapidaires de la Judée offrent des formes analogues à celles qui appartiennent en propre aux bas-reliefs métalliques. — La nudité des fûts est un des caractères des colonnes de style grec de la Judée.

Plusieurs bas-reliefs hébraïques sont parvenus jusqu'à nous[1]; ils accusent, par la sécheresse et l'acuité des formes, exclusivement végétales, un style sur lequel les procédés du *repoussé au marteau* ont exercé une influence considérable.

Quelques tombeaux, élevés à une époque vraisemblablement peu reculée, sont empreints d'un caractère moins national et montrent des formes grecques à peine modifiées par certains motifs d'origine orientale. Les colonnes doriques et ioniques sont surtout remarquables par la constante nudité et les courtes proportions des fûts[2]. Un de ces tombeaux, du IIe siècle avant notre ère, est surmonté d'une frise dont on peut comparer les sculptures à celles qui se développent sur l'architrave du temple d'Assos en Mysie[3].

Dans la Moabitide, M. de Saulcy a découvert un chapiteau qui porte, d'une manière fruste et rudimentaire, certains traits du couronnement ionique; les volutes ont des caractères semblables à ceux que nous avons reconnus dans quelques bas-reliefs de Ninive ou

---

1. Musée du Louvre, n° 573.
2. De Saulcy, *Voyage autour de la mer Morte*.
3. De Vogüé, *le T. de Jérusalem*.

de Nimroûd[1]. Isaïe nous apprend, du reste, que les enfants de Moab se servaient d'un système de construction analogue à celui qui était usité en Assyrie. « Annoncez, dit le Prophète, à ceux qui se glorifient sur des *murailles de brique*, de quelles plaies ils doivent être frappés[2]. »

1. De Saulcy, *Voyage autour de la mer Morte*, I, p. 329, atl. pl. VII.
2. Isaïe, XVI, 7.

VI

PHÉNICIE

VI

PHÉNICIE

I

Les anciens temples phéniciens. — L'influence de l'Égypte. — Des colonnes métalliques se montrent dans le pronaos des temples. — Horizontalité de la couverture lapidaire ou ligneuse de ces édifices. — La moulure caractéristique de l'architecture phénicienne. — L'influence de l'Assyrie.

Comme le sanctuaire de Jérusalem, les temples phéniciens se composaient d'un *thalamos* entouré d'une double enceinte, précédée de propylées. La seconde enceinte renfermait les habitations des prêtres et des hiérodules.

Tels étaient le temple syrien d'Hiérapolis et celui de Paphos, dans l'île de Chypre. La fondation de ce dernier était antérieure à celle du temple de Salomon, et remontait peut-être à l'époque des premiers juges des Hébreux.

Les ruines de quelques temples phéniciens élevés avant la période grecque accusent un caractère national très-prononcé. On reconnaît toutefois, dans certains édifices, des traces évidentes de l'influence que l'Égypte exerça pendant de longs siècles sur la Phénicie. C'est surtout à Paphos, aujourd'hui Baffa, que cette influence se constate d'une manière décisive dans quelques monuments funéraires.

« ... A deux lieues de Baffa, dit M. Louis Lacroix, dans l'intérieur, est le bourg de Ktima, chef-lieu du district et habité principalement par des Turcs. En suivant la côte vers le promontoire Acanias, on rencontre une chaîne de rochers taillés symétriquement, et présentant de loin l'aspect d'une ville ruinée. M. de Hammer y a reconnu une antique nécropole, qui ne lui paraît offrir aucun des caractères particuliers de l'architecture grecque et romaine. Cependant on y trouve des hypogées doriques;

* F * LXVI*

mais on en voit de semblables et de même style dans la nécropole égyptienne de Beni-Hassan[1]. »

1. Louis Lacroix, *les Iles de la Grèce*, p. 13.

La grande gorge qui surmonte le thalamos d'Amrith semble provenir directement de l'Égypte. Sous cette moulure, une sorte d'avant-toit, placé en encorbellement, se projette sur la façade de l'édicule (F. LXVI). Cet auvent, par la manière dont on l'a disposé, n'exige en aucune façon des supports; il s'appuyait néanmoins, suivant la conjecture de M. Renan, sur des colonnettes métalliques, qui formaient un modeste pronaos[1].

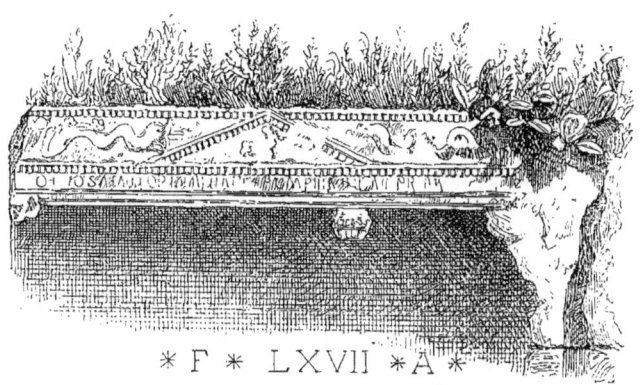

* F * LXVII * A *

Le frontispice de la grotte des Serpents, près de Cagliari, donne à cette supposition une grande vraisemblance. Quoique l'entablement de ce monument semble appartenir à la décadence de l'architecture romaine, il ne présente pas moins des particularités dignes d'attention : de tout petits chapiteaux, qui adhèrent encore à la surface inférieure de l'architrave, indiquent que les fûts sur lesquels ils se montraient probablement, devaient avoir des proportions extrêmement élancées, et incompatibles

---

1. Renan, *Expédition de Phénicie*, p. 63.

avec l'emploi de la pierre (F. LXVII A)[1]. De telles formes, attribuables seulement à la longue occupation de l'île de Sardaigne par les Phéniciens et les Carthaginois, font merveilleusement comprendre l'auvent d'Amrith. Elles montrent une fois de plus combien l'emploi des supports métalliques fut commun dans l'antiquité orientale, puisqu'il a pénétré et s'est perpétué, même pendant notre ère, sur quelques points de l'Occident.

Une toiture plate recouvrait ordinairement le thalamos phénicien. Elle était en pierre à Amrith[2], probablement en charpente recouverte de terre dans le temple de Golgos[3].

Des tombeaux et des édifices antérieurs au v° siècle offrent des particularités d'un haut intérêt, par exemple une moulure que nous n'avons pas encore rencontrée le talon, droit ou renversé, d'un profil ferme et pur (F. LXVII), et les assises à refend propres aux sémites.

On découvre aussi dans ces monuments des influences assyriennes incontestables. Ainsi, le tombeau d'Amrith porte les créneaux tridentés de l'Assyrie[4], que nous avons vus se perpétuer en Perse postérieurement aux Achéménides. Les murs de brique crue du petit temple de Golgos, dont la fondation paraît remonter au commencement du v° siècle avant Jésus-Christ, permettent de constater combien ce mode de construction s'était propagé loin du foyer originaire.

1. D'après une photographie.
2. Renan, *Miss. de Phénicie*, pl. 10.
3. C. Ceccaldi, *Rev. archéol.*, déc. 1871.
4. Renan, *Expédit. de Phénicie*, pl. 14.

II

On reconnaît dans les colonnes phéniciennes les formes rudimentaires des chapiteaux dorique et corinthien. — Autres types columnaires à fûts lisses et demi-monolithes, surmontés d'un chapiteau présentant les formes atténuées du chapiteau dorique. — Les volutes des chapiteaux de Golgos. — Les colonnes symboliques. — Explication du faible développement des formes et des proportions de la colonne phénicienne.

Parmi les fragments découverts à Golgos, quelques chapiteaux, qui ont dû appartenir à un temple détruit avant le commencement du ve siècle, sont émi-

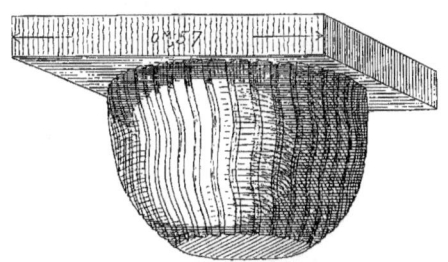

✳ F ✳ LXVIII ✳

nemment intéressants. Frustes et d'une forme quelque peu barbare, ils sont certainement le produit d'un art indigène; le profil disproportionné comprend les éléments rudimentaires des chapiteaux dorique et corinthien, et un mince abaque dépasse, en le recouvrant, le corps du couronnement (F. LXVIII-LXIX) [1]. Des méandres

---

[1]. *Revue archéolog.*, déc. 1871. C. Ceccaldi, p. 366, 367.

et des feuillages, développés sur la surface, offrent une très-grande analogie avec les ornements de quelques vases vernissés provenant des terres bibliques.

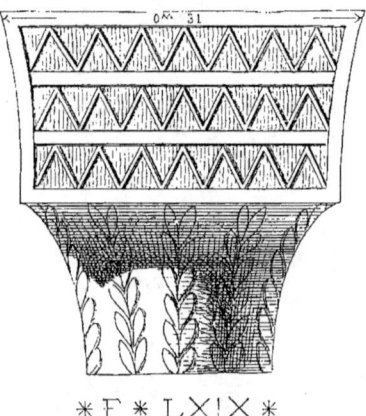

✳ F ✳ LXIX ✳

Un intérêt non moins grand s'attache encore à quel-

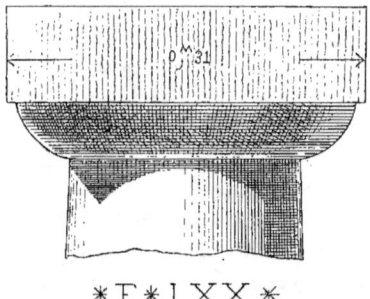

✳ F ✳ LXX ✳

ques débris de colonnes phéniciennes ou chypriotes qui indiquent un support de faible dimension et de proportion grêle. Les fûts, formés de deux tambours et complétement lisses, sont surmontés de chapiteaux circulaires peu élevés, composés d'une échine recouverte d'un abaque carré (F. LXX). Ces colonnes, provenant de localités très-distantes l'une de l'autre, d'Eddé et de Golgos, dérivent d'un type dont l'Assyrie et l'Égypte ne nous ont pas offert d'exemple.

Le Musée du Louvre possède des chapiteaux de piliers qui proviennent de Golgos. Ils sont formés par des volutes puissantes, entre-croisées au départ et surmontées d'une succession de faces saillantes, d'un effet disgracieux et lourd (F. LXXI).

* F * LXXI *

Les temples de la Phénicie contenaient des colonnes symboliques qui, ne remplissant aucune fonction constructive, étaient couronnées de flammes sculpturales. Elles portaient le nom de *Khammamim*. Les tombeaux

---

2. Renan, *Miss. de Phénicie*, p. 228. *Revue archéol.*, déc. 1871, p. 366.

de l'Étrurie renferment un certain nombre de colonnes qui affectent cette disposition [1].

La colonne ne paraît pas avoir rempli en Phénicie un rôle fondamental dans les monuments. Réservée au pronaos des édifices sacrés, aux portiques et aux propylées des péribodes, elle ne supportait que de légères couvertures. Cela en explique le faible développement des formes et des proportions.

1. F. Hœfer, *Phénicie (Univ. pittor.)*, p. 74.

VII

ASIE MINEURE

VII

ASIE MINEURE

I

Les formes monumentales de la haute Asie et de la Phénicie pénétrent de bonne heure en Asie Mineure. — Colonnes couronnées de chapiteaux à volutes diversement disposées. — Fronton symbolique. — Influence de l'Égypte et de l'Assyrie.

La disposition et les matériaux des édifices décrits dans les poëmes homériques laissent deviner une architecture dont la plupart des moyens avaient été empruntés de l'Assyrie et de la Phénicie. L'état de nos connaissances sur les monuments de ces contrées met aujourd'hui ce fait hors de doute.

Les murs au faîte émaillé, les seuils d'airain, les portiques éclatants, et les palais aux salles resplendissantes, divisées par des rangées de hautes colonnes, montrent à quelles distances les formes architecturales de la haute Asie rayonnaient dès lors.

De tous les monuments anciens existant en Asie Mineure, les bas-reliefs de la Cappadoce sont, sans contredit, ceux qui fournissent les plus précieuses indications sur les formes de la colonne, aux époques anté-

130   PREMIÈRE PARTIE.

rieures à l'introduction de l'art grec dans ces contrées.

Parmi les représentations sculptées sur des rochers, près de Ptérium, on remarque deux petits édicules du genre de ceux que les Grecs appelaient *pastoi*, petits temples portatifs. Le premier, qu'un personnage tient élevé sans effort, se compose de deux colonnes fluettes

et très-coniques, munies d'un chapiteau formé par des volutes non surmontées d'un abaque, et semblables à celles que nous rencontrerons plus tard dans le temple de Phigalie. Elles supportent une couverture, sorte de fronton, dont les rampants curvilignes sont composés de deux ailes éployées, séparées par des disques ou par des globules (F. LXXII)[1]. Un édicule aussi exigu devait être composé de matières précieuses, de métaux très-probablement. La faiblesse des proportions et la poignée qu'on devine sous la partie inférieure et à l'aide de laquelle le personnage le soutient, rendent cette opinion probable.

Un autre petit *naos* est encore représenté sur ces mêmes rochers. Celui-ci n'est pas soutenu par un personnage; il est isolé et offre des dispositions semblables à celles du premier. Les volutes des chapiteaux seules diffèrent : elles ne sont pas réunies par une courbe, mais simplement adossées l'une à l'autre (F. LXXIII)[2].

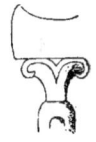

✳ F ✳ LXIII ✳

Le *Bulletin de la Société des antiquaires de France*[3] a publié une étude fort remarquable, dans laquelle M. G. Perrot décrit ces figurations, et apprécie justement l'importance qu'elles présentent au point de vue de la filiation des formes helléniques.

On a supposé que ces bas-reliefs étaient le produit d'un art indigène; on les a attribués aussi à l'art assyrien et à l'art médique. Hérodote nous apprend que la

---

1. G. Perrot et Guillaume, *Expédit. de Galat.*, pl. 47.
2. C. Texier, *Asie Min.* (*Univ. pitt.*), pl. 2.
3. Année 1871.

ville de Ptérium fut complétement ruinée par Krœsos[1]. Il est à peine besoin de faire remarquer que tous les monuments qu'on y a découverts sont antérieurs à l'époque des premiers développements de l'ordre ionique dans les temples.

Pour ne pas allonger indéfiniment la recherche des influences assyriennes en Asie Mineure, nous nous bornerons à constater qu'en pleins v[e] et ive siècles avant notre ère, dans la Lydie et dans la Carie, contrées où ni le marbre ni la pierre ne faisaient défaut, le palais de Krœsos, ainsi que celui de Mausole, étaient, suivant le mode ninivite, entièrement construits en brique[2].

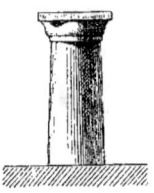

✳ F ✳ L X X I V ✳

Des réminiscences égyptiennes non moins appréciables ont été observées, particulièrement dans les formes architecturales de quelques tombeaux. Elles se manifestent surtout dans des colonnes de petites dimensions, mais de formes trapues, reflet des proportions et même de certaines dispositions de l'Égypte. Ainsi, les colonnes de Dikili-Tasch, dont le chapiteau est purement campaniforme (F. LXXIV)[3]; les colonnes du tombeau d'Aladja

---

1. Vitruve, II, 8, 10, 11.
2. Hérodote, I, 76. C. Texier, *Asie Min. (Univ. pitt.)*, p. 607.
3. C. Texier, *Descript. de l'Asie Min.*, II, pl. 92.

ASIE MINEURE

signalé par Hamilton; et les colonnes d'un tombeau de la Cappadoce[1], dont le chapiteau est composé d'un talon, moulure que nous avons observée dans les plus anciens tombeaux de la Phénicie, présentent les proportions ramassées dont on trouve des exemples dans les supports doriques ou ioniques de quelques régions, telles que la Cyrénaïque[2].

1. G. Perrot et Guillaume, *Expédit. de Galat.*, pl. 33.
2. V. Pacho, *Voyage dans la Cyrenaïque*.

II

L'architecture en bois figurée sur les tombeaux lyciens. — Reproduction exacte des éléments ligneux sur les monolithes. — Le fronton caractéristique des tombeaux phrygiens. — Le principe de l'imitation des éléments ligneux, commun aux peuples orientaux.

Quoique la colonne ne s'y rencontre jamais, un certain nombre de monuments de l'Asie Mineure offrent un vif intérêt au point de vue de notre étude. Les tombeaux monolithes de la Lycie montrent, comme les antiques sarcophages de l'Égypte, des formes empruntées des constructions en bois. Mais l'analogie qu'ils ont ensemble se borne à ce principe d'imitation.

Les tombeaux lyciens portent, à un degré de vraisemblance inconnu de l'Égypte, la fidélité dans la reproduction des assemblages de charpente, bien supérieurs du reste à ceux qui étaient usités dans la vallée du Nil. Les montants et les traverses s'unissent d'une manière plus savante; les différentes pièces qui se pénètrent créent des effets de lumière et d'ombre plus caractérisés. Souvent ces tombeaux, dont on dirait que la charpente est pétrifiée, ne sont pas terminés, comme en Égypte, par une surface horizontale, mais par des frontons triangulaires ou curvilignes (F. LXXV)[1]. Les courbes de ces derniers indiquent un état avancé de l'art du charpentier.

Assez fréquemment, les solives ou les chevrons qui

---

[1] Ch. Texier, *Descript. de l'Asie Min.* (*Univ. pittor.*), pl. 26.

apparaissent sous les couvertures ont une forme cylindrique.

Un certain nombre de tombeaux, dont quelques-uns affectent un caractère portatif, sont monolithes et paraissent imiter un système de construction en bois sur les quatre côtés; d'autres consistent en une simple façade taillée sur des rochers[1].

Les tombeaux des rois de Phrygie offrent des caractères extrêmement originaux. Ce sont des frontispices sculptés sur le roc, presque toujours composés d'une surface quadrangulaire dénuée de tout haut relief et entourée de bordures à dessins géométriques semblables à ceux des pans de bois égyptiens. Le fronton, triangulaire, présente dans le tympan des formes qui paraissent indiquer une imitation de charpente, une disposition d'assemblage. Les sommets des parties rampantes de cette couverture simulée s'entre-croisent et se replient en volutes, terminaison qu'on rencontre encore dans les contrées telles que la Suisse, où les constructions ligneuses ont été usitées de tout temps (F. LXXVI)[2]. Une porte basse et simulée figure l'entrée de ces monuments, dans lesquels MM. Perrot et Guillaume ont constaté que l'on ne pénétrait par aucune entrée directe. Une ouverture mystérieuse, un puits éloigné du frontispice, et si soigneusement dérobé que, dans la plupart des tombeaux, il n'a pu être découvert, permettait seul d'accéder à la chambre secrète où était renfermé le sépulcre.

N'est-ce pas un fait digne de remarque, que l'on découvre aussi fréquemment, à une haute antiquité, un principe d'imitation rigoureusement appliqué dans les

---

1. Ch. Texier, *Descript. de l'Asie Min.*, pl. 11.
2. Texier, *Descript. de l'Asie Min.*, pl. 12.

monuments monolithes, et plus ou moins appréciable dans les édifices appareillés?

Des influences étrangères ne peuvent suffire à expliquer ce mode imitatif. Il faut voir dans les développements qu'il a reçus une sorte de consécration de certaines dispositions primitives, et reconnaître dans celles-ci la grande source à laquelle les architectes de ces époques reculées puisaient systématiquement les motifs des formes lapidaires.

VIII

OCCIDENT

VIII

OCCIDENT

I

Etat de l'Architecture dans l'Archipel avant la période historique grecque. — Construction en pierre et en bois. — Provenance éloignée de la plupart des menus objets découverts dans les fouilles de Santorin.

Dix-huit cents ans avant notre ère, on rencontre en Occident, non la colonne, mais le plus ancien indice de l'emploi d'un support cylindrique.

A cette époque, au milieu de l'Archipel, la partie centrale d'une des Cyclades s'effondrait subitement sous les eaux, et l'action violente des feux souterrains, cause de ce cataclysme, projetait une pluie de pierres sous lesquelles les bords disloqués de l'île sont restés ensevelis jusqu'à nos jours

Dans la suite, le fragment le plus important de l'île primitive fut occupé par les Phéniciens, puis par les Doriens, qui lui donnèrent le nom de Théra. On l'appelle aujourd'hui Santorin ; les débris de moindre importance ont reçu les noms de Thérasia et d'Aspronisi. Des fouilles récemment exécutées ont prouvé que l'homme avait été témoin et victime de cette catastrophe ; elles ont donné lieu à des recherches dont le rapport de M. Fouqué a fait ressortir toute l'importance[1].

Parmi les nombreuses habitations qui ont été reconnues à Thérasia, une seule a été complétement déblayée. Elle présente un plan régulier et des ouvertures extérieures situées dans l'axe des pièces (F. LXXVII). Les

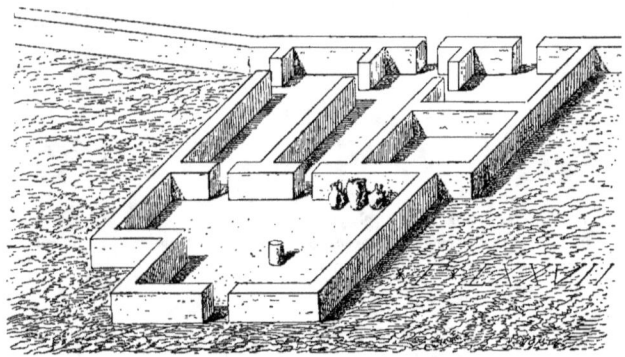

murs, qui se coupent à angles droits, sont formés de blocs de lave irréguliers, liés par une matière terreuse et entremêlés à des branches d'olivier sauvage auxquelles l'écorce est encore adhérente. Toutes les pierres des parties angulaires, disposées en assises horizontales, sont taillées avec soin. Des poitrails de bois forment les linteaux des fenêtres. La couverture de l'habitation proprement dite se compose de solives de bois en grume, placées entre les murs suivant une faible courbe, et recouvertes d'un lit de terre.

Une disposition différente caractérise le toit d'une

---

1. *Archiv. des Miss. scientif.*, série II; t. IV, p. 222-252.

vaste pièce qui paraît avoir servi de laboratoire. Les chevrons rustiques qui reposent sur les murs devaient se relever et s'appuyer sur un support central, donnant ainsi à la couverture la forme d'un pavillon à quatre pans. On a trouvé en place le dé cylindrique qui servait de base à la colonne; celle-ci n'a pas été reconnue; peut-être, formée d'un tronc d'arbre, a-t-elle été détruite par le temps.

Ce qu'il y a de certain, c'est que l'existence en est prouvée par la base qu'on a découverte, et par la disposition de la couverture, qui rendait inévitable l'emploi d'un soutien.

On a également rencontré, à l'extérieur de l'habitation, un autre fragment de support, composé d'assises quadrangulaires. Il paraît avoir été isolé, et la destination en est inconnue.

Le rapport de M. Fouquié révèle un grand nombre de particularités intéressantes, parmi lesquelles il convient de retenir les faits suivants.

Toutes les assises appareillées ont été taillées à l'aide d'instruments de pierre. Avec ces mêmes instruments, des mortaises ont été exécutées dans des pièces de bois. La plupart des vases, vernissés et décorés de feuillage qu'on a pu recueillir, n'ont pas été fabriqués sur place : quelques-uns peuvent provenir des îles voisines; un certain nombre accusent une origine tout orientale; l'élégance et l'originalité des formes ne peuvent se comparer qu'à celles de très-anciens vases de la Moabitide.

Les fouilles ont mis au jour deux petits anneaux d'or creux et repoussé, ayant appartenu à un collier. On a constaté que ce métal n'avait pu être extrait ni de Santorin ni des îles voisines.

Le moment n'est pas encore venu de tirer de ces faits les conclusions qu'ils comportent; les causes qui ont motivé l'emploi de la colonne doivent seules fixer notre attention.

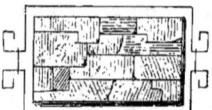

II

L'emploi de la colonne de Santorin a été déterminé par des exigences matérielles.

Il est à propos de rappeler que l'exemple que nous citons n'appartient pas à l'architecture sacrée, mais à l'architecture domestique, au moment où elle commence à se développer en Occident. La colonne de Santorin était certainement une œuvre toute primitive, et il serait difficile de supposer des phases à sa conception. On ne peut admettre que l'emploi en ait été exclusif; les fouilles ont livré des piliers quadrangulaires : il ne résulte pas non plus d'une cause fortuite, nous allons essayer de le prouver.

La salle dans laquelle on a trouvé une base de colonne servait à la fois de magasin et d'atelier; des vases contenant des provisions étaient rangés contre les murs. Un pressoir à huile et peut-être des métiers à tisser en occupaient aussi une partie de la surface. Cette double destination nécessitait un assez vaste espace et des murs placés à une distance telle, que les solives fournies par les oliviers sauvages ne pouvaient la franchir. De là résultait la nécessité absolue d'un soutien, sur lequel devaient s'appuyer les extrémités des solives ou des chevrons.

Remarquons que la nécessité imposée par la dimension des matériaux est bien loin d'avoir été aussi impérieuse en Égypte. Elle n'y a pas réglé seule la position des supports; nous avons vu que des architraves monolithes reposaient fréquemment sur plusieurs colonnes.

Les origines qui distinguent le point d'appui de l'Égypte de celui de l'Archipel, en tant que soutien, le distinguent aussi en tant que colonne. Le support de la salle de Santorin, la destination de celle-ci étant donnée, devait créer un sérieux obstacle à la circulation, au travail de la vie journalière, obstacles qui ne pouvaient être atténués que par l'adoption de la forme cylindrique. Cette forme répondait si rigoureusement à la nature de l'emploi de ce support, qu'un pilier quadrangulaire placé dans des conditions identiques n'aurait pas tardé, à la suite de frottements répétés, à se transformer en un cylindre, au moins dans une partie de la hauteur.

Nous rencontrons donc ici, fortement accentuées et intervenant dans la formation de la colonne, les exigences matérielles de la destination, lesquelles peuvent rendre fatal l'emploi du support cylindrique, sans qu'aucune exigence plastique motive la forme.

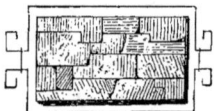

OCCIDENT. 145

III

Les colonnes pelasgiques. — Porte de Mykênæ. — Trésor d'Atrée. — Fragment de volutes. — Réminiscences des revêtements métalliques.

Un intervalle de quelques siècles seulement sépare le cataclysme de Santorin de la fondation de Mykênæ (1500 av. J.-C.)[1], seule ville de l'âge héroïque dont les ruines montrent des fragments de colonne.

Quels événements se passèrent durant cette période? C'est ce qu'on ignore. Toujours est-il que nous nous trouvons en pleine architecture pélasgique, en présence des énormes blocs irréguliers qui formaient les murailles des villes de cette époque, en Italie, en Asie Mineure, en Grèce, et qui se sont perpétués dans cette dernière contrée bien après le temps de la guerre du Péloponèse.

Un bas-relief, sculpté sur le tympan de la porte cyclopéenne de Mykênæ, représente une colonne placée entre deux lions affrontés[2] (F. LXXVIII). Le fût étroit et nu repose sur une base ; un chapiteau circulaire, recouvert d'un épais abaque, le surmonte.

1. *Sur la fondation de Mykênæ,* V. Grote, *Hist. de la Grèce,* trad. de Sadous, I, p. 106, 107.
2. Blouet, *Expédit. scient. du Péloponèse,* I. — Le motif des lions affrontés est essentiellement asiatique. On l'a rencontré en Phrygie sur le monument appelé Tombeau de Solon (Ch. Texier, *Asie Min.,* p. 422 ; R. Stewart, *Descript. anc. mon. in Lyd. and Phryg.*), et plus récemment en Phénicie ; il accompagn: la stèle de Jehawmelek, roi de Gebal (*Compt. rend., Acad. des inscr. et belles-lettres,* 1875, p. 24-25). Il appartient également à la Perse (de Longpérier, *Notice des Antiq. assyr. du Louvre,* Préf., p. 19).

Cette colonne offre ainsi d'étroits rapports de forme avec les petits supports phéniciens d'Eddé et de Golgos (F. LXX), et nous montre que dès l'âge héroïque le type de ceux-ci avait déjà pénétré dans l'Hellade.

* F * LXXVIII *

Au Trésor d'Atrée, intérieurement revêtu de plaques d'airain, devaient appartenir des colonnes dont les fragments ont été retrouvés près de ce monument. Ces débris, malheureusement dépourvus de chapiteaux, montrent que la colonne reposait sur une base circulaire composée d'un socle et d'un tore allongé, d'un profil assez

OCCIDENT

*F * LXXIX *

semblable à celui de certains bourrelets placés sous les colonnes égyptiennes (F. LXXIX).

Le fût, fortement conique, est loin d'annoncer des proportions trapues; il est couvert par des chevrons également espacés, et offrant une disposition à peu près pareille à celle qu'ils affectent sur les arbres sacrés de Ninive [1]. La surface de ces chevrons, qui comprend une certaine largeur, est occupée par des spirales, sortes de petites volutes juxtaposées. Cette ornementation singulière s'étend même à la base des colonnes.

✳ F ✳ LXXX ✳

Près de cet édifice, on a également rencontré des fragments d'ornements géométriques en forme d'enroulements ou de volutes, d'une grande élégance et d'un travail extrêmement soigné (F. LXXX).

Que le tholos d'Atrée ait été élevé par des captifs

---

1. Blouet, *Expédit. scient. du Péloponèse*, I.

troyens, ainsi que le pense M. Beulé[1], ou qu'il soit postérieur à leur temps, la haute antiquité n'en est pas moins certaine ; et, dans tous les cas, il est de beaucoup antérieur à l'éclosion de l'architecture dorienne.

Dans une ville perdue de l'Acarnanie, parmi les ruines d'un édifice cyclopéen, M. Heuzey a rencontré quelques petites colonnes que couronnait un chapiteau de forme barbare et ne se rapportant à aucun type grec, mais probablement au type phénicien des figures 68 ou 69. Elles avaient dû former une claire-voie dans les parties hautes de l'édifice. M. Heuzey ne signale pas de cannelures sur le fût[2].

Les particularités que révèlent les édifices pélasgiques offrent un vif intérêt. Elles montrent, dans la porte de Mykênæ, la colonne avec les proportions qu'elle présentait en Asie, et un fût lisse qui nous a paru caractériser spécialement les supports de l'Assyrie et de la Phénicie. Dégagée de toute fonction constructive, elle constitue en soi seule une œuvre d'art, et répond, comme dans le temple salomonien, à une destination symbolique.

Les fragments du Trésor d'Atrée prouvent que la colonne n'était pas incompatible avec la simplicité de cette architecture puissante qu'on a nommée cyclopéenne, à laquelle elle oppose un contraste inattendu par la richesse de l'ornementation.

On ne peut s'empêcher de reconnaître dans celle-ci un effet de l'influence exercée sur les formes de la colonne lapidaire par l'usage des revêtements métalliques des supports ligneux, usage qui, à l'époque héroïque, s'était

---

1. Beulé, *Fouilles et Découvertes*, II, p. 174.
2. Heuzey, *le Mont Olympe*, p. 353.

étendu de la haute Asie jusqu'aux portes de l'Hellade. Les dispositions mêmes de ces ornements indiquent le motif qu'ils reproduisent, c'est-à-dire des lames minces et étroites, appliquées sur un fût circulaire.

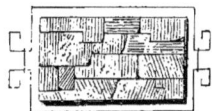

IX

LES ARTS SOMPTUAIRES DE L'ORIENT

IX

LES ARTS SOMPTUAIRES DE L'ORIENT

I

Utilité de l'étude des arts décoratifs de l'Orient. — Influence exercée sur les formes
par l'emploi dominant d'une matière dans les édifices.

La prédominance que, suivant les époques, l'architecte accorde dans les édifices à certains matériaux, imprime un caractère particulier aux formes monumentales.

Quand le marbre est à peu près exclusivement employé, on doit s'attendre à ce qu'il impose dans une certaine mesure, aux matériaux accessoires, les caractères qui le distinguent en propre. Si, au contraire, le rôle principal est attribué au bronze, le marbre porte fatalement l'empreinte des formes métalliques.

Il suffit même qu'en dehors de l'art architectural l'emploi d'une matière reçoive des développements considérables, pour que l'on en constate l'influence dans les monuments lapidaires.

De là l'intérêt considérable qui s'attache à l'étude des arts décoratifs de la haute antiquité, étude sans laquelle il serait peut-être impossible d'aborder le problème de l'origine des ordres grecs.

Nous avons remarqué combien l'airain était d'un usage fréquent en Asie; nous l'avons vu composer non-seulement le revêtement des édifices, mais participer intimement à la structure, comme par exemple à Babylone, dans le linteau des portes de la ville.

Dans quelques applications, où il était pour ainsi dire substitué à la pierre, on avait dû se servir de dispositions rigides, en rapport avec la nature des fonctions constructives. Aucun exemple de cet emploi fondamental du bronze dans les édifices n'est parvenu jusqu'à nous. La valeur intrinsèque de cette matière, la propriété qu'elle possède de pouvoir indéfiniment passer dans le creuset et de recevoir des formes nouvelles, expliquent suffisamment ce fait.

II

Le fondeur et le céramiste. — Formes ornementales propres à la céramique. — Les volutes. — Pourquoi le bronze recevait également ces formes. — L'art du ciseleur.

En dehors des fonctions monumentales, le métal se prêtait à un grand nombre d'usages, et, suivant les destinations diverses, était traité d'une manière particulière qui en accusait, plus vivement peut-être, la nature et la technique de l'emploi.

Le fondeur, en effet, est en même temps plasticien, et c'est de l'argile que le métal reçoit une forme. Le modèle de terre l'imprime au moule qui reçoit la matière en fusion.

Or, les procédés techniques du céramiste sont d'une nature particulière; ils se concilient difficilement avec les plans anguleux et impliquent les surfaces arrondies et souples, auxquelles se prêtent toutes les matières molles. Par la même raison, ils invitent à l'emploi des courbes dans les parties ornementales faiblement creuses ou saillantes.

Ces courbes, ces surfaces concaves semblent résulter naturellement du contact du doigt de l'artiste avec l'argile, empreinte qu'on devine encore dans les lignes d'eau et les méandres de très-anciens vases de provenances diverses.

Les enroulements et les volutes devaient ainsi être préférés par le plasticien.

Les vases découverts dans la Troade par M. Schliemann, et sur lesquels on reconnaît les traits rudimentaires d'une tête d'oiseau ou peut-être de la figure humaine, offrent des exemples remarquables de cette propension particulière à la céramique. On voit dans quelques-uns de ces vases[1] des sourcils et des yeux indiqués d'abord par

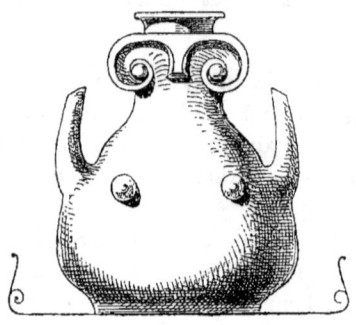

F*LXXXI

de simples traits, par des lignes droites, se transformer peu à peu en volutes symétriques, et prendre un caractère ornemental accusé (F. LXXXI).

On conçoit aisément qu'un type de terre cuite, lorsqu'il est reproduit en bronze, conserve une certaine mollesse de forme, que la nature même des procédés de la fonderie ne permet pas d'éviter.

L'art du ciseleur remédie à cet inconvénient; cet artiste sculpte de nouveau, retouche les formes secondaires du type métallique, et les empreint d'une fermeté

---

1. Schliemann, *Troyanische Alt.*, pl. 59, n° 1356.

qu'il peut, à volonté, pousser jusqu'à la sécheresse. En définitive, il résulte de l'emploi de ces matières, l'argile et le bronze, un style particulier.

La méthode du moulage de l'airain a été usitée en Orient dès une haute antiquité, sans s'étendre pourtant jusqu'aux grandes applications de l'art.

PREMIÈRE PARTIE.

III

Le mode du repoussé au marteau.

Un autre mode d'emploi du métal consiste à l'utiliser à l'état de minces feuilles, que l'on fixe sur des corps résistants, ou que l'on réunit les unes aux autres par des clous ou par une soudure, l'intérieur du corps ainsi formé restant creux.

Cette méthode permet de donner, par le repoussé au marteau, une grande finesse aux formes ornementales. Elle provoque l'usage de surfaces légèrement sinuées, propres à la fixation et au maintien des lames métalliques. Le procédé du repoussé a reçu des développements considérables en Asie, et seul il était usité en Grèce pendant l'âge héroïque.

Pausanias le décrit on ne peut plus clairement :

« Avant la guerre de Troie, on ne connaissait point encore l'art de fondre le métal et de le jeter en moule ; on faisait une statue comme un habit, successivement et pièce par pièce, non d'un seul jet, tout à la fois [1]. »

Le même auteur, parlant de la coupe lydienne d'Alyatte, ajoute que les différentes pièces étaient jointes ensemble non par des clous, mais uniquement par des soudures [2].

De toutes ces applications du métal se formait un

---

1. Pausan., VIII, 14.
2. Pausan., X, 16.

LES ARTS SOMPTUAIRES DE L'ORIENT. 159

art indépendant, la toreutique, en prenant ce mot dans le sens le plus étendu [1].

Il ne nous est parvenu que très-peu de produits de cet art, par les raisons que nous avons indiquées plus haut.

M. Place a découvert pourtant une large feuille d'or entourée d'oves, exécutées par le mode du repoussé. Elle présente un champ occupé par une inscription frappée avec des coins de métal.

---

[1]. V. Guigniaut., *Notice sur Q. de Quincy*, p. 76.

IV

Dans les meubles et les ustensiles le métal est constamment caractérisé par des volutes.

Ce sont principalement les armes, les ustensiles, les meubles représentés sur les bas-reliefs assyriens, qui

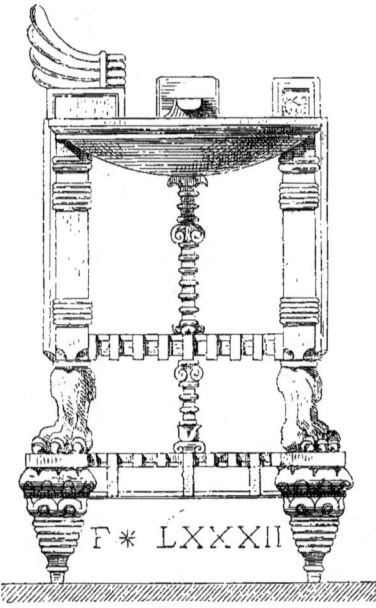

montrent ce qu'étaient les formes essentiellement affectées à l'airain.

Dans les bas-reliefs de Ninive, un grand nombre de meubles se terminent à la partie inférieure par des pieds d'animaux [1]. Ces objets semblent accuser la faculté de pouvoir changer de place, d'être transportés, en un mot une certaine mobilité de fonction. A Korshabad, la table du Sennachérib de l'Écriture présente un support central sur lequel apparaissent, à d'inégales distances, plusieurs chapiteaux composés de volutes, non pas semblables aux enroulements verticaux de Persépolis, mais aux volutes horizontales ou adossées des bas-reliefs de la Cappadoce (F. LXXXII) [2].

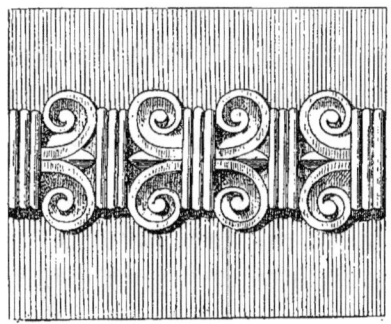

✳ F ✳ LXXXIII ✳

Voilà donc la forme élémentaire du chapiteau ionique, résultant de l'emploi du bronze et du modelé de l'argile. Remarquons que les supports de cette table ont un caractère propre, et, si ce n'est par la particularité des courbes ornementales, ne rappellent en rien un édifice.

---

1. Layard, *The Monuments of Nineveh*, passim.
2. Place, *Ninive et l'Assyrie*, pl. 57.

Ce ne sont point là des formes employées accidentellement ; car, *partout où le bronze se montre, elles apparaissent diversement combinées.* On rencontre ces gracieuses volutes dans les traverses des tables et des siéges

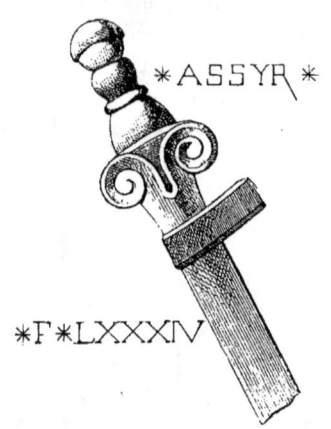

(F. LXXXIII)[1], et elles sont bien métalliques, puisqu'elles se trouvent aussi sur des armes. Elles ornent la garde de plusieurs glaives qui, dès le IXe siècle, portent ainsi les enroulements des colonnes de l'Hellade (F. LXXXIV)[2].

1. Botta, *Ruines de Ninive*, pl. 112.
2. Layard, *The Monuments of Nineveh*, pl. 24.

LES ARTS SOMPTUAIRES DE L'ORIENT. 163

V

Les objets de parure. — Les barillets. — L'ove.

Les menus objets de parure découverts en Assyrie et en Égypte sont, dans le même ordre de recherches, extrêmement remarquables. On a trouvé des bracelets et des colliers assyriens faits de pierres dures, régulièrement taillées, et de formes variées : ce sont, par exemple, de petites sphères conjuguées avec des grains ovoïdes ou figurant des barillets (F. LXXXV)[1]. On a reconnu parmi

ces pierreries l'améthyste, le jaspe, la sardoine, l'agathe, le lapis-lazuli, le grenat, etc.[2]. L'or entrait fréquemment dans la composition de ces objets; dès les temps les plus reculés, il fut associé aux pierres et les enchâssa. On en trouve des exemples sous la xviiie dynastie (1703-1462)[3].

En Asie Mineure les fouilles de la Troade ont livré à M. Schliemann un fragment de terre cuite, sur lequel est représenté une sorte de collier composé de plusieurs

---

1. Musée du Louvre.
2. De Longpérier, *Notice des Antiq. assyr. du Louvre* (3e édit.), p. 64-72.
3. Mariette, *Ap. de l'Hist. d'Égypte*, p. 92-93.

rangées d'oves semblables à celles que l'on rencontre sur les temples doriques (F. LXXXVI) [1].

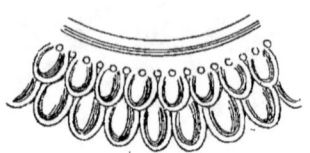

F * LXXXVI

On formait souvent de véritables colliers avec des oves de terre cuite traitées en plein relief : les tombeaux de l'Étrurie en renfermaient un grand nombre.

Quelques objets assyriens du musée du Louvre montrent des bordures d'oves. Ce sont particulièrement les peignes en ivoire et en ébène inscrits sous les n°s 386, 388, 389 et 390.

1. Schliemann, *Trojanische Alt.*, pl. 165, n° 3207.

VI

Les formes communes des arts secondaires étaient utilisées par l'architecte.

On peut dire des arts partiels qu'ils avaient un certain fond commun de formes, tout en en conservant quelques-unes en propre. Ces dernières même devenaient bien vite d'une application générale, dès qu'elles pouvaient être utilisées. Transportées au loin par les conquêtes, les échanges ou les présents, elles exerçaient et perpétuaient une influence considérable.

C'est ainsi qu'on a trouvé à Ninive des objets de pur style égyptien, sûrement fabriqués en Assyrie, et qu'on a trouvé de même en Égypte une grande quantité de menus objets de style assyrien [1]. La peinture et la sculpture ornementales, s'emparaient de ces formes et les multipliaient bientôt. La délicate rosace, commune aux arts asiatiques et égyptiens, se montre dès le xve siècle avant notre ère sur des vases offerts en présent à Thouthmès III [2]. En Assyrie, on la trouve sculptée à profusion sur la pierre et représentée dans les peintures, comme en Égypte. Il en est ainsi de la palmette peinte ou sculptée, et de ce feuillage qui entoure le seuil des portes de Korshabad, ornement dont les formes, à peine épanouies,

---

1. Cf. de Longpérier, *Notice du Musée assyrien du Louvre*. Préf., 3e édit.
2. De Longpérier, *Notice du Musée assyr. du Louvre*, 3e édit. Préf., p. 18.

apparaissent si souvent dans les peintures de Ninive et de Karnak (F. LXXXVII) [1].

* F * LXXXVII *

Les monstres que la sculpture et la peinture reproduisaient si souvent dans les édifices asiatiques, se montraient également sur des étoffes que les Grecs imitèrent avec prédilection. « Le peplus fabriqué pour Alcisthène de Sybaris, dit M. de Longpérier, offrait l'image des principaux dieux de la Grèce, entre deux bordures décorées de figures orientales; le haut [2] représentait les animaux sacrés des Susiens, le bas ceux des Perses. La description de cette magnifique pièce d'étoffe s'appliquerait aisément et avec la plus grande exactitude à certains vases peints trouvés dans les tombeaux de l'Étrurie, vases sur lesquels l'artiste a retracé des scènes de la mythologie

---

1. Musée du Louvre.
2. Aristoteles, *De Mirabilibus Auscultationibus*, XCIX, p. 200 et suiv., édition Beckmann.

hellénique, accompagnées de frises composées de rangées processionnelles de lions, de taureaux, d'animaux ailés dont la physionomie asiatique est frappante au plus haut degré[1] ».

---

[1]. De Longpérier, *Notice du Musée du Louvre*, 3ᵉ édit. Prét., p. 19. *Sur le rôle des tapisseries dans l'architecture grecque*, voir le *Péplos d'Athéné Parthénos*, par L. de Ronchaud, *Revue archéologique*, année 1872.

VII

Les deux foyers d'où rayonnaient les formes antiques. — Les climats et les races. Caractères généraux de la colonne dans l'architecture orientale.

Il est probable que l'Égypte, par la puissance et l'incroyable antiquité de l'art monumental, a été le premier foyer d'où les formes architecturales se sont répandues dans le monde antique.

L'Assyrie, non moins puissante, a été un foyer d'une intensité plus grande encore. Nous avons vu que, dès l'âge héroïque, il rayonnait jusqu'au cœur du Péloponèse.

La Phénicie, par la situation géographique, devint le laboratoire où s'opéra le mélange des styles. Elle était singulièrement apte, en effet, à recevoir les influences les plus diverses. Les monuments en conservent des traits caractéristiques.

De plus, le haut degré auquel elle avait porté la culture des arts partiels, — la toreutique, la céramique, les industries textiles, — et la domination qu'elle exerçait sur la mer, montrent dans quelle large mesure elle avait contribué à répandre les formes dans l'*Orbis antiquus*, et particulièrement sur le littoral de la Méditerranée.

Dans ces transmissions, dans ces fusions architecturales, les questions de races ont, en Asie, peu d'importance. Nous avons vu Aryas et Sémites se servir de formes similaires. Les institutions des peuples et les climats déterminent bien dans une large mesure certaines dispositions des édifices. Elles sont sans influence sur les configurations monumentales secondaires que tous les peuples semblent s'approprier tour à tour. Il en est ainsi de la gorge égyptienne qui surmonte le thalamos phénicien, et qu'on trouve détournée de la signification de couronnement, supportant au contraire l'édifice, dans le soubassement assyrien [1]. Des exemples de cette disposition se rencontrent aussi en Égypte, surtout dans les bas-reliefs.

La sculpture orientale, considérée en tant que représentation de la figure humaine et des formes organiques, ajouterait au tableau de ces transmissions plusieurs faits décisifs, auxquels les exigences de notre programme nous empêchent de recourir. Un simple coup d'œil sur la sculpture antique dépasserait de beaucoup l'étendue de cet ouvrage.

C'est volontairement et systématiquement que nos recherches ont exclusivement porté sur les formes sculpturales architectoniques. Le contingent de preuves que d'ailleurs nous avons retiré de cette étude permet, croyons-nous, d'étudier avec des éléments suffisants de conviction les colonnes grecques et romaines. Si dans notre rapide revue nous avons été conduits à analyser des édifices élevés après le VIe siècle, ce n'a été que lorsqu'ils reflétaient avec évidence un état antérieur.

Le tableau suivant résume les particularités les plus remarquables du support conique pendant la période orientale [2]. Il offrait :

---

1. Botta, *Ruines de Ninive*, pl. 149.
2. Nous n'avons tenu aucun compte des colonnes élevées comme signe symbolique des divinités, et nettement distinguées des supports par la destination. Voy., sur ce sujet, O. Müller, *Man. d'Archéol.*, §§ 66-67, et L. Ménard, *Du Polythéisme hellén.*, p. 114-116.

170   PREMIÈRE PARTIE.

Quant à l'état des éléments matériels, deux types. . . . . | Monolithe. / Polylithe.

Quant à la disposition du chapiteau, deux types. . . . . | Circulaire. / Rectangulaire.

Quant aux proportions, deux types. . . . . | Trapu. / Élancé.

Quant au fût conique, quatre types . . . . . | Lisse. / Cannelé. / Rudenté. / Chevronné.

Quant à l'abaque, deux types . . . . | Saillant. / Rentrant.

Aux supports asiatiques appartenaient spécialement :
1° Les bases composées de plusieurs moulures;
2° La nudité des fûts;
3° La forme rectangulaire des chapiteaux;
4° Les volutes reliées par une ligne courbe ou horizontale.

Tels étaient les caractères généraux de la colonne avant la formation de l'art dorien.

DEUXIÈME PARTIE

PÉRIODE HELLÉNIQUE

HELLADE

I

HELLADE

1

COMPOSITION MATÉRIELLE DES TEMPLES

Le temple-métallique, le temple-cabane, le temple-mixte. — Le temple-caverne. — Le naos quadrangulaire. — L'usage du bois n'était pas exclusif dans la première période monumentale de l'architecture grecque.

Sous les grandes monarchies asiatiques, la colonne embellissait l'édifice royal, le palais, plus fréquemment encore que l'édifice sacré.

Dans l'Hellade, agglomération de petits États où la royauté et même la tyrannie n'avaient aucune proportion avec le despotisme oriental, la colonne naît, grandit et reçoit la plus haute expression dans le temple.

Il importe donc, avant d'en étudier les formes, de rechercher ce qu'étaient les édifices sacrés de la mystérieuse période qui a précédé l'apparition du temple dorien.

A défaut de ruines, les descriptions données par quelques auteurs anciens fournissent, sur les monuments élevés après le retour des Héraklides et dans les années qui ont précédé le vi[e] siècle, un certain nombre de faits qui permettent de grouper les temples helléniques en plusieurs catégories.

1° Le TEMPLE-MÉTALLIQUE, ou revêtu de métal, mode dont nous avons observé le développement considérable en Médie, en Judée, et qui avait pénétré même en Asie Mineure.

Les légendes helléniques font remonter à une haute antiquité l'emploi architectural du bronze. Ainsi, à Argos, dans le Péloponèse, la chambre dans laquelle Akrisios renferme Danaé est en airain [1].

Le troisième temple d'Apollon, à Delphes, édifice mythique dont la construction était attribuée à Héphæstos, était également en airain (ans 648-645) [2].

A Sparte, le temple d'Athéna-Khalkiækos était en métal, comme le nom l'indique ; de nombreux bas-reliefs l'enrichissaient [3].

D'après Plutarque, cet édifice aurait été antérieur au IXe siècle avant J.-C. [4] ; mais, suivant Pausanias, il n'aurait été élevé qu'au commencement du Ve siècle par Gitiadas [5]. On peut concilier ces deux opinions en supposant, non sans quelque probabilité, qu'il avait été plusieurs fois reconstruit.

Déjà nous avons reconnu l'emploi de ce système de revêtement dans le tholos d'Atrée, à Mycènes.

Le trésor de Myron, tyran de Sycione, édifice du VIIe siècle vu par Pausanias, renfermait des chambres d'airain [6].

---

1. Pausan., II, XXIII; X, V.
2. Id., X, V.
3. Id., Lacon., III, XVII.
4. « Kharillos, craignant qu'on en voulût à sa vie, se réfugia dans le temple Khalkiækos. » Plutarque, V. de Lycurgue.
5. Pausan., III, XVII.
6. Id., IV, 19.

COMPOSITION MATÉRIELLE DES TEMPLES.

Le temple d'Athéna-Khalkiækos, vu par le voyageur grec au milieu du IIe siècle de notre ère, marque probablement la dernière époque de cette tradition orientale.

Si, plus tard, l'airain ne reçut pas d'applications aussi étendues, l'emploi n'en fut pas abandonné, et Pausanias trouva encore debout plusieurs monuments métalliques. Il décrit, entre autres, le tombeau élevé, près de Platée, à la mémoire des Grecs morts en combattant contre les Perses[1], ainsi qu'une stèle, ou colonne de bronze, sur laquelle on avait gravé un traité d'alliance conclu entre Athènes et Sparte[2].

2° Concurremment avec l'édifice d'airain, se montre le TEMPLE-CABANE, l'édifice de bois. Les légendes consacrent aussi le fabuleux souvenir de ce sanctuaire rustique qui, comme le temple de Delphes, était parfois construit en branches de laurier. Pline[3] montre à Métaponte, ville dont les fondateurs Nestor et Épéos appartenaient aux âges héroïques, un temple dont la couverture était supportée par des colonnes en bois de vigne. Pausanias remarqua plusieurs soutiens ligneux d'anciens édifices conservés comme des reliques dans les temples de pierre. Un *sekos* tout entier, élevé par les architectes mythiques Agamèdes et Throphonios[4], celui de Posidon Hippios, près de Mantinée, était construit, comme certaines maisons de la Russie, avec des troncs d'arbres superposés[5]. Hadrien l'avait fait renfermer dans un temple de marbre[6].

---

1. Pausan., IX, 20.
2. *Id.*, V, 23.
3. *Id.*, X, 5.
4. Pline, XIV, 2.
5. Pausan., VIII, 10.
6. *Id.*, V, 20.

On voyait à Olympie, placée entre plusieurs soutiens de pierre, une colonne de bois ayant appartenu au palais d'Œnomaos. Dans l'Heræum de la même ville, des colonnes ligneuses se mêlaient à des supports lapidaires [1]. Un temple d'Élis était sans murs, et le toit en était soutenu par des colonnes ou des piliers de chêne [2]. Ces faits laissent entrevoir que les dispositions prostyles ou périptères caractérisaient déjà l'architecture ligneuse.

Doit-on supposer que les édifices décrits par le voyageur grec étaient des types primitifs et que les sanctuaires helléniques n'étaient originairement que des cabanes?

Nous ne le pensons pas.

Les fragments trouvés près du trésor d'Atrée ne permettent pas de douter que, dès l'âge héroïque, les Hellènes s'étaient approprié les formes columnaires de l'Orient. On est ainsi conduit à attribuer à des causes autres que l'ignorance de la colonne lapidaire, l'emploi des supports ligneux à cette époque. Nous avons vu précédemment des édifices sacrés, antérieurs au temple Dorien, composés de matériaux lapidaires et métalliques : il est donc naturel de supposer que l'emploi du bois tenait au peu d'étendue et de puissance des divers États de la Grèce, trop pauvres pour élever de vastes édifices lapidaires.

Le choix des divinités auxquelles on dédiait les temples était déterminé dans un grand nombre de cas par des configurations topographiques particulières, lesquelles pouvaient limiter jusqu'à un certain point la mise en œuvre des moyens matériels. Il est bien évident qu'aux époques reculées, tel bourg, manquant des ressources

---

1. Pausan., V, 16.
2. Id., VI, 24.

suffisantes pour élever aux dieux un temple de pierre, était obligé d'utiliser le bois avec lequel on construisait les cabanes. C'est ainsi que, de nos jours, on emploie dans une église de village, de grossiers matériaux, semblables à ceux des maisons qui l'entourent.

A l'origine il en fut de même des sanctuaires helléniques. Puis, pendant que les ressources s'accroissaient et que le temple devenait progressivement le centre d'un culte, on l'entretenait, non sans une certaine ostentation, dans cet état de pauvreté, jusqu'au jour où des richesses, longuement accumulées, permettaient de l'élever avec magnificence et dans les proportions qu'en réclamait l'importance religieuse.

Pausanias note avec soin les anciens édifices ligneux qui existaient encore de son temps, et ceux dont on conservait le souvenir; en même temps il décrit des monuments de pierre appartenant aux mêmes époques. Cela prouve suffisamment que l'usage du bois n'était pas une caractéristique constante de l'ancienne architecture. On ne peut donc tirer des descriptions de cet auteur, aucun argument contre l'emploi de la pierre dans les temples antérieurement au vi^e siècle. Les ressources, ainsi que les matériaux propres de chaque localité, devaient motiver la composition matérielle des édifices.

Une tradition romaine montre un état analogue de l'architecture dans l'Italie ancienne.

Pendant que Tarquin le Superbe faisait construire, en pierre, le magnifique temple de Jupiter Capitolin, un serpent s'échappa d'une des colonnes *de bois* de son palais, prodige dont on envoya demander l'explication à l'oracle de Delphes[1].

---

1. Tite-Live, I, 56.

Il faut voir, dans les anciens édifices ligneux de l'Hellade, non un état général de construction, mais un mode simplement local ou accidentel.

Il est, du reste, peu probable, ainsi que le fait remarquer O. Müller, que ces édifices aient jamais revêtu une forme artistique. Ce n'est que plus tard, quand l'on mariait la pierre au bois, et dans certaines contrées, que celui-ci fut équarri *assemblé et travaillé* d'une manière architecturale, dans les caissons de la couverture, par exemple. Ce qui explique le mot du Spartiate Leotykhidas, demandant aux Corinthiens si le bois croissait carré dans leur pays [1]. On comprend que Pausanias ait reconnu l'âge d'un temple, aux ornements du plafond [2].

3° Le TEMPLE MIXTE [3], c'est-à-dire de pierre et de bois. Il y eut une période de l'architecture grecque, pendant laquelle le bois composa toute la partie haute des temples, le toit et l'entablement. Il y resta visible, au dedans et au dehors, d'une manière complète, et non de la manière discrète et réservée mise en usage postérieurement et continuée jusqu'aux dernières époques de l'art.

Vitruve, dans le chapitre IV de son livre II, décrit longuement les dispositions supposées des entablements et des couvertures à l'origine de cette période. On rencontre, dans d'autres auteurs, quelques documents sur ce mode constructif dont il ne reste aucune trace dans les monuments existants.

Pindare montre le bois supporté par des colonnes, dans les palais de son époque, et différents passages

---

1. Plutarque, *V. Lycurgue.*
2. Pausan., VII, 26.
3. Pyth., IV, *Ant.*, 12.

d'Euripide, souvent cités, confirment la description de Vitruve[1].

On se rend compte ainsi de la fréquente destruction des temples par les incendies, ou par les influences atmosphériques qui avaient facilement raison des matériaux ligneux. Pausanias décrit, en effet, un grand nombre d'édifices dépourvus de couvertures. Nous en citons quelques-uns au hasard. Le toit du temple de Zeus, à Némée, édifice d'une grande beauté, s'était effondré par l'action du temps[2]. Il en était de même, à Corinthe, du sanctuaire de Zeus Larisseos[3]; des temples d'Artémis Limnea[4], de Déméter Mélophore[5], de Zeus Poudreux[6] (Κόνιος), d'un Hieron d'Athéna[7] et d'un temple qui se trouvait sur le chemin de Phalère à Athènes[8]. Remarquons que, dans les anciens édifices, certaines dispositions avaient été appliquées dans un but de préservation non moins que d'embellissement : il est avéré aujourd'hui que les parties apparentes des éléments ligneux étaient fréquemment enveloppées dans le bronze ou la terre cuite[9].

Différentes contrées, entre autres la Phénicie, nous ont offert déjà des exemples de l'alliance du bois et de la pierre. Ce mode de construction nous a servi à expliquer la légèreté et les proportions des entre-colonnements des palais de Persépolis, et nous a donné la raison du faible

---

1. Eurip., *Iphigen. Taur.*, 113; *les Bacch.*, 1216; *Oreste*, 136.
2. Pausan., II, 15.
3. *Id.*, II, 24.
4. *Id.*, II, 7.
5. *Id.*, I, 44.
6. *Id.*, I, 40.
7. *Id.*, II, 34.
8. *Id.*, I, 1.
9. Voir Métaponte, du duc de Luynes.

module des petites colonnes de l'Asie Mineure et des colonnes phéniciennes d'Eddé et de Golgos.

Les dimensions ordinaires des pièces de bois ne pouvant être facilement dépassées, se trouvaient maintenues entre des limites qui, loin de provoquer l'emploi des lourdes colonnes, n'exigeaient que des supports sveltes et espacés.

L'union de ces matériaux devait être fort ancienne dans l'Hellade; elle dut se maintenir pendant des siècles.

Il faut reconnaître, dans ce système de construction, en même temps qu'une période de tâtonnement, une période de progrès et de développement du temple, un acheminement vers une forme définitive.

Ce système fut probablement employé aux mêmes époques en Grèce, en Asie Mineure et en Italie. Il avait dû être précédé d'un mode constructif dans lequel le bois jouait auprès de la pierre un rôle plus considérable encore.

On a découvert, il y a quelques années, au Pirée, les débris d'un mur antique, dans la construction duquel le bois et la pierre entraient à proportions égales. Il était composé d'assises alternant avec des poutres, quelquefois longues de plus de 10 mètres. Ces débris, ainsi que l'a fait remarquer M. Egger, étaient peut-être déjà antiques du temps de Platon[1].

Lorsqu'on rapproche cette découverte de celle de Santorin, on ne peut hésiter à attribuer l'intime union de la pierre et du bois à la plus ancienne période de l'architecture grecque.

4° Les TEMPLES-CAVERNES[2]. Telles étaient, à

---

1. *Compt. rend.*, Acad. des inscr. et belles-lettres, ann. 1867-1868, p. 219.
2. V. L. Ménard, *Du Polythéisme hellén.*, p. 112.

Athènes, les grottes d'Apollon et de Pan, au-dessous des propylées, et, sous l'Érechthéum, celle d'Agraulos.

Quelquefois une enceinte (Κρηπίς) entourait ces excavations, comme dans l'antre de Trophonios, près de Lébadée, en Béotie[1]. Récemment M. Lebègue a découvert, sur les flancs du Cynthe, dans l'île de Délos, un temple-grotte dédié à Apollon[2].

Outre ces monuments, on rencontrait encore :

5° LE NAOS QUADRANGULAIRE ET DÉPOURVU DE COLONNES. Il était en pierres appareillées comme le sanctuaire du mont Ocha[3], ou en brique cuite comme le temple de Mégare, qu'Hadrien fit rebâtir en marbre[4].

Il existait même des naos en brique crue, tels que celui que vit Pausanias, près de Panopée, dans la Phocide[5].

Enfin divers États de la Grèce et de l'Asie Mineure s'associèrent quelquefois pour élever des temples panhelléniens, dignes des dieux ; la pierre remplissait alors un rôle prépondérant dans ces édifices. Vitruve, qui cite un de ces très-anciens temples, sous-entend évidemment que la pierre en composait la majeure partie de la structure[6].

Une circonstance remarquable des descriptions de Pausanias, c'est qu'il ne donne la qualification ni de dorique ni d'ionique aux temples d'une haute antiquité,

---

1. Pausan., *Béot.*, IX, 39, 9.
2. *Compt. rend.*, Acad. des inscr. et belles-lettres ; séances du 30 mai, 13 juin, 27 juin 1873.
3. O. Müller, *Manuel d'Archéol.*, I, p. 45.
4. Pausan., I, 42.
5. *Id.*, X, IV.
6. Vitr., IV, I, 5.

dont il fait remonter la fondation aux demi-dieux et aux héros mythiques.

Il en est ainsi d'un temple de Déméter, bâti par le fils de Phoronée[1]; de celui d'Artémis, bâti par Agamemnon[2]; des temples de Dyonisos, bâti par le petit-fils de Melampe[3], et d'Athéna, élevé par Epopée. Ce dernier monument, consacré par Adraste, l'emportait en magnificence sur tous les édifices du siècle[4]. Il observe la même retenue sur le premier temple dédié à Apollon, et qui avait été élevé par son fils Pythæus[5], ainsi que sur celui d'Asklêpios, bâti par le petit-fils de Machaon[6]. Il trouve qu'un temple de Thespie est trop vieux pour avoir été consacré à Héraklès[7]. Nous nous bornerons à citer enfin, pour ne pas étendre davantage cette nomenclature, les temples d'Artémis Lykea, bâti par Hippolythe[8]; d'Apollon Theorios, élevé par Pittheus[9]; le Hiéron d'Aphrodite, construit par Thésée[10], et un temple que Diomède consacra à Hippolythe[11].

Le silence que garde Pausanias sur le mode architectural de ces édifices est un sérieux indice qu'à l'époque où ils furent élevés, les caractères distinctifs des ordres n'étaient pas encore fixés : cette circonstance ne permet-

---

1. Pausan., I, 40.
2. *Id.*, I, 43.
3. *Id.*, I, 43.
4. *Id.*, II, 11.
5. *Id.*, II, 24.
6. *Id.*, II, 23.
7. *Id.*, IX, 27.
8. *Id.*, II, 31.
9. *Id.*, II, 31.
10. *Id.*, II, 32.
11. *Id.*, II, 32.

tait pas de classer les colonnes relativement aux formes, comme on le fit dans les temps postérieurs.

Considérés, au contraire, sous le rapport des matériaux, les anciens temples pouvaient être divisés en deux catégories.

La première et la plus considérable résultait des influences locales. De là le temple-cabane, le temple-caverne et, dans une certaine mesure, le temple-mixte en bois et en pierre.

La seconde provenait des influences étrangères, asiatiques sûrement, car avant le vi^e siècle on ne rencontre dans les monuments helléniques aucune disposition, aucune forme se rapportant à celles de l'Égypte. On peut attribuer à cette classe le temple d'airain et peut-être le Naos quadrangulaire, de brique, de pierre ou de bois, presque semblable au *Thalamos* phénicien. Il est fort probable qu'à une certaine époque le temple mixte avait revêtu, dans les parties hautes, quelques formes particulières de l'architecture ligneuse asiatique.

Les faits que nous venons de reconnaître montrent avec évidence que l'hypothèse de l'emploi exclusif du bois, pendant le premier âge monumental de la Grèce, est complétement inadmissible.

II

LE TEMPLE ET LA COLONNE DORIQUES

LA COLONNE DORIQUE

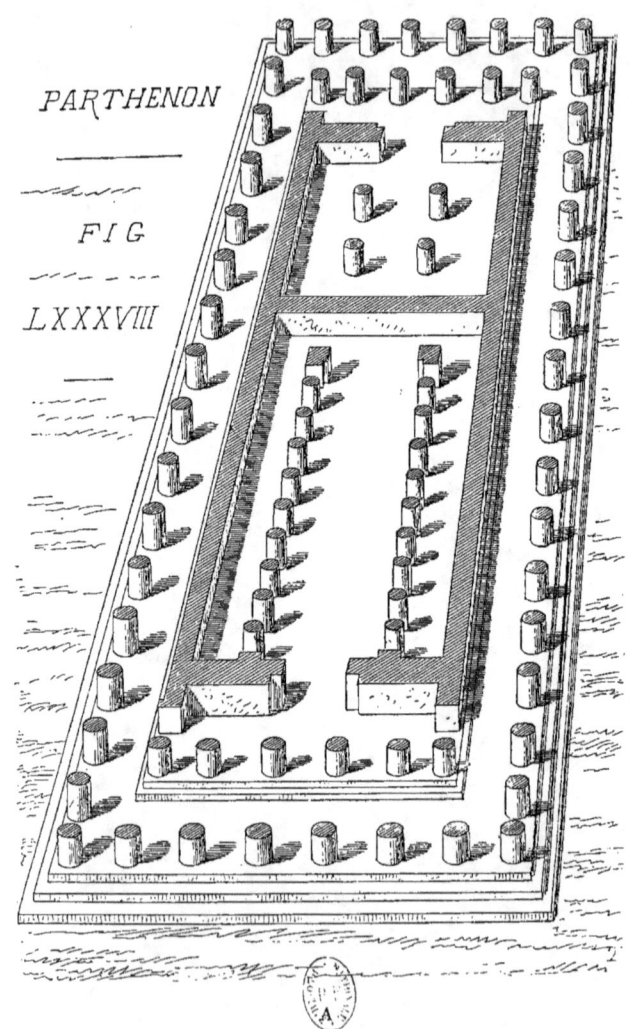

PARTHENON

FIG

LXXXVIII

II

LE TEMPLE ET LA COLONNE DORIQUES

I

Opinion des anciens sur l'origine de ce temple. — Les deux périodes de formation de la colonne. — Circonstances remarquables qui accompagnent l'apparition du temple dorien. — Caractères généraux des formes.

La légende antique place dans la période obscure de la primitive civilisation grecque la construction du temple dans lequel on employa, pour la première fois, ce que nous appelons un ordre d'architecture. L'éponyme de ce type columnaire de l'âge héroïque aurait été Dôros, fils d'Hellen.

Selon Vitruve, l'édifice supposé de la légende était un *Fanum* consacré à Héra, dans la ville d'Argos[1]. « Il se trouva être, par hasard, dans le genre qu'on appela dorique, et l'on suivit ce mode dans les autres villes de l'Achaïe à une époque où l'architecture n'était point encore une science. » Le même auteur[2] nous apprend encore que le temple d'Apollon Panionios, premier sanctuaire élevé en Asie Mineure par la Confédération ionienne, fut bâti dans le genre de ceux qu'on avait vus en Achaïe.

1. Vitr., IV, 1, 3.
2. *Id.*, IV, 1, 5.

Malgré le défaut de valeur historique, ces passages sont précieux. Vitruve connaissait les écrits des anciens architectes grecs; il avait lu, dit-il, le traité de Silenus sur l'ordre dorique, ainsi que celui d'Ictinus sur le Parthénon[1]. Les documents recueillis par l'architecte romain renferment des particularités importantes, quoique le hasard y soit intempestivement invoqué; ils laissent deviner dans les antiques colonnes d'Argos un ordre dorique élémentaire ou, plus exactement, proto-dorique, dont les proportions n'étaient pas fixées. Dégagée des éléments fabuleux, la tradition peut se résumer en ceci : à l'origine, on employa dans l'Hellade des colonnes à chapiteaux circulaires placées sous un entablement, duquel se détachaient des formes saillantes.

Cet état représente la première période de formation de la colonne lapidaire, postérieurement à l'époque qui suivit le retour des Héraklides.

Au VIIe siècle paraît appartenir la formation définitive de la colonne, à laquelle les Doriens donnèrent le nom de leur mythique ancêtre.

Des circonstances remarquables accompagnent la création dorique. Dès l'origine, le temple possède la totalité des membres constitutifs et des formes qui le caractériseront, même pendant la domination romaine; sous ces rapports, on ne surprend dans les plus anciens édifices aucune hésitation, aucun tâtonnement.

Il porte trois caractères généraux qui resteront immuables : la disposition, dont le principe est périptère, l'entablement avec les triglyphes, et le fronton.

La simultanéité qu'en présente le développement est

---

1. Vitr., VII, *Præf.*, 1.

LA COLONNE DORIQUE

TEMPLE*D*OLYMPIE
* D*AP*BLOUET *

FIG*LXXXVIII

LA COLONNE DORIQUE

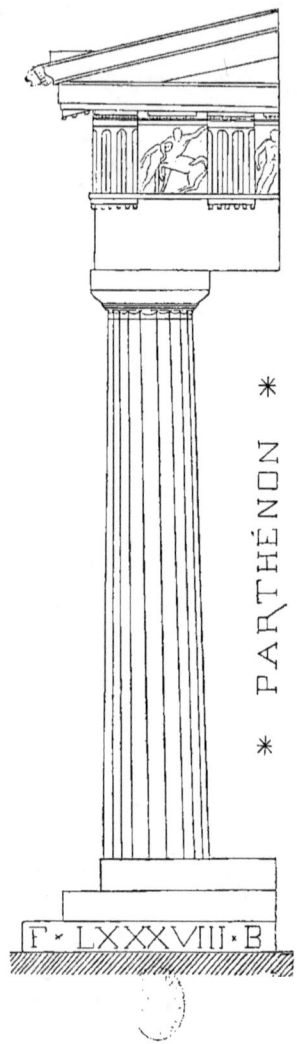

PARTHÉNON

non moins étonnante; à peine le voit-on à Corinthe qu'on le trouve dans toutes les colonies doriennes, éoliennes ou achéennes : dans la Grande-Grèce, à Métaponte et à Pœstum; dans la Sicile, à Agrigente, à Sélinonte, à Ségeste et à Syracuse. On le découvre jusque dans l'Asie Mineure, à Assos en Mysie.

Partout il accuse les mêmes formes : la colonne en est l'élément générateur; elle en constitue l'expression dominante. Nombreux et serrés, des supports entourent constamment le naos, et donnent à l'ensemble de l'édifice un caractère essentiellement hellénique (F. LXXXVIII. A). Les temples de l'Asie n'offrent pas d'exemples de cette disposition : en Égypte seulement, les supports sont quelquefois placés sur plusieurs faces de l'édifice[1].

Dans le temple grec, les colonnes ne soutiennent pas un épistyle couronné de quelques moulures, comme en Égypte et en Perse; elles ne supportent pas des membres accumulés et saillant les uns sur les autres, comme dans les édicules des bas-reliefs assyriens; mais au-dessus du chapiteau apparait un entablement composé de trois membres essentiels : l'architrave (ἐπιστύλιον), la frise (διάζωμα, ζώνη, ζωοφόρος) et la corniche (γεῖσον), qui les couronne et les surplombe (F. LXXXVIII. B).

Les triglyphes sont inhérents à la frise.

Enfin, au lieu du toit plat de l'Égypte et de l'Asie, se montre le comble angulaire, le fronton, représentation partielle d'un Olympe figuré, où des êtres d'une incomparable beauté apparaissent dans des phases déterminées de leur existence divine (F. LXXXVIII).

Certes, à des époques postérieures, les formes secon-

---

1. Lepsius, *Denkm.*, I, 66.

daires de la colonne dorique furent, de la part de l'architecte, l'objet de continuels perfectionnements, de modifications logiques, progressives, procédant les unes des autres, à la manière de ces vérités géométriques qui, virtuellement contenues dans un théorème initial, se déroulent et s'enchaînent dans des développements successifs; mais l'intégrité des éléments généraux persista toujours, les proportions seules furent variées.

Sous ce rapport, on pourrait comparer le temple grec au corps humain, aussi justement peut-être qu'on l'a fait pour la colonne. Il naît, grandit dans l'adolescence et dans la jeunesse, puis la maturité en fait resplendir la plénitude des formes. Mais là s'arrête le parallèle.

La perfection, qui a été le terme des développements de l'édifice dorien, n'a laissé aucune prise aux atteintes de la décrépitude.

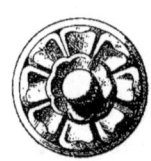

II

Analyse et étude comparée des formes élémentaires de la colonne dorique. — On les rencontre dans l'architecture orientale.

Considérons isolément la colonne du temple et comparons-en les dispositions à celles des supports asiatiques et égyptiens.

Formée de deux cônes tronqués placés l'un sur l'autre et opposés par la moindre section, elle se termine par un abaque qui la recouvre. Cette dernière particularité seule en différencie le principe de celui du second type de Karnak, que nous avons vu atteindre un plein développement 1400 ans avant Jésus-Christ.

Des cannelures en divisent le fût, comme dans l'Égypte et dans l'Iran.

Le chapiteau se compose de deux éléments que nous avons observés, à Golgos, sur de grossiers chapiteaux de forme barbare : l'abaque et l'échine (F. LXXXIX). Nous avons également rencontré ces dispositions élémentaires en Phénicie et en Asie Mineure, dans les chapiteaux de légères colonnes, avec des rapports de hauteur assez rapprochés de ceux du type dorien. Mais, appartenant à des supports demi-monolithes, ces couronnements ne constituent pas un membre constructif de la colonne; ils font partie du fût et dérivent d'un principe complétement opposé, ainsi que nous le verrons, à celui du chapiteau grec.

Les caractères qui distinguent la colonne dorique des colonnes orientales ne sont pas moins nombreux.

Elle n'a ni base ni socle, particularité que nous n'avons que très-accidentellement observée dans l'Iran.

Le fût, dont la section diminue progressivement, n'est pas formé d'un cône; mais la génératrice est une

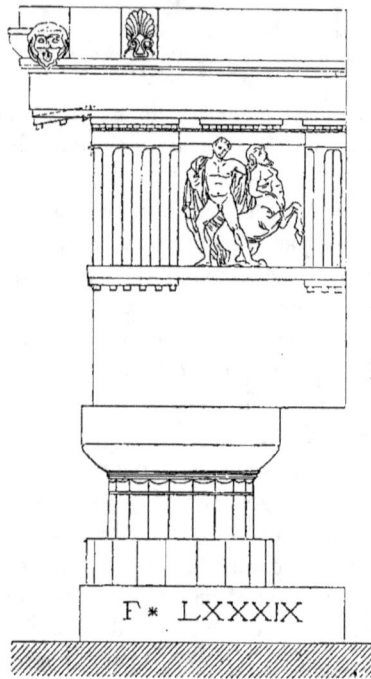

F* LXXXIX

courbe énergique qui en rapproche la forme de celle d'un paraboloïde.

Au lieu des cinquante-sept cannelures de Persépolis, le fût en présente douze à Assos, seize à Syracuse, vingt à Corinthe. Ce dernier nombre est celui des cannelures canoniques. Les courbes de ces stries offrent des raffinements particuliers : elliptiques ou composées de sections curvilignes qui se raccordent, elles donnent aux arêtes qui les séparent une fermeté remarquable, et répartissent l'action de la lumière sur le fût, dans des mesures variées, que l'artiste distribue à son gré (F. XC).

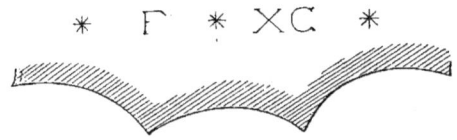

C'est le principe des *plans sécants* de l'antique colonne égyptienne porté à la suprême perfection.

Des différences plus saillantes encore se manifestent entre le chapiteau grec et ceux de l'Orient.

Les formes s'éloignent considérablement de celles du couronnement de Karnak, quoique les principes de jonction et de contraste du chapiteau et du fût soient les mêmes.

Le couronnement dorique affecte bien, il est vrai, les éléments essentiels des colonnes de la Phénicie et de l'Asie Mineure; mais il les accuse si énergiquement que, dans l'architecture antique, aucune opposition aussi violente n'existe entre les membres d'une colonne.

A la fonction ornementale s'ajoute une fonction constructive accusée. La proportion de l'abaque qui recouvre l'échine ramassée et puissante, en même temps qu'elle crée un effet dominant, rend le chapiteau éminemment propre à porter le poids des lourdes architraves.

Cette caractéristique le distingue nettement du chapiteau égyptien et même du couronnement rectangulaire de la Perse, car non-seulement il porte d'une manière effective; mais il a sur celui-ci la supériorité d'établir une transition satisfaisante entre le fût et l'architrave.

Ainsi les principes de la jonction du chapiteau avec le fût de la colonne dorique et le contraste accusé qui en résulte, appartiennent à l'Égypte.

Les cannelures se rencontrent en Égypte et en Perse.

La composition des membres inférieurs du chapiteau, et le principe de l'abaque qui les recouvre en les dépassant, caractérisent particulièrement la colonne phénicienne.

La proportion restreinte de l'entre-colonnement, dans les monuments sacrés, se montre dans les édifices du nouvel empire égyptien.

Il importe de constater que les types dont la colonne dorienne s'éloigne le plus sont ceux de l'Assyrie.

III

Le fronton curviligne de la Ptérie se montre dans l'Hellade. — Conjectures sur le nom donné par les anciens au faîte des temples. — Le fronton monumental était originairement symbolique.

Dans les parties hautes du temple, les analogies avec les formes étrangères semblent disparaître, ou du moins s'amoindrir singulièrement.

L'architecture orientale ne nous a offert que des lignes horizontales dans le couronnement des édifices lapidaires, et des formes éloignées du fronton dans les édifices métalliques et ligneux. Seule, l'Asie Mineure a montré dans les bas-reliefs de la Ptérie un édicule surmonté d'un fronton curviligne composé de deux ailes éployées (F. IXC).

Or, quoiqu'on ne la rencontre pas dans les temples

subsistants, cette forme concave des parties rampantes du fronton a été fréquemment employée dans l'Hellade et dans les colonies. On la trouve figurée sur une médaille dont le revers porte le temple sicilien de Vénus Érycine, reconstruit par Tibère (F. VIIIC)[1].

Les peintures de Pompéi et d'Herculanum offrent souvent des édifices couronnés par des frontons curvilignes (F. VIIC).

Ces mêmes formes terminent quelquefois aussi, sur les vases grecs et les médailles, des stèles[2], des tombeaux ou des autels; elles surmontent un grand nombre de petits édicules en terre cuite de l'Étrurie (F. VIC)[3]. Cette dernière particularité est extrêmement remarquable; l'origine asiatique d'une partie des populations italiotes,

---

1. Donaldson, *Architectura numismatica*, p. 110, n° 32.
2. Hennin, *Man. de Numismat.*, pl. 11, p. 4.
3. La figure 94 est extraite du *Dictionnaire des antiquités grecques et romaines*, de MM. Daremberg et Saglio.

affirmée par Hérodote, étant généralement acceptée de nos jours.

FIG. VIIC.

Enfin l'expédition scientifique du Péloponèse a dé-

FIG. VIC.

FRONT·D·AUTEL

couvert un fort beau fronton monolithe, ayant probablement appartenu à un tombeau ; le mouvement général des rampants accuse des formes concaves ornées avec un goût exquis (F. VC)[1].

Il est certain que ce genre de fronton, appliqué en Asie avant la formation de l'art dorien, fut usité dans l'Hellade et se perpétua dans un certain nombre de petits monuments et même dans les temples ; car aucun motif d'abréviation ne peut en expliquer l'existence sur la médaille représentée figure VIIIC.

La probabilité de l'emploi étendu de ces couronnements en Grèce, à des époques très-anciennes, peut s'appuyer sur d'autres considérations.

Les Grecs ont donné au fronton un nom auquel on n'a pas trouvé d'explication plausible, ils l'appelaient ἀετός, aigle[2].

On a supposé que ce nom venait de ce que l'on sculptait dans le tympan l'oiseau favori du maître des

---

1. Blouet, *Expéd. scient. du Péloponèse*, I.
2. *Inscript. du Temple d'Érecht.*, Bœckh., *Corpus*, I, p. 284. — Aristoph., *les Oiseaux*, 1109. — Pindare, *Olymp.*, XIII, Ep. 1.

dieux. Mais, pour peu que l'on soit familiarisé avec les formes monumentales, on reconnaît combien cette hypothèse est peu acceptable.

Le tympan du fronton et les bas-reliefs qu'il reçoit sont subordonnés à l'échelle ou, si l'on préfère, au module du temple. L'on voit de suite combien un oiseau soumis à ces proportions ferait triste figure sur la grande surface nue d'un tympan. Se représente-t-on un aigle occupant le fronton du Parthénon? Ensuite, dans les plus anciennes représentations, Zeus se montre sans cet attribut, qui ne lui a été donné que postérieurement par les statuaires.

Quatremère de Quincy dit que le nom d'*aétos* fut donné au fronton par analogie avec *les ailes* de l'aigle[1].

Cette explication paraîtrait au moins bizarre, si l'édicule de la Ptérie ne montrait combien elle est juste, au contraire, si l'on suppose qu'avant le temple dorien le fronton fut imité, au moins dans les formes générales, de celui de l'Asie Mineure, et qu'il reçut une destination simplement symbolique ou ornementale. Ce qui est extrêmement probable, attendu que dans la haute antiquité la couverture des maisons était horizontale comme à Santorin.

Les Grecs purent donc donner au fronton, par métonymie, le nom d'aétos, qui en rappelait la forme originaire en impliquant l'idée d'ailes. Et ce nom, imposé au couronnement des façades, dans des édifices très-anciens, perdit nécessairement toute signification lorsqu'il fut attribué au faîte du temple dorien, membre effectif de l'édifice.

Sycione se prétendait une des villes les plus anciennes

---

1. Quatremère de Quincy, *Dict. d'Archit.*, art. *Fronton*.

de la Grèce. On en faisait remonter l'époque de la fondation par Egialée à plus de mille ans avant la guerre de Troie[1]. Les tombeaux y accusaient des caractères et un style particuliers. D'après Pausanias, ces monuments se composaient de colonnes élevées sur un petit mur (κρηπίς) et soutenant un aétos pareil au fronton des temples.

N'est-il pas singulier de voir les tombeaux de cette ville, qui avait évidemment reçu les plus anciennes traditions monumentales, rappeler d'aussi près les édicules de la Ptérie? Et le fragment découvert par l'expédition scientifique du Péloponèse ne jette-t-il pas un jour inattendu sur la description de Pausanias[2]?

---

1. Pausan., *Corinthe*, II, 5.
2. En Égypte, le Nil se développe suivant deux courbes principales qui se rapprochent d'une manière grossière de celles du fronton de Ptérium. Les points de réunion de ces courbes sont Néapolis et Maximianopolis. Il n'est pas sans intérêt de remarquer que les Grecs donnèrent au Nil le nom d'Aétos.

IV

Pourquoi les chapiteaux des antes doriques diffèrent de ceux des colonnes. — Formes asiatiques du chapiteau des antes de Sélinonte. — Les enroulements. — Les barillets de l'Assyrie.

Les influences orientales que nous soupçonnons dans les parties hautes du temple, s'affirment dans quelques dispositions d'un des éléments secondaires, l'ante (παραστάς). Les anciens ont donné ce nom aux piliers formés par le prolongement des murs longitudinaux du naos sur les murs transversaux.

Dans les temples périptères, l'ante n'est visible que dans l'ombre du pronaos et du posticum. Elle se montre en pleine lumière et au même plan que les supports coniques, supportant comme ceux-ci l'entablement et le fronton, dans le temple prostyle. Les angles de l'édifice reçoivent ainsi une fermeté qui, opposée aux formes arrondies des colonnes médianes, est du plus heureux effet.

En Égypte, aussi, les angles du temple restent vifs et se lient à l'architrave avec laquelle ils forment un cadre aux ordonnances columnaires ; c'est le principe de l'ante prostyle.

Les bas-reliefs assyriens montrent également cette particularité. Quelquefois des colonnes y apparaissent bien aux angles des édicules, mais les proportions et les formes diffèrent de celles des supports du centre [1].

---

1. Voy. fig. 69 et 50.

Une distinction semblable a été établie par l'architecte grec, entre le chapiteau de l'ante et celui de la colonne. Dans aucun cas le premier ne reproduit la forme du second, et cela non-seulement dans l'ordonnance prostyle, mais dans toutes les dispositions dont le principe est périptère.

Ce fait est très-explicable.

La jonction du chapiteau et du fût de la colonne exige que l'on parte d'un plan circulaire pour arriver à un plan quadrangulaire. Pour l'ante, le problème consiste à passer d'une disposition quadrangulaire à une disposition semblable. A vrai dire, il n'existe donc pas, et l'architecte n'avait aucune raison pour rappeler, au sommet d'un mur, les formes du chapiteau de la colonne, provoquées par des nécessités toutes différentes.

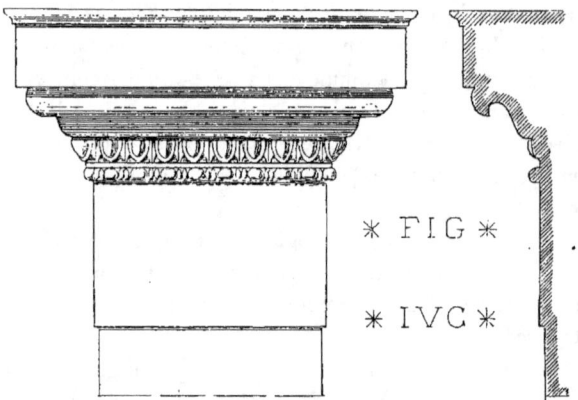

Aussi le couronnement du pilier, que ne sollicite aucune exigence de construction, se compose-t-il de formes délicates, divisées par des lignes horizontales, savamment mises en relief par le jeu des ombres et des reflets. Opposé à la robuste échine et à l'abaque du chapiteau dorique, il accuse, avec une précision digne du génie grec, les différences fonctionnelles de l'ante et de la colonne. (F. IVC.)

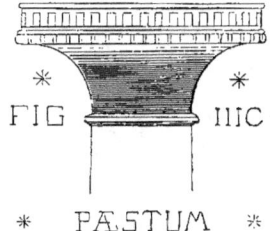

Dans les anciens temples de la grande Grèce et de la Sicile, les chapiteaux de ces deux éléments de l'édifice montrent des différences, mais ils sont loin d'offrir la perfection des couronnements du ve siècle.

On y découvre l'application manifeste de quelques formes orientales.

La gorge des antes de Pœstum, forme égyptienne par excellence, est profonde et semble vouloir lutter d'ampleur avec le couronnement de la colonne[1]. (F. IIIC.)

Le chapiteau des piliers du temple de Sélinonte accuse, au contraire, une influence tout asiatique, et montre certainement des formes usitées dans l'Hellade, à des époques très-anciennes. On y rencontre les courbes linéaires de l'Asie et des enroulements semblables à ceux du fragment de Mycènes[2]. (F. IIC.)

1. Hittorf, *Arch. ant. de la Sicile*, pl. 58.
2. Hittorf, *Arch. ant. de la Sicile*, pl. 58.

L'astragale de ce chapiteau est plus significatif encore. Il se compose de *barillets*, alternant avec des

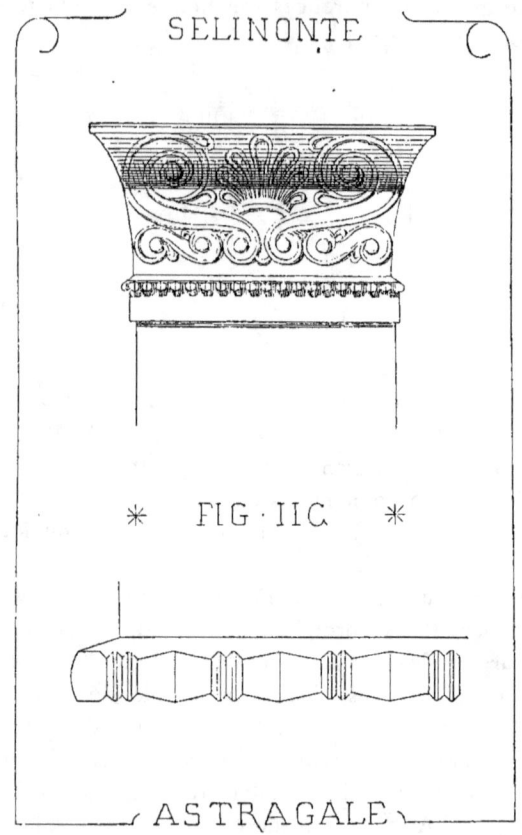

sphères, semblables aux grains conjugués des colliers assyriens.

Quelquefois l'ante repose sur une base dont le principal élément est le talon renversé, moulure particulière aux anciens monuments de la Phénicie. Au-dessous du chapiteau, une rosace (ανθέμιον) est deux fois répétée. Cet ornement se rencontre sur un grand nombre de stèles que les Phéniciens élevaient dans leurs stations. (F. IC.)

Ce que nous avons vu dans la première partie de cet ouvrage rend très-concevables ces analogies. Originairement, les arts n'étaient pas spécialisés comme ils le sont de nos jours. L'architecte grec était presque toujours plasticien et ciseleur. Il devait employer assez indifféremment, dans les différentes divisions de l'art, un certain nombre de formes, qui relevaient de la technique de chacune d'elles, et dont la plupart, très-anciennement usitées en Assyrie et en Égypte, s'étaient répandues de bonne heure en Asie Mineure, et de cette contrée, dans l'Hellade.

Les œuvres du céramiste et du toreuticien, d'une nature transportable, devaient propager assez facilement les nombreux motifs de l'art oriental. L'influence d'un seul de ces objets pouvait être considérable.

On sait que des vases, grecs, romains ou persans, ainsi transportés, ont été reproduits pendant plusieurs siècles, par certain peuple actuel de l'Asie. Un grand nombre des formes de ces petits objets pouvaient s'adapter à différentes échelles. Elles n'avaient à subir, pour cela, que les modifications légères exigées par les proportions nouvelles, imposées par les matériaux.

C'est ainsi que peuvent s'expliquer les enroulements du chapiteau de Sélinonte, et que les grains du collier asiatique ont pu donner les formes de l'astragale grec.

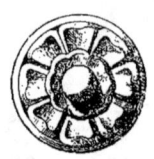

V

Formes identiques des maisons en bois de la vallée du Xanthe et des antiques constructions ligneuses. — Les deux types de ces habitations. — Les formes des membres du temple dorien ne peuvent s'expliquer par l'imitation des éléments de ces cabanes.

Après l'étude de ces analogies, volontaires ou fortuites, il convient d'examiner l'influence que l'imitation des formes du bois et les nécessités de la construction ont pu exercer sur le temple grec.

Depuis longtemps on a présenté le temple-cabane comme le type duquel auraient été empruntés les motifs et les dispositions de l'édifice dorien. L'entablement en pierre de celui-ci, particulièrement, reproduirait avec une scrupuleuse fidélité toutes les formes d'un entablement ligneux, que chaque auteur a construit d'une manière idéale, pour les besoins de sa démonstration. Dans cette hypothèse, on fait abstraction de toutes les influences orientales, et l'on considère nécessairement ce sanctuaire primitif comme appartenant en propre aux Hellènes; il était seul usité, aucune autre forme de temple ne l'avait précédé, ou ne se montrait concurremment avec lui.

Nous avons vu que cette hypothèse est en complet désaccord avec les faits. On a essayé de la soutenir pourtant, en l'appuyant, non sur les restitutions d'un type de fantaisie, mais sur des documents positifs, que nous plaçons sous les yeux du lecteur.

L'invariabilité des usages de l'Orient a permis à MM. Fellow et Ch. Texier de reconnaître dans les maisons dont se servent actuellement en Asie Mineure les habitants de la vallée du Xanthe, des dispositions qui, très-probablement, s'y sont perpétuées depuis les plus anciennes époques[1]. Aucune raison ne s'oppose à ce que l'on en admette l'analogie, avec les demeures des anciens Hellènes.

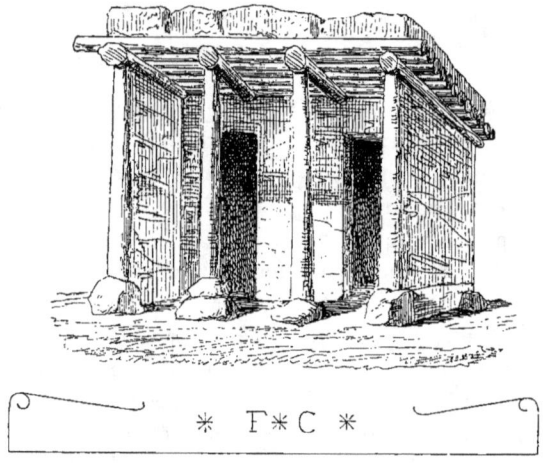

Ces cabanes se rapportent à des types très-différents.

Dans le premier, représenté fig. C et CI, les habitations offrent un aspect qui, au premier abord, paraît avoir quelque similitude avec celui du temple. Un prodomos les précède, et quelquefois un ptérôma les entoure.

Mais, construites en maçonnerie et en bois, d'une manière rudimentaire et quelque peu sauvage, elles sont uniformément couvertes en terrasse.

---

1. Ch. Texier, *Descrip. de l'Asie M. (Univ. pitt.)*, pl. 10.

LA COLONNE DORIQUE.

Il est donc inutile d'y chercher le principe du fronton.

L'art du charpentier y est resté étranger; aucune pièce de bois n'est unie par des assemblages. Les colonnes, troncs d'arbre, reposent toujours sur des dés de pierre à peine dégrossis. Cette disposition, qui était indispensable, se comprend aisément : si les supports avaient été en contact avec le sol, l'humidité, en attaquant les parties inférieures, aurait promptement compromis la solidité de l'édifice.

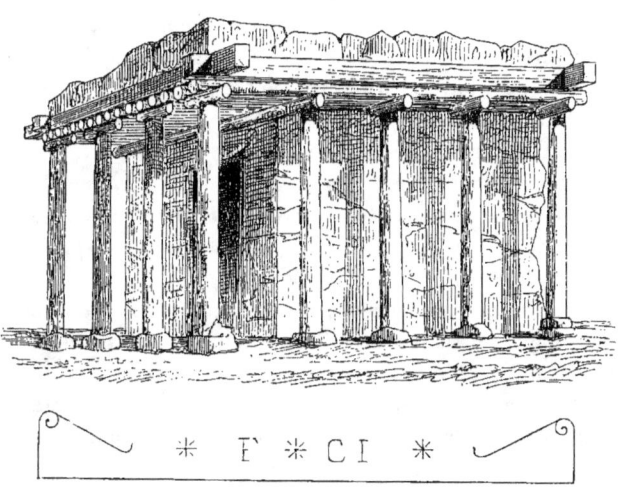

Malgré la meilleure volonté, il est impossible de reconnaître les moindres rapports entre ces soutiens et la colonne dorique. Celle-ci n'a pas de base et a toujours un chapiteau : ceux-là n'ont jamais de chapiteau et ont toujours une base. Les analogies ne sont pas frappantes.

Ensuite la couverture de ces constructions est formée d'un plafond qui, comme tous les planchers possibles, se compose de solives posées sur les murs de l'édifice et dans le sens de la moindre dimension; sur deux des côtés seulement, les solives sont en saillie.

La maison présentant presque toujours, comme le temple, une longueur double de la largeur, il en résulte que, sur les faces principale et postérieure, aucune solive ne saillait jamais. Ce serait donc dans le couronnement des faces latérales de l'édifice que l'on pourrait découvrir le motif de l'entablement.

On l'y cherche vainement.

Les extrémités des solives peuvent bien rappeler les modillons des tombeaux de Nakch.-i.-Roustam (fig. LXV), mais on n'y trouve rien qui ressemble aux trois membres de l'entablement, rien dans quoi l'on puisse reconnaître le motif des triglyphes. Si cependant, contre toute vraisemblance, on voulait prendre pour des triglyphes les saillies projetées par les solives, où placerait-on les formes doriennes qui surmontent la frise, et qu'on appelle les mutules?

On voit que la théorie de la reproduction des membres des cabanes, dans les membres du temple, est complétement inacceptable.

Les habitations du second type diffèrent complétement de celles du premier; le bois seul en compose la structure, et s'y montre soigneusement assemblé par le charpentier : un comble triangulaire les couronne.

Elles présentent le motif du fronton, mais elles sont totalement privées de colonnes. Les parois se composent de poteaux quadrangulaires, entre lesquels des planches forment une cloison. Ces madriers sont reliés par des sablières supérieures et inférieures, lesquelles, assemblées *en entailles,* forment une saillie considérable au-dessus et au-dessous des poteaux angulaires (F. CII).

Aucune ressemblance ne se manifeste entre ces dispositions et celles de l'entablement grec. Le mode d'assemblage des sablières et les effets que produisent les rares saillies n'ont rien de dorique, ils appartiennent complétement à l'Asie. Pour voir dans ces motifs le rudiment du triglyphe, il faudrait logiquement admettre que celui-ci aurait dû, dans les édifices lapidaires, se placer sur l'architrave, ce qui est complétement déraisonnable.

✳ F ✳ C II ✳

Si l'on cherche le principe des mutules, formes supposées représenter l'extrémité des solives inclinées, ou des chevrons du toit, la difficulté que nous avons rencontrée pour les triglyphes dans les exemples des figures C et CI se présente de nouveau. Ces membres ne sont visibles que sur les longs côtés de l'édifice, et c'est précisément sous le fronton qu'ils font défaut, contrairement à ceux du temple.

En voulant expliquer les formes des éléments du temple par celles des éléments de ce type, on se heurte donc à des difficultés aussi inextricables que dans le cas de la cabane rustique.

Si, au lieu de chercher le prototype dorique dans les dispositions rudimentaires des habitations, on suppose que le modèle du temple se trouvait dans un édifice où le bois était plus artistement assemblé et dans lequel on avait usé de toutes les ressources d'une technique avancée, on ne rencontre pas de moindres obstacles.

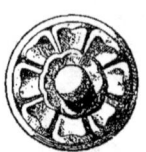

VI

Hypothèse dans laquelle le temple dorien reproduirait les formes d'un édifice ligneux perfectionné. — Ce que nous connaissons de la charpente antique rend cette hypothèse inadmissible.

Antérieurement au vi^e siècle avant notre ère, les monuments pélasgiques ou cyclopéens couvraient le sol de l'Hellade. Les cabanes, élevées sans art, en face de ces constructions gigantesques, s'expliquent ; elles ne prouvent que la pauvreté ou l'état social peu avancé des populations qui les construisaient ; les matériaux ne permettaient pas de prétendre à une éternelle durée. Mais comment admettre que, parvenus à une époque artistique où la richesse publique permettait d'élever les temples qui étaient la gloire des cités, les Grecs se fussent bornés à perfectionner un édifice aussi frêle que la cabane, quand depuis si longtemps ils avaient sous les yeux des monuments indestructibles? On conçoit bien qu'ils aient respectueusement conservé certains sanctuaires primitifs. On ne comprend pas qu'ayant à les reconstruire, ils se soient bornés à assembler d'une manière plus savante des éléments sans durée.

Mais, cette hypothèse momentanément admise, il s'agit de rechercher si les formes doriques sont compatibles avec celles d'un édifice ligneux dont tous les éléments seraient assemblés et disposés avec art.

On ne peut étudier cette question en se plaçant,

comme on l'a trop souvent fait, au point de vue des systèmes de la charpente moderne.

Entre celle-ci et les charpentes antiques, il existe des différences considérables.

Nous possédons des imitations incontestables d'anciennes constructions en bois, figurées sur les monuments lapidaires de l'Asie. Les tombeaux lyciens reproduisent, ainsi que nous l'avons vu, des formes ligneuses. Ils donnent lieu aux remarques suivantes :

1° Les éléments sont assemblés *en entailles*, et les extrémités forment des saillies seulement aux angles de l'édifice (F. CIII).

2° Lorsque ces monuments sont couronnés d'un toit plat, les solives sont tangentes (F. CIV).

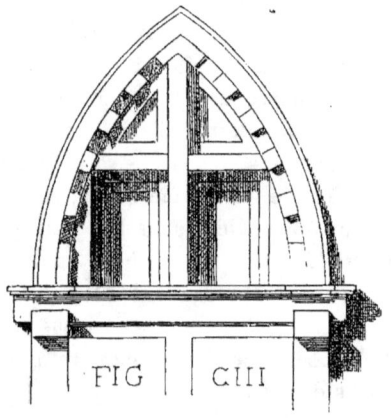

3° Les remplissages sont toujours formés par des panneaux creux.

Ces dispositions ne se manifestent jamais dans le temple.

Dans la charpente asiatique, on ne rencontre pas de triglyphes, on ne voit pas de mutules; on reconnaît simplement le principe des modillons (F. CIII et CIV).

Ceux-ci se montrent aussi dans les tombeaux de la Perse. Ils accusent nettement le plafond ligneux, couverture habituelle des édifices de cette contrée. Dans les dispositions des pièces figurées, non plus que dans le jeu des saillies, on ne retrouve, l'architrave exceptée, aucun élément de l'entablement dorique.

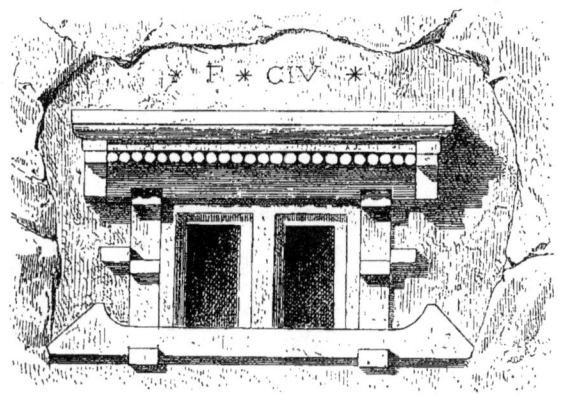

Lorsque les tombeaux lyciens sont couverts d'un comble, la composition de la *ferme* de celui-ci est toujours apparente; mais aucune de ces pièces obliques que l'on appelle des *contre-fiches* ne s'y montre, les *arbalétriers* étant toujours soutenus par des pièces verticales.

L'entrait de ces charpentes n'est pas suspendu au poinçon, comme dans nos fermes actuelles; il porte, au contraire, une pièce verticale, le *columen* des Romains, dans laquelle s'assemblent les *cantherii* ou arbalétriers, et qui soutient un faîtage, le *culmen* (F. CIII).

Ces fermes, beaucoup plus rapprochées les unes des autres que les nôtres, forment un ensemble rigide. Les Italiens, qui les composent encore ainsi, les nomment *cavaletti,* chevalets. Elles semblent avoir été typiques dans l'antiquité.

On les rencontre non-seulement sur les tombeaux lyciens, mais dans ceux de la Phrygie (F. CV). De l'Asie elles ont pénétré en Occident. A Rome, une charpente du IVe siècle de notre ère, celle de la basilique de S. Paul-hors-les-murs, reproduisait avec fidélité la disposition linéaire de ces fermes. Elle était seulement modifiée par la suspension des pièces verticales (F. CVI)[1].

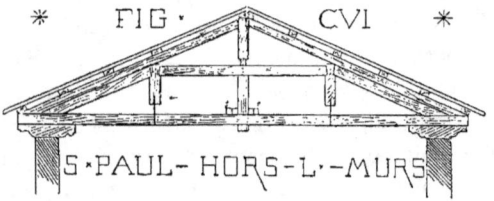

Si le temple est la reproduction d'un type ligneux

---

1. Ange Uggieri, *Détails des matériaux dont se servaient les anciens,* pl. 50

perfectionné, comment se fait-il qu'il ne présente jamais dans le tympan du fronton le motif de la ferme de face, si visible dans les édifices dont le principe est l'imitation du bois?

Pourquoi les pannes, ces mutules du comble qui portent les chevrons, ne se montrent-elles pas sous les parties rampantes du fronton?

On ne peut faire qu'une réponse à ces questions : c'est que le système de la construction en bois ne contient pas le principe des formes doriennes.

Le défaut de pièces obliques, dans les charpentes figurées, donne lieu à quelques remarques :

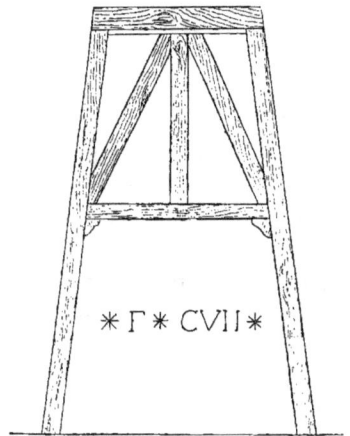

Les anciens connaissaient l'emploi de ces éléments; s'ils ne les ont pas appliqués d'une manière apparente, c'est qu'ils ne l'ont pas voulu. Aucune des pièces appelées contre-fiches, décharges, liens ou aisseliers, n'ont été usitées dans l'architecture ligneuse de la vallée du

Nil. Et pourtant, dès la v⁰ dynastie, les Égyptiens les employaient dans les tétrapodes, meubles qui supportaient des amphores (F. CVII et CVIII) [1].

On a donc fait valoir à tort, contre l'imitation de l'édifice ligneux par l'édifice lapidaire, cette considération que dans celui-ci aucune disposition des éléments ne rappelle les pièces obliques dont l'importance est si considérable dans nos pans de bois.

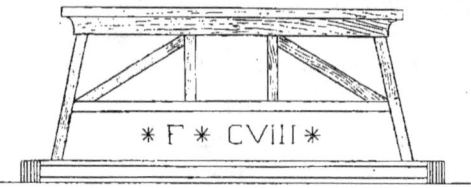

Certainement les anciens n'avaient pas nos idées sur ce sujet. Et l'on peut croire que si, pratiquant un tel mode d'assemblage, ils ne s'en sont pas servis dans les édifices ligneux, c'est que, non sans raison, ils le jugeaient peu monumental.

Le principe de la construction en bois, l'assemblage, souffre d'ailleurs quelques exceptions, et, dans certaines contrées, on a de tout temps superposé le bois comme on superpose la pierre. Le temple de Posidôn Hippios, cité par Pausanias, était ainsi construit.

Les formes qui résultent de ce mode d'union du bois ne présentent aucune analogie avec celles du temple.

Si nous examinons maintenant de près et isolément les triglyphes et les mutules, nous reconnaîtrons que l'ornementation en est étrange.

---

1. Musée égyptien du Louvre. Bas-relief.

LA COLONNE DORIQUE.

Dix-huit petits disques accidentent la face inférieure des mutules. Des stries verticales, séparées par des méplats, creusent les triglyphes, sous lesquels se montrent six gouttelettes, qui se découpent sur l'architrave (F. CIX).

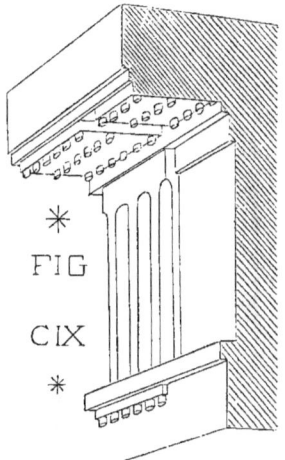

Des conjectures diverses ont été mises en avant pour expliquer les rapports de ces gouttes avec le système de la construction en bois. On a supposé qu'elles représentaient des clous et des chevilles. Mais des chevilles et des clous ainsi placés ne rempliraient aucune fonction. En réalité, ces formes ne résultent pas plus du système de la construction en bois que de celui de la construction en pierre.

La description du temple toscan, que nous a laissée Vitruve, résout singulièrement la question du triglyphe.

Il s'agit ici, incontestablement, d'un édifice dont les

parties hautes, l'architrave et la corniche, sont en bois, eh bien, les triglyphes ne sont pas nécessaires dans cette disposition : ils n'en résultent pas. Le temple toscan n'avait pas de triglyphes [1].

La théorie de l'imitation du bois dans la construction du temple lapidaire a été cependant inventée par les anciens, et Vitruve la développe dans son IVe livre. Tout ce que nous venons de dire nous dispense de réfuter cet auteur. Nous nous bornerons à faire quelques remarques sur sa démonstration.

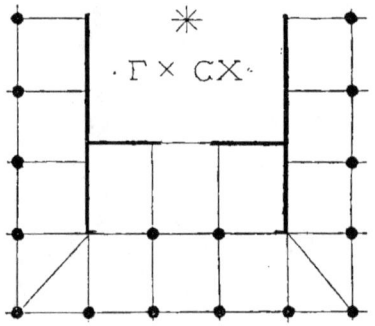

Il est évident que l'édifice type qu'il a en vue n'est pas simplement ligneux. Nulle part il ne parle de colonnes en bois. Il a donc pris pour base de sa théorie le temple mixte. Or, si l'on admet que cet édifice avait reçu déjà les dispositions que l'on rencontre plus tard dans les temples où le bois ne remplit aucun rôle apparent, il s'ensuit que le plafond du naos était indépendant de celui du ptérôma, et que les poutres ou les solives

---

[1]. Vitruve, IV, 7.

qui formaient le plafond de celui-ci étaient placées perpendiculairement aux murs du naos et sur tous les côtés. Ainsi s'expliqueraient les triglyphes sur toutes les faces de l'édice (comme le montre la F. CX[1]).

Nous n'hésitons pas à reconnaître qu'il est fort possible que cette particularité se soit produite dans le temple mixte, et les passages d'Euripide, que nous avons indiqués plus haut, confirment cette supposition.

Mais, ceci admis, on voit que le temple définitif ne reproduirait qu'une seule disposition du type imaginaire.

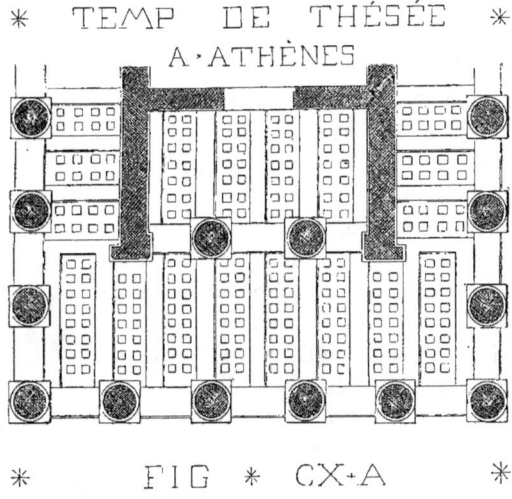

FIG * CX+A

L'imitation d'un tel entablement ne peut, en effet, donner la raison de l'existence des mutules et de l'incli-

---

1. Un arrangement bien différent caractérisait le plafond du Péridrome des temples canoniques, ainsi que le montre la figure 110. A. — Rondelet, *Traité de l'art de bâtir*, LIII, pl. 28.

naison, semblable à celle du fronton qu'en présente la face inférieure, sur les façades principale et postérieure de l'édifice de pierre.

Qu'imiteraient ces formes ?

Elles sont complétement dépourvues de signification imitative, ou bien elles ne présentent à l'esprit qu'un non-sens ou une contradiction.

Pour justifier cette disposition au point de vue de la construction en bois, il faudrait supposer des *croupes* à la place des frontons, et admettre que le toit appelé par Vitruve *Testudinatum* couvrait le temple.

Du reste, les formes ornementales du triglyphe ne rappellent en quoi que ce soit la face extrême d'une poutre. Vitruve constate que cette face aurait été peu gracieuse, et c'est pour cela, dit-il, que l'on taillait des petites planches, auxquelles on donnait la forme de triglyphes et qu'on les clouait à l'extrémité des poutres coupées. Puis on les couvrait de cire bleue, pour cacher les coupures, qui auraient choqué la vue[1].

Cette explication des stries du triglyphe dans la construction en bois montre clairement qu'elles ne résultaient pas fondamentalement de celle-ci.

Nous ferons remarquer enfin que le modillon, cette saillie qui caractérise sûrement l'extrémité des solives dans la Lycie et dans l'Iran, ne se montre jamais dans l'entablement du temple.

Quant à la colonne dorienne, les proportions et les courbes accusées du profil, précisément dans les plus anciens exemples, excluent toute idée de rapprochement avec un support ligneux (F. CXI).

Ainsi, non plus que les hypothèses précédentes, cette

---

1. Vitruve IV, 2, 2.

LA COLONNE DORIQUE.

dernière, si l'on en prend pour *criterium* de la valeur la charpente antique, ne résiste à l'examen.

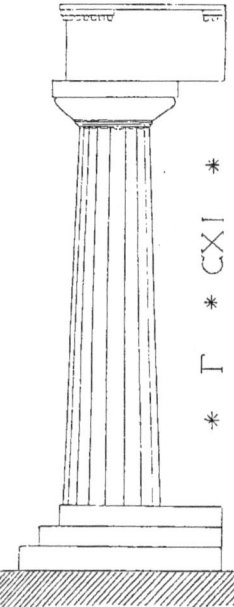

Elle n'explique aucune forme générale ou secondaire des *éléments* du temple dorien; elle ne peut que rarement et d'une manière incertaine motiver quelques-unes des dispositions.

VII

Les formes des éléments du temple dorien ne résultent pas des nécessités de la construction. — Rôle des exigences optiques dans le temple.

Les nécessités de la construction ont-elles déterminé les formes doriennes?

Analysons les particularités que présentent deux des éléments du temple.

1° *La colonne*. Au vi° siècle, le fût de la colonne est renflé par des courbes vigoureuses. On a justement remarqué qu'il présente ainsi, « en tous les points, une égale résistance à la rupture qui serait produite par un poids placé sur son sommet ». Mais, en même temps que la construction du temple se perfectionne, le renflement (ἔντασις) de la colonne s'amoindrit et enfin disparaît (comparer les F. CXI. A. et LXXXVIII. B.).

Si l'architecte, en donnant ce galbe au support, avait obéi à une exigence de construction, comment n'aurait-il pas employé cette forme lorsqu'il construisait précisément de vastes édifices dont la structure affirmait de notables progrès sur celle des édifices du vi° siècle?

Il ne l'a pas fait; nous devons conclure que son but n'était pas de satisfaire à ces exigences.

On a montré encore que le chapiteau dorique « présentait de chaque côté de la colonne la figure d'un solide d'égale résistance ». Fort bien.

Mais, d'autre part, le chapiteau dorique ne se développe pas dans le sens de l'architrave qu'il doit porter;

les quatre faces sont égales, et c'en est une des grandes beautés. La conséquence de cette disposition, comme le

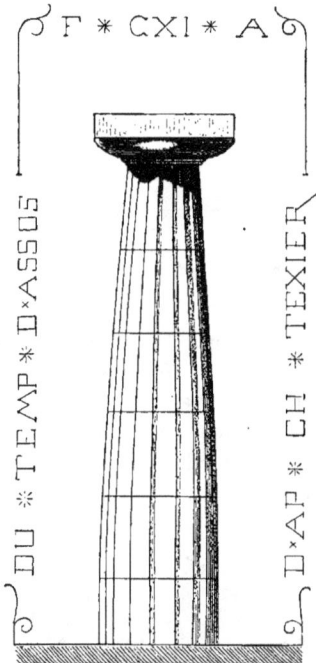

montre la figure CXII, est que plus d'un quart de la surface supérieure de l'abaque reste inutilisée. Pourquoi l'architecte aurait-il choisi cette disposition, s'il avait eu seulement en vue d'amoindrir la portée de l'architrave? Il satisfait à cette condition, il est vrai, mais d'une manière qui montre clairement que ce n'est pas son unique motif, et voici qui le prouve : dans les temples les plus anciens, ceux d'Agrigente par exemple, la surface considérable de l'abaque le gênait plutôt qu'elle ne le servait ; il n'osait en employer que la moitié, c'est-à-dire, comme on le voit figure CXIII, un carré, ou plus souvent

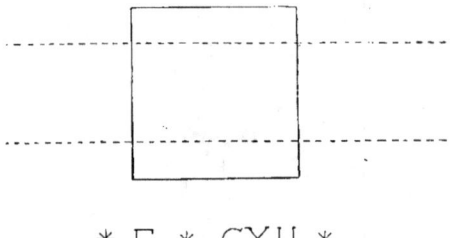

* Γ * CXII *

encore un cylindre, qui circonscrivait le diamètre supérieur du fût. Ce carré se relevait sur une faible hauteur, et formait un abaque intermédiaire entre celui du chapiteau et l'architrave. Il était ainsi comprimé par celle-ci et en portait tout le poids, tandis qu'une surface considérable de l'abaque restait inutile dans la construction.

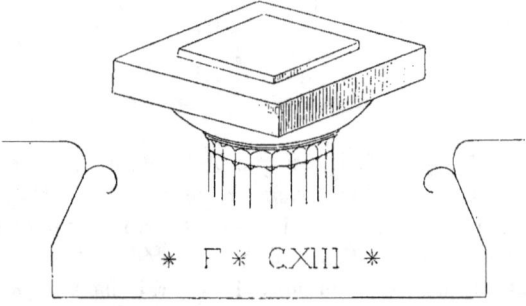

* Γ * CXIII *

On voit donc qu'originairement les formes du chapiteau ne dérivent pas des nécessités de la construction, et qu'elles ont été conçues pour satisfaire à des exigences d'une autre nature.

2° *Les mutules.* Bien différents des modillons ou *corbeaux* du moyen âge, ils ne sont pas engagés dans le mur à la façon de ceux-ci et ne se montrent pas dans l'édifice à l'état de membres constructifs; loin de saillir pour soutenir le larmier, ils en sollicitent au contraire la chute.

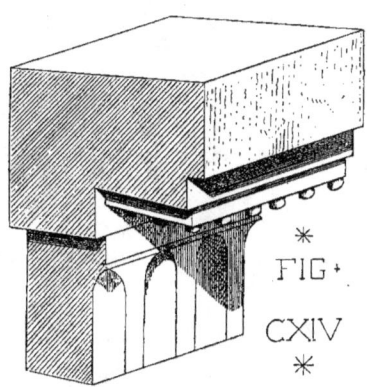

FIG. CXIV

L'inclinaison de la surface inférieure est surtout remarquable, comme on le voit figure CXIV; elle se présente dans un sens opposé à celui des *corbeaux*, c'est-à-dire que le volume des mutules s'accroît à mesure qu'ils s'éloignent du mur. Il en résulte que le larmier, ainsi chargé sur les bords, est dans des conditions telles qu'il répond à une chose qui est l'inverse d'une nécessité de construction.

Un coup d'œil sur la structure du temple nous assurera que les exigences constructives sont loin d'y exercer une action prépondérante.

Voyons le fronton. De tous les modes possibles, c'est

228 DEUXIÈME PARTIE.

certainement le plus défectueux, au point de vue de la construction, que celui suivant lequel l'architecte a disposé les lits des assises qui en forment le couronnement (F. CXV)[1]. Elles tendent, en effet, considérablement à

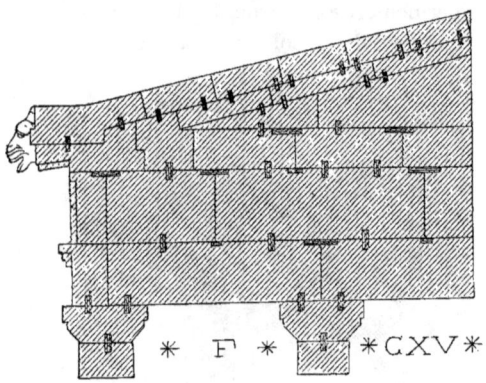

glisser, et l'on aurait pu facilement trouver dans la coupe des lits de quoi surmonter cet inconvénient. Un seul essai tenté dans cette voie nous est parvenu : il existe dans le petit temple de Pœstum[2]. (F. CXVI.)

Telle n'était donc pas, probablement, la préoccupation de l'architecte; car, cet exemple excepté, il a toujours négligé toute précaution sous ce rapport. Il s'est borné à charger les extrémités du fronton du poids des acrotères, qui opposent certainement un obstacle au glissement des corniches rampantes, mais qui n'ont pas été employés dans les plus anciens temples, ou l'ont été

---

1. Rondelet, *Traité de l'art de bâtir*, 7ᵉ livre, pl. 149.
2. Rondelet, *Traité de l'art de bâtir*, 7ᵉ livre, pl. 149. — Jamais les assises des corniches rampantes ne montrent des joints verticaux dans les édifices du vᵉ siècle.

sans ampleur et sans que l'on puisse, conséquemment, en déterminer le rôle constructif. Dans tous les cas, on jugeait ce procédé insuffisant ; car, en l'employant, on a eu recours constamment au métal pour fixer les corniches rampantes au mur du tympan par de nombreux *crampons*, moyen caché et sans action sur les formes de l'édifice.

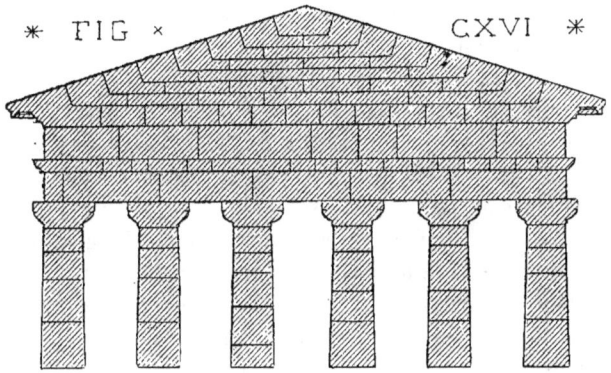

Plusieurs particularités extrêmement remarquables distinguent encore le temple dorien.

L'axe des colonnes est oblique, et l'inclinaison en augmente à mesure qu'elles sont moins centrales.

Les colonnes angulaires ont un diamètre plus considérable et un entre-colonnement moindre que ceux des colonnes médianes.

On a reconnu que la masse des parties supérieures du Parthénon se projetait en avant, surplombant de plus en plus sur l'édifice à mesure que s'accroissait la hauteur.

Les premières particularités ont été expliquées au point de vue de la construction, et l'on a justifié l'inclinaison de l'axe des colonnes en admettant que, par ce moyen, la poussée des parties supérieures de l'édifice était neutralisée.

Nous n'y contredirons pas.

Mais des raisons de construction expliquent-elles le surplomb proportionnel des parties supérieures de l'édifice à mesure qu'elles s'élèvent? — Évidemment, non.

On peut donc légitimement soupçonner que l'architecte n'avait pas ce seul motif en vue lorsqu'il appliquait ces dispositions savantes et raffinées.

C'est ce que confirme Vitruve; et ici, sur le terrain des faits, le témoignage de cet auteur est décisif. Il ne s'agit plus d'origines, mais de méthodes et de procédés que les architectes grecs avaient soigneusement décrits dans leurs ouvrages.

Voici son opinion au sujet des colonnes angulaires : « Il est nécessaire de grossir les colonnes qui se trouvent aux angles, parce qu'étant entourées d'une plus grande masse d'air, elles paraissent plus petites à l'œil. L'art doit donc remédier à cette erreur de la vue [1]. »

Il dit, à propos de la saillie des parties hautes des temples : « ... Les architraves, les frises, les corniches, les tympans, les fûts, les acrotères doivent être inclinés en avant. En voici la raison : lorsque nous nous plaçons vis-à-vis de la façade d'un édifice, si nous faisons partir de notre œil des lignes dont l'une touche en bas et l'autre en haut, celle qui touche le haut sera la plus longue. Ainsi, plus une ligne visuelle s'étend vers un objet élevé, plus elle le fait paraître renversé en arrière; mais lorsque, comme je viens de le dire, les membres supérieurs d'une façade ont été inclinés en avant, ils paraîtront à l'œil parfaitement d'aplomb. »

---

1. Vitruve, III, III, 2.

Ces dispositions avaient donc pour but de satisfaire aux *exigences optiques*[1].

Il est inutile de multiplier ces exemples, et, sans contester l'influence qu'une construction bien entendue exerce fatalement sur les dispositions de certains membres d'un édifice, nous conclurons :

1° Qu'en général, les formes des éléments du temple n'ont pas été motivées par des nécessités constructives;

2° Que les modifications successives de ces éléments n'ont pas été provoquées, dans la plupart des cas, par ces nécessités.

---

2. Vitruve, III, v, 13. — Par des raisons d'une nature semblable, cet auteur explique les cannelures : « L'œil, en parcourant des faces plus nombreuses et plus serrées, semble errer sur une plus vaste circonférence. Car si vous mesurez avec un fil deux colonnes d'égale grosseur, mais dont l'une soit cannelée et l'autre sans cannelures, et que vous promeniez ce fil dans les cavités et sur les angles des cannelures, bien que ces colonnes soient de même grosseur, le fil dont vous vous serez servi n'aura point la même dimension, le chemin qu'on lui aura fait faire dans les cannelures et sur le plein qui les sépare devant le rendre plus long. Cela posé, rien n'empêche que, dans les lieux étroits, dans un espace resserré, on ne mette des colonnes plus minces, sans qu'elles paraissent l'être, puisque nous trouvons un remède dans le nombre des cannelures. » IV, 4, 3.

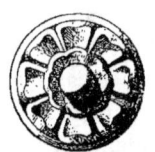

VIII

Dans quelles proportions l'imitation des constructions ligneuses se manifeste dans le temple dorien. — Les périodes d'essais qui ont précédé la formation canonique de l'ordre.

Ce serait nous hâter mal à propos que de donner dans ce moment une conclusion générale aux faits que nous venons de reconnaître. La colonne dorienne n'est qu'une des formes de l'architecture hellénique, et, malgré le rôle prépondérant qu'elle y remplit, elle ne la constitue pas. L'étude en est inséparablement liée à celle d'autres éléments columnaires.

C'est seulement d'un ensemble de faits que pourront utilement se dégager des conséquences empreintes de suffisants caractères de certitude.

L'imitation de la construction en bois ne s'accuse nulle part dans les éléments doriques ; nous l'avons montré. Si elle a exercé une influence sur le temple, il faut se placer à un point de vue autre que celui de la *forme* des membres de celui-ci, pour en rechercher l'action.

Une des dispositions locales du temple-cabane, le Pterôma, était usitée à l'époque pendant laquelle on édifiait le naos quadrangulaire et prostyle et les temples d'airain. On conçoit donc facilement que le grec, doué d'un esprit subtil et délié, du sentiment artistique inné dans sa race, ait discerné promptement les principes de beauté que contenait la disposition de l'édifice rudimentaire.

Mais, qu'on le remarque bien, à ce moment, l'art avait reçu depuis longtemps des développements considérables dans l'Hellade; il possédait des formes orientales nombreuses, et la technique en était avancée. Le grec n'avait pas besoin d'un long espace de temps pour substituer, dans les édifices, la pierre au bois : ces modes de construction étaient employés simultanément. Il dut seulement chercher à ajouter la disposition périptère, dont l'expression plastique l'avait frappé, à celles qu'offraient déjà les différents temples de la Grèce, et quels que fussent les matériaux de ceux-ci.

Le Pterôma de la cabane a donc pu, en tant que combinaison élémentaire et en quelque sorte abstraite de lignes horizontales et verticales, de pleins et de vides, d'ombre et de lumière, servir, après de nombreux essais, de type à la disposition périptère du temple dorique.

Ainsi envisagée, non plus comme ayant exercé une action sur *les formes* des éléments du temple, mais sur quelques *dispositions* de celui-ci, l'imitation de la cabane est probable.

Et l'on conçoit facilement pourquoi l'architecte qui construisait avec une technique remplie de ressources n'ait pas eu à imiter la construction et la forme *naturelle* des éléments de la hutte. Il avait devant les yeux, depuis des siècles, les colonnes pélasgiques; pourquoi aurait-il copié le tronc d'arbre?

L'architecte essaya sans doute Pterôma, sur le temple de pierre, sur le temple mixte, sur le temple d'airain, en se servant des colonnes employées à cette époque, lesquelles, pour la plupart, accusaient les formes orientales.

De cette période de tâtonnements se dégagèrent les éléments vraiment doriques de la colonne, mais à un état simplement ornemental.

N'oublions pas que Pausanias assigne sans hésiter aux deux chambres *d'airain* du trésor de Myron, édifice du viie siècle, la qualification de dorique et d'ionique[1].

Cette particularité indique clairement la marche toute naturelle de la formation dorienne, que nous venons d'exposer.

D'autres traces de cette période d'essais peuvent encore être signalées.

Plusieurs fûts de colonnes polygonales ont été rencontrés dans les ruines grecques, particulièrement sur l'emplacement du temple d'Artémis Limnea.

La condition monolithique, qui donne à certains supports de l'Orient des membres sans fonctions effectives dans l'édifice, dut forcément être abandonnée dans l'Hellade, lorsque les formes furent définitivement fixées : les chapiteaux doriques forment un membre constructif distinct du fût. Cette condition ne se perdit pas assez tôt pour qu'on ne la retrouve dans les plus anciennes colonnes grecques, dont le fût, malgré une hauteur considérable, est souvent d'un seul morceau.

La construction de la colonne par assises, ou tambours, quoiqu'elle se rencontre dans de très-anciens monuments, semble correspondre à une période un peu postérieure à celle des fûts monolithes. Ces derniers durent se maintenir pendant plus longtemps en Asie Mineure. La condition monolithique des colonnes au viiie siècle avant notre ère est affirmée par Pline. « Le labyrinthe de Lemnos, dit-il, est remarquable à cause de ses cent cinquante colonnes, dont les fûts dans l'atelier étaient si parfaitement suspendus, qu'un enfant suffisait pour faire aller le tour où on les travaillait. Il a été

---

1. Pausanias, VI, 19.

construit par les architectes Smilis, Rhœcus et Théodore (XXXVI, 19, 6, trad. Littré).

L'architrave de l'entablement du temple est composée d'une rangée d'énormes assises juxtaposées, dont les joints verticaux correspondent à l'axe des colonnes; chaque assise de l'architrave semble ainsi régler la dimension des entre-colonnements.

On peut inférer de divers passages de Pausanias, relatifs aux anciennes colonnes de bois placées dans les édifices lapidaires, que ce caractère ne s'accusait pas toujours dans les anciens temples grecs.

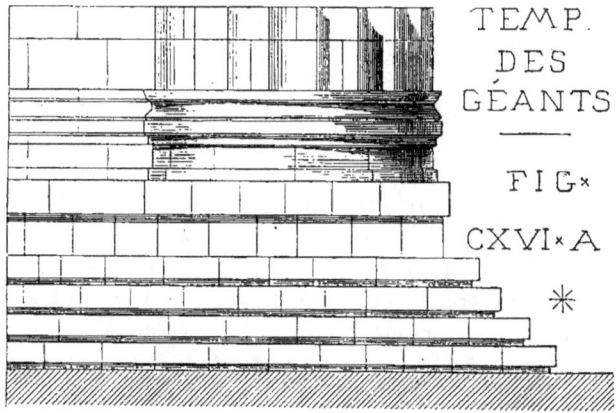

TEMP. DES GÉANTS

FIG. CXVI× A

Les colonnes de bois vermoulues et cerclées de fer ne pouvaient, concurremment avec les colonnes de pierre, supporter le poids des architraves, et celles-ci devaient franchir deux entre-colonnements. Ce qui ne peut s'expliquer qu'avec l'architrave de bois du temple mixte, ou celle de pierre placée, comme en Égypte, sur plusieurs supports. Il n'y a rien d'impossible à ce que cette dis-

236   DEUXIÈME PARTIE.

position de l'épistyle ait été appliquée en dehors des cas exceptionnels que laissent entrevoir les descriptions de Pausanias.

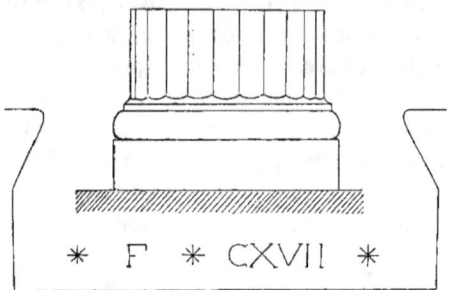

Aux anciennes périodes de formation se rapportent encore les caractères particuliers de quelques temples du vi[e] siècle. On rencontre dans le portique qui précède le naos d'un temple de Sélinonte la cannelure ionique sur une colonne à chapiteau dorique[1]. Les colonnes de cet ordre du temple des géants, à Agrigente, reposent sur des bases asiatiques[2] (F. CXVI, A). A Pœstum, enfin, les colonnes du pronaos d'un temple sont pourvues de bases offrant un profil iranien ou toscan[3] (F. CXVII).

1. Beulé, *l'Art grec avant Périclès*, p. 101.
2. Serra di Falco, *Antichità di Agragante*.
3. Delagardette, *les Ruines de Pœstum*.

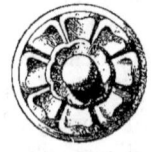

IX

Quelle action l'Égypte a exercée sur le temple dorien.

Nous avons vu que les dispositions de la colonne dorique se montraient, avant le viie siècle, disséminées sur un grand nombre de supports de l'Orient, particulièrement sur ceux de la Phénicie. Cette particularité détermine la direction du courant qui les avait apportées dans l'Hellade ; elle montre que l'Asie Mineure n'exerça qu'une faible influence sur les formes doriques.

Il n'y a rien d'étonnant, du reste, à ce que les Phéniciens, marchands, navigateurs et industriels, aient exercé une action artistique sur la Grèce, non-seulement par leurs produits propres et par les objets de transport qui provenaient de leur trafic avec d'autres peuples, mais surtout par les petits monuments qu'ils élevaient dans les îles de la Méditerranée et dans les stations continentales[1]. On sait que l'époque qui a précédé le retour des Héraklides a été pour la Phénicie une période florissante de prospérité et d'activité. En Grèce, les différents genres de temples tendaient à se fondre dans l'unité majestueuse du temple périptère, et les colonnes recevaient, suivant les matériaux qui les composaient, des proportions diverses ; les chapiteaux, les triglyphes et les mutules — réunis ou non — existaient à l'état élémen-

---

1. Voy. G. Maspero, *Hist. anc. des peuples de l'Orient*, p. 243-247 et 444, et Heeren, *Hist. anc.*, trad. Thurot, p. 35.

taire; mais, en somme, les formes étaient plus ou moins grêles, les entre-colonnements plus ou moins arœostyles.

Cependant, à la fin du vii° siècle, la disposition pycnostyle est invariablement appliquée et la colonne devient tout à coup trapue. Pour apprécier à quel point ce dernier caractère se manifesta, il est nécessaire d'établir une comparaison entre les supports de cette époque et les types les plus élancés de Vignole.

La hauteur de ceux-ci comprend dix fois le diamètre inférieur du fût.

A Corinthe, la colonne dorique a moins de quatre diamètres; elle en accuse quatre à Assos; un peu plus de quatre et demi à Syracuse.

Dans un temple de cette dernière ville, l'architrave a une dimension plus grande, et l'entre-colonnement une moindre que celle du diamètre inférieur de la colonne.

A Sélinonte, l'entablement a une hauteur égale à la moitié de celle du support : il n'a que le quart de la hauteur de la colonne dans l'ordre corinthien de Vignole.

Évidemment les proportions courtes ne se sont pas subitement manifestées dans la colonne, sans qu'une cause puissante les ait provoquées.

Sans anticiper sur les faits que nous avons à reconnaître encore, nous pouvons, dès maintenant, présenter quelques considérations à ce sujet.

Aucun auteur ne fait remonter avant le vii° siècle, les plus anciens temples doriens dont les ruines subsistent. On les attribue généralement au siècle suivant.

La plupart des colonies grecques qui élevèrent ces édifices s'établirent ou se développèrent à peu près à ces époques. La date la plus reculée que l'on assigne à la colonie de Pœstum est la fin du vii° siècle : c'est aussi la date de la fondation de Sélinonte[1]. La colonie achéenne de Métaponte remonte à la fin, et Agrigente au commencement du vie siècle[2].

Ce que nous avons appelé la seconde période de formation de la colonne dorienne s'ouvre avec Kypsélos à Corinthe, et se termine avec Pisistrate à Athènes.

Or, au commencement de cette période, c'est-à-dire au milieu du viie siècle, un fait considérable se produisait : l'Égypte, sous le règne de Psammétik, s'ouvrait aux étrangers. Nous savons qu'à des époques éloignées les Grecs avaient fait partie de maintes coalitions, dirigées contre les Pharaons[3], mais en somme ils connaissaient fort mal la vallée du Nil.

Eh bien, il nous semble qu'il y a dans la spontanéité avec laquelle apparaissent les caractères doriques une sorte de contre-coup de l'événement du viie siècle. Ce fait dut exercer sur les proportions une action de la nature de celle que produisit le Pterôma de la cabane sur les dispositions du temple[4]. Il n'y eut aucune forme d'empruntée ; dans ce sens, l'Égypte n'exerça pas d'influence sur la colonne grecque. A cette époque, les éléments doriques étaient créés ; ils étaient hiératiquement fixés ; mais les proportions de l'édifice ne l'étaient pas.

La puissance des monuments pharaoniques dut frap-

---

1. V. Raoul-Rochette, *Hist. de l'établissement des colonies grecques*, III, p. 247, 324.
2. Beulé, *Art grec avant Périclès*, p. 145. — R. Rochette, *Hist. des colonies grecques*, III, p. 363.
3. De Rougé, *Revue archéol.*, 1867.
4. Sur l'influence considérable exercée par cet événement sur la religion grecque. V. Grote, *Hist. de la Grèce*, I, p. 27, 33, 37. — Sur les établissements des Grecs dans l'Égypte. V. Raoul-Rochette, *Hist. crit. des colonies grecques*, III, p. 307-312.

per vivement les Grecs et exercer sur eux une influence supérieure à celle des murailles cyclopéennes de leur pays. Les conditions d'éternelle durée de l'édifice polystyle leur furent montrées, et il leur suffit d'en avoir reçu l'impression pour qu'ils la manifestassent immédiatement dans leurs temples. Ils ne purent le faire d'abord que d'une manière restreinte; mais l'édifice tout en pierre fut pour eux un but à atteindre, et ils l'atteignirent. En moins d'un siècle ils recouvrirent de marbre la charpente du temple et donnèrent à celui-ci un aspect extérieur complétement lapidaire. Mieux encore, ils le peignirent. Nous avons vu que la polychromie caractérisait d'une manière particulière les monuments de l'Asie et de l'Égypte. Il importe de remarquer que c'est avec la polychromie égyptienne que celle du temple présente le plus d'analogie. L'effet résultant de la combinaison des couleurs et la tonalité générale produisent une impression semblable à celle que fait éprouver la coloration égyptienne. On serait tenté d'admettre une influence étrangère à la seule vue des supports trapus de Corinthe, tellement pressés les uns contre les autres que, comme à Karnak, les pleins l'emportent sur les vides. Cette conjecture se justifierait par la comparaison de ces supports avec les sveltes colonnes de Mycènes que les Grecs avaient depuis longtemps devant les yeux; et l'on arriverait ainsi à soupçonner que le brusque changement introduit dans les proportions a été causé par l'intention d'imiter une chose que l'on a vue et admirée.

Et, quand à ces considérations se joignent des concordances d'époque, d'événements, et l'impossibilité d'assigner au temple grec une date antérieure à Psammétik, cette supposition paraît bien près d'être justifiée. Dans tous les cas, elle explique admirablement les proportions du vi° siècle, et l'on comprend ainsi que, si les sanctuaires antérieurs à cette évolution de l'architecture dorienne ont disparu, c'est qu'ils ne présentaient pas les masses puissantes qui ont préservé les temples élevés plus tard d'une destruction totale.

X

Caractéristiques de la colonne dorique. — Rôle prépondérant des exigences plastiques et optiques dans la formation définitive de l'ordre. — Ces exigences non plus que le principe de l'imitation ne peuvent motiver les formes de l'entablement dorien. — Les mythes de la race aryenne expliquent les formes du triglyphe et du mutule. — Signification symbolique et religieuse de ceux-ci. — Les formes doriennes ne dérivent pas d'un seul principe.

Les Grecs n'ont donc pas inventé les dispositions doriques de la colonne, créées par d'autres peuples, mais ils ont résumé tous les essais tentés avant le vi° siècle; ils ont condensé toutes les beautés éparses des colonnes asiatiques et égyptiennes.

Nous l'avons dit précédemment et il est utile de le rappeler : la jonction du fût et du chapiteau de la colonne de Karnak s'opère d'une manière parfaite; mais celui-ci reste ornemental et sans emploi dans la structure. La fonction constructive du chapiteau des colonnes de l'Iran est accusée, au contraire; mais la jonction avec le fût est imparfaite au point de vue plastique.

La colonne dorienne résout ce double problème. On peut dire qu'elle est de toutes les colonnes de l'antiquité la seule dans laquelle se manifestent d'étroits rapports entre la beauté et la raison, entre les effets plastiques et les exigences constructives, celles-ci restant, d'ailleurs, subordonnées aux premières.

Toutes les modifications que reçut plus tard le temple furent faites, en effet, en vue de la beauté et eurent pour causes les exigences plastiques et les exigences optiques.

On sait aujourd'hui que la parfaite horizontalité apparente des lignes du Parthénon résulte des courbes insensibles au moyen desquelles l'architecte a remédié aux erreurs de la vision[1].

Si l'on poursuit l'histoire de la colonne dorienne, on est frappé des raffinements continus apportés aux formes, dans un but idéal de beauté, toujours présent à l'esprit de l'architecte. On admire l'étude constante des effets de la lumière, les perpétuels changements, que les exigences plastiques, de mieux en mieux comprises, font subir à l'édifice.

Nous nous abstiendrons cependant de développer, au sujet de la colonne dorique, des considérations de la nature de celles que nous avons présentées sur les conditions plastiques de la colonne égyptienne. En voici quelques raisons : primitivement, ces conditions sont loin d'avoir rempli dans la colonne grecque un rôle aussi important que dans les supports pharaoniques. Les transmissions de formes étrangères, qui n'ont exercé qu'une faible action sur ceux-ci, ont agi d'une manière prépondérante sur celle-là. Nous ne voulons pas diminuer l'importance des exigences plastiques; mais, malgré le rôle considérable qu'elles ont rempli dans la fixation des éléments canoniques, il nous est impossible d'y reconnaître le principe des formes.

Puis, ce que nous avons dit de l'Égypte suffit amplement à en faire apprécier la nature. Qu'on les suppose décuplées par le profond sentiment artistique de l'Hellène, et l'on se rendra compte de la rapidité avec laquelle elles conduisirent l'art monumental grec à l'apogée de la perfection.

---

1. V. Penrose, *An investigation of the principles of athen. archit.*

Ceci dit, nous devons insister sur ce point : que, si étendue qu'en ait été l'application, elles ont été impuissantes à déterminer les formes premières des éléments du temple ou à les motiver.

Nous ne pensons pas que les éléments du couronnement de l'édifice dorien qui ne sont explicables ni par le système de l'imitation ni par celui des nécessités de la construction, le soient davantage par le principe des exigences plastiques. Que signifient à ce point de vue les Gouttes placées sous les mutules, les glyphes qui séparent les métopes, que celles-ci soient, ou non, sculptées?

La recherche des jeux lumineux ne peut en donner la raison; elle est impuissante à en expliquer le caractère, qui, à ce point de vue, est simplement bizarre et fantaisiste. Et pourtant l'assemblage de ces éléments est bien grec. Des motifs supérieurs ont pu seuls déterminer des formes aussi arrêtées, les rendre immuables, et les régler en vue d'une expression dont le principe ne réside dans aucune exigence constructive ou plastique.

Sans qu'il soit nécessaire de nous aventurer dans le dédale des mythes de la race aryenne et des modifications qu'ils reçurent dans l'Hellade, nous pouvons constater les faits suivants :

1° En général, le tympan du fronton contenait une scène figurée, représentation sculpturale dont le sujet était emprunté aux légendes relatives à la divinité du temple. Ce tableau lapidaire se complétait dans les métopes.

2° Quoiqu'ils aient eu des significations hiératiques et des significations vulgaires très-différentes, c'est-à-dire un côté purement humain, un grand nombre de mythes, tels que ceux des amazones, des centaures et des titans, avaient un point de départ commun dans les anciennes croyances de l'Inde védique, lesquelles se rapportaient aux phénomènes célestes. L'origine cosmologique de la plupart des mythes grecs est, aujourd'hui, un fait certain ; les remarquables travaux de MM. Maury, Bréal, Burnouf, etc., ne permettent plus d'en douter.

Nous citerons, comme exemple, l'antique légende de la guerre des Athéniens, commandés par Eumolpe, contre les Éleusiniens.

« ... Dans cette légende, il n'y a que des êtres idéaux ; l'histoire qu'elle raconte n'est pas humaine, elle est surnaturelle et divine, c'est l'éternelle histoire de la lutte du soleil et du nuage, tant de fois et si poétiquement racontée dans toutes les mythologies ; c'est la lutte d'Indra et des puissances qui font mouvoir et tournoyer les nuages, lutte à la suite de laquelle la terre est inondée et fécondée. Ces Athéniens et ces Éleusiniens ne sont pas des hommes ayant vécu dans des villes de pierre et « mangé les fruits de la terre » ; ce sont des guerriers idéaux, au même titre qu'Eumolpe et son fils, que Posidôn père de ces derniers, que le roi fils de la terre et qu'Athénâ sa nourrice [1]. » Dans un autre passage de la *Légende athénienne*, M. Émile Burnouf ajoute : « Si l'on voulait descendre plus bas dans la prétendue histoire des rois d'Athènes et empiéter sur les terres voisines de l'Attique, on rencontrerait les belles légendes d'Égée, de Thésée, du Minotaure, du Taureau, des Centaures, des Amazones, d'Hippolyte et de Phèdre, la fille du soleil. On se convaincrait bientôt qu'il n'y a rien d'historique dans ces récits, qu'il n'y a parmi ces personnages aucun homme divinisé, qu'ils sont tous des dieux ou des enfants

---

1. V. Maury, *Croyances et Légendes de l'antiquité*.
1. Em. Burnouf, *la Légende athénienne*, p. 173.

des dieux, c'est-à-dire des figures empruntées aux phénomènes de la lumière et de l'ombre, du nuage, de la foudre et des vents.

« On sait maintenant que les Centaures sont les *Gandharvas,* et que le premier Centaure, père de tous les autres, ce Φὴρ θεῖος dont parle Pindare, est ce même *Gandharva* si merveilleusement décrit dans *les Hymnes*. On s'assurerait, de plus, que les *Amazones* sont des nuées et que sous Thésée, roi-soleil, elles sont venues de l'ouest s'établir sur un Pnyx idéal, pour lutter contre des Athéniens idéaux, comme le firent les Eleusiniens au temps d'Érechthée[1]. »

Ceci admis, et il me paraît difficile de le contester, les parties hautes du temple prennent immédiatement une signification inattendue et puissante (F. CXVIII).

Le larmier de l'entablement supporte la région céleste, séjour du dieu « assembleur de nuages ». C'est la ligne de séparation du Ciel et de la Terre.

A ce sol foulé par les immortels s'attachent les Mutules, formes géométriques qui représentent avec une énergie toute dorienne les nuages supérieurs, épars et suspendus dans l'Éther : les Gouttes en figurent les eaux.

Ces réservoirs de la pluie s'inclinent vers le sol et accompagnent le mouvement de la voûte du ciel dont le haut du temple est supposé la partie centrale[2].

Sous les mutules, les métopes nous font assister au combat des nuages inférieurs figurés par des amazones, des centaures et des rochers qu'amoncellent les titans, représentations mythiques des nuées.

---

1. Em. Burnouf, *la Légende athénienne*, p. 213.
2. Voir, au sujet de la sphéricité de la voûte céleste, Th.-Henri Martin, *Mémoire sur la Cosmographie grecque au temps d'Homère*.

Le résultat des combats partiels, du choc formidable des nuages les uns contre les autres, la victoire, en un mot, ce sont les eaux célestes qui se précipitent sur la terre, l'abreuvent et la fécondent.

Ces ondes bienfaisantes se répandant sur le sol sont exprimées par les triglyphes et les stries, en sont la projection architecturale.

Peut-être même, sous le plafond nubifère, l'action de la pluie tombante est-elle figurée encore par les sillons creusés sur les colonnes.

Ainsi, le temple dorien représente d'une manière tangible, le phénomène de la fécondation de la terre par le ciel, et fait resplendir, dans une expression pleine de grandeur, la puissance tutélaire de l'hôte divin qu'on y adorait.

Et les gouttes, *les guttæ* des mutules et des triglyphes dont on a tant de peine à découvrir la signification, sont vraiment des gouttes, figurées non d'une manière imitative sculpturale, mais par des formes purement architectoniques, mode expressif que le génie grec seul était capable de concevoir et d'appliquer, et dont l'art antique n'offre peut-être pas d'autre exemple.

Il est à remarquer que cette symbolique du temple convenait presque à tous les dieux, la plupart ayant eu, originairement du moins, les rapports de signification les plus étroits avec les phénomènes du ciel : tels étaient Zeus, Héra, Athéna, Posidôn, Apollon, Dionysos, Asklépios [1].

---

1. V. L. Ménard, *du Polyth. hellén.*, p. 24, 25, 95. M. Paul Foucart a établi, par des documents épigraphiques récemment découverts, qu'à une époque antérieure aux temps héroïques, la personnalité des dieux de l'Hellade n'était pas séparée du phénomène naturel. Les inscriptions ont révélé un Zeus-Foudre et un Zeus-Lumière. *Comptes rendus de l'Acad. des inscript. et belles-lettres*, séance du 21 avril 1876

De sérieux indices, sinon des preuves, peuvent encore autoriser ces conjectures :

1° Le triglyphe recevait constamment dans la polychromie du temple la couleur bleue, qui est celle des eaux. On s'accorde pour attribuer à une altération de cette couleur les rares exceptions à cette règle que l'on rencontre sur les monuments. Au reste, la cire bleue que Vitruve applique sur les triglyphes en bois est une confirmation de ce fait.

2° Ce même auteur établit la prescription suivante au sujet des ornements du larmier « ... Le reste de l'espace, qui est plus grand au-dessus des métopes qu'au-dessus des triglyphes, doit rester sans ornement ou ne recevoir que des foudres[1]. » Il est probable que cette figuration était seulement peinte, car on ne l'a rencontrée dans aucun monument dorien.

Quoi qu'il en soit, cette prescription, que Vitruve avait probablement extraite des écrits des architectes grecs, prouve qu'en représentant le feu atmosphérique sous le larmier, les anciens considéraient celui-ci comme une expression de la voûte du ciel.

3° Cette hypothèse, qui justifie l'inclinaison de la face inférieure des mutules, imitation de la courbe céleste explique en outre le défaut de mutules sous les parties rampantes du fronton. La région sereine habitée par les dieux devait être nécessairement située au-dessus des nuées et des vents. Placés dans le fronton, les mutules, puisqu'ils figuraient les nuages, auraient présenté à l'esprit un contre-sens choquant[2].

---

1. Vitruve, IV, III, 6.
2. Il est à propos de remarquer que dans le cas de la superposition de deux ordres, dans l'intérieur du temple, l'ordre inférieur n'avait pas de frise et par conséquent pas de triglyphes.

LA COLONNE DORIQUE

* FIG * CXVIII *

4° Dans quelques très-anciens monuments, tels que celui de Pœstum que l'on appelle *la Basilique*[1], et dont la destination devait être civile, l'entablement est modifié et ne porte pas de triglyphes. Cet exemple ne suffit-il pas à montrer que les différences de destination exerçaient primitivement une influence sur ces formes, et qu'on ne les employait que là où elles avaient un caractère sacré?

5° Que les triglyphes aient eu à l'origine une signification hiératique, on en a la preuve dans ce fait : que, par la difficulté qu'en présentait la distribution ainsi que celles des métopes, ils causaient une gêne considérable à l'artiste. Vitruve signale ces inconvénients, et nomme des architectes grecs qui s'en plaignaient dans leurs écrits[2]. Ceux-ci ne parvinrent que tardivement à repousser l'emploi des triglyphes; ne l'auraient-ils pas fait plus tôt s'ils n'avaient été arrêtés par des exigences religieuses?

On peut élever une objection contre ces conjectures. Les triglyphes se montrent sur les tombeaux. Je ferai remarquer que les monuments funéraires sur lesquels on les rencontre ne remontent pas à une haute antiquité, et que, dans la plupart des cas, ils portent, comme le tombeau de Théron à Agrigente, des traces manifestes de l'influence asiatique.

Ensuite, nous ne savons pas jusqu'à quel point le triglyphe mythique était ou n'était pas compatible avec les idées des Grecs sur la mort. Puis enfin, cette forme, si ancienne dans l'Hellade, perdit à une certaine époque toute valeur représentative. En Italie, on la rencontre sur des soubassements. Des formes détournées d'une signifi-

---

1. Delagardette, *les Ruines de Pœstum*.
2. Vitruve, IV, III, 1.

cation première ne sont pas, d'ailleurs, des exemples très-rares dans l'architecture antique.

En appréciant ainsi l'entablement et le fronton du temple, notre intention a été d'ouvrir une voie à la découverte de l'origine de ces formes, plutôt que d'en présenter une explication complète. Nous croyons que le principe en est contenu dans l'ordre d'idées que nous avons indiqué, et qu'il se manifeste à la manière de ces vérités dont parle Pascal, qui sont certaines, sans être pour cela géométriquement convaincantes.

Les colonnes égyptiennes de la déesse Hator nous ont montré déjà des caractères motivés par des exigences purement religieuses. Pourquoi n'accorderait-on pas aux anciens Grecs d'avoir imprimé à leurs temples une expression de même nature, mais en rapport avec leur culte et leurs croyances?

Quoi de plus naturel!

Cette cause puissante, dont on a méconnu jusqu'ici l'action dans le temple dorien, exerce, lorsqu'elle se manifeste, une influence immédiate; plus encore que les exigences plastiques et constructives, elle détermine les formes, les règle et les subordonne les unes aux autres.

Sans doute, un grand nombre d'autres causes ont exercé aussi une influence sur le temple; nous en avons signalé plusieurs. Il ne saurait entrer dans notre pensée de les rechercher toutes; la nature de beaucoup d'entre elles les exclut du cadre de cette étude.

Mais ce que nous avons dit suffit à montrer non-seulement le danger, mais l'impossibilité d'expliquer les formes doriennes à l'aide d'un seul système, d'un seul principe, quel qu'en soit le point de départ.

Et ce qui est vrai pour l'architecture grecque l'est

également pour toutes les œuvres d'art : elles sont le produit de causes multiples, toujours vivantes, qui sont employées, ou restent inutilisées suivant la faculté que possèdent les peuples de comprendre et de saisir la beauté[1].

1. Nous avons omis de signaler la raison pour laquelle la plupart des figures consacrées à l'art hellénique dans ce volume ne portent pas l'indication de la construction : les joints : les Grecs les dissimulaient soigneusement sous un léger enduit. Les temples d'une haute antiquité accusaient le caractère monolithique que l'on peut remarquer dans la figure 118.

III

LE TEMPLE ET LA COLONNE IONIQUES

III

LE TEMPLE ET LA COLONNE IONIQUES

I

Le temple proto-ionique. — Période de transition. — La formation définitive[1] du temple ionique est postérieure à celle du temple dorique. — Preuves de l'existence du temple proto-ionique.

Les temples ioniques et doriques accusent les mêmes dispositions générales; ils ne diffèrent que par les formes des éléments secondaires.

Ce que nous avons dit précédemment de l'état des sanctuaires helléniques antérieurs au VIIe siècle s'applique à plus forte raison aux temples de l'Asie Mineure. Lorsque les Ioniens prirent possession de cette contrée, ils y introduisirent, sans doute, quelques formes particulières : à coup sûr ils en trouvèrent un grand nombre qui provenaient de la haute Asie, et qui par ce chemin avaient pénétré dans l'Hellade dès l'âge héroïque.

Ils eurent donc des temples métalliques, des temples-cavernes, des temples en bois, des temples mixtes et des temples lapidaires, plus riches de formes orientales que ne l'étaient ceux de l'Attique et du Péloponèse.

Avant le viie siècle ils possédaient, entre autres types columnaires, deux supports dont les fûts grêles et les entre-colonnements espacés accusent clairement l'origine. Le premier de ces types est la colonne à chapiteau rectangulaire pourvu de volutes, comme les supports de Ninive et de Ptérium.

Le second type que nous avons rencontré déjà dans l'Hellade diffère du premier par le chapiteau circulaire et simplement ornemental.

Ils connaissaient une des formes de l'architecture funéraire de la Lycie et de celle de la Phrygie, le fronton. Nous en avons constaté le caractère symbolique sur les bas-reliefs de Pterium. Ce couronnement devait se montrer dans les habitations en bois de ces contrées, tel qu'il se montre encore de nos jours.

Comme les Grecs occidentaux, les Ioniens adaptèrent, dans de nombreux essais, ces formes à leurs temples. Et ce fut seulement, selon toute probabilité, lorsque le caractère national du temple dorien s'accusa nettement, qu'ils songèrent à introduire dans les édifices sacrés une caractéristique exclusivement ionienne.

Ils ne pouvaient modifier la colonne à chapiteau circulaire, plus qu'on ne l'avait fait dans l'Hellade.

Il restait donc la colonne à couronnement rectangulaire, répandue depuis longtemps dans leur région ; les gracieuses volutes qui en ornaient le chapiteau suffisaient de reste à la faire adopter par des Ioniens.

L'étude des monuments de l'Orient nous a montré que les couronnements des édicules de l'Assyrie, des tombeaux de la Perse, et ceux de l'architecture locale Lycienne, ne se composaient pas de trois membres comme l'entablement grec; mais qu'ils étaient *architravés,* c'est-à-dire privés de frise et formés d'un épistyle sur lequel

LA COLONNE IONIQUE.

reposaient des modillons de grande dimension, imitation exacte de l'extrémité des solives d'un plafond ligneux.

Cette particularité se retrouve sur les tombeaux ioniques, en forme de temples, de la Lycie. Il est extrêmement probable que ces monuments, quoiqu'ils ne datent que des IVe et Ve siècles (F. CXIX), reproduisent des dispositions antérieurement usitées :

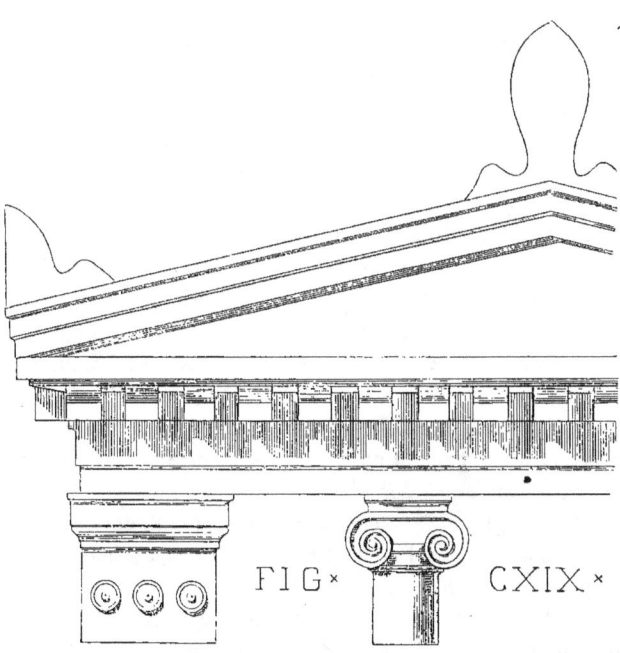

Ce fut au moyen de ces formes élémentaires, et après de nombreuses tentatives, que les Ioniens composèrent le temple destiné à rivaliser avec le sanctuaire hellénique proprement dit.

Aucun exemple de ces temples d'Asie ne révèle une haute époque : à défaut de ruines, quelques indices permettent de reconstituer dans une certaine mesure la formation ionique.

La création de cet ordre dut suivre une marche parallèle à celle de l'ordre dorique. Comme pour celui-ci, la fixation canonique fut précédée d'une longue période, pendant laquelle il se montra pourvu des principales dispositions, mais sans proportions établies. Nous appellerons *Proto-Ioniques* les temples qui appartenaient à cette période.

Les essais tentés dans une voie un peu différente, et dont on trouve les traces dans les monuments postérieurs de la Sicile, de l'Asie Mineure, de la Cyrénaïque et même de la Judée[1], durent exercer une influence décisive sur le temple des Ioniens, et en amener la fixation définitive. Ces essais furent peut-être antérieurs à l'époque à laquelle le sanctuaire dorique prit la puissante ampleur des monuments de l'Égypte, ou, plus probablement encore, ils furent une conséquence de ce développement.

Le but était d'adapter la colonne à volutes au temple dorien : dans l'accomplissement de cette tâche on se heurta forcément à des obstacles sans nombre.

La maigreur de la colonne orientale s'alliait mal avec les proportions de l'entablement dorique, avec les triglyphes et les mutules (F. CXX).

Si l'on tentait de proportionner le support au couronnement, le premier s'alourdissait et perdait toute grâce. Les volutes, ou plutôt les côtés de celle-ci, produisaient un effet désagréable sur les faces latérales de l'édifice, et

---

1. V. Hittorf, *Archit. antiq. de la Sicile*. — Pacho, *Voyage dans la Cyrénaïque*. — De Saulcy, *Voyage autour de la mer Morte*.

ajoutaient à l'embarras causé par la distribution des triglyphes.

On prit alors le parti de réduire l'entablement, et de le mettre en harmonie avec la colonne; mais ainsi diminués, les triglyphes et les mutules perdaient toute valeur plastique.

Un certain nombre d'édifices des contrées que nous avons cités reproduisent tous ces tâtonnements, toutes ces hésitations[1].

Ces différentes tentatives avaient préparé d'une manière suffisante la solution cherchée; on ne tarda pas à la rencontrer.

On conserva la sveltesse de la colonne, mais on établit des rapports exacts entre celle-ci et l'entablement, et l'on supprima les triglyphes et les mutules, incompatibles avec les nouvelles proportions.

Puis, comme ces suppressions appauvrissaient le cou-

1. Les édicules des vases grecs montrent quelques traces de ces essais.

ronnement du temple, on reprit l'ancien motif des modillons, et ceux-ci se transformèrent bien vite en d'élégants denticules. Le principal caractère de l'entablement résulta alors de la frise, lisse ou chargée de bas-reliefs qui se développaient, suivant le mode asiatique, sur de longues surfaces ininterrompues. De cette manière, on respecta les trois membres de l'entablement.

On trouva enfin la solution du chapiteau d'angle à double volute, et les formes canoniques de l'ordre national des Ioniens furent fixées.

L'existence de l'Ἀνθέμιον dorique sur les antes des tombeaux prostyles de l'Asie Mineure est probablement le dernier vestige des tâtonnements qui marquèrent cette période.

La probabilité de ces divers états du temple s'appuie en outre sur plusieurs passages des auteurs anciens.

Suivant la tradition acceptée par Vitruve, la colonne ionique se montra postérieurement à la colonne dorienne, dans l'Asie Mineure et non dans l'Hellade. Cet auteur ne fixe aucune date à cet événement, il indique seulement que ce fut dans un temple de Diane[2]. Pline précise davantage, il dit que l'ordre ionique fut appliqué pour la première fois à Éphèse, dans le temple de Diane, « avant l'incendie ». Enfin, dans un autre passage de son livre, Vitruve cite le traité sur l'ordre ionique de Khersiphron et Métagènes, architectes de cet édifice.

Le temple d'Éphèse fut brûlé par Érostrate en l'an 356 avant notre ère. Il n'avait été terminé que soixante-quinze ans auparavant. Ce fut dans la quarante-cinquième

---

1. Vitr., IV, 1, 7.
2. Plin., XXXVI, 56, 2.

olympiade (600-597) que l'on commença à préparer le sol du temple, dont la construction a été seulement commencée dans la cinquantième olympiade (580-577).

On peut donc attribuer le traité de Khersiphron, de Gnosse, au milieu du vi[e] siècle.

Ces dates sont précieuses; elles prouvent d'une manière certaine ce que nous avons soupçonné précédemment : que le temple ionique ne reçut des formes immuables qu'un peu postérieurement à la dernière formation du temple dorique dont il ne fut qu'un reflet. M. Beulé a montré que c'était bien ainsi qu'il fallait interpréter la pensée de Vitruve.

Les architectes grecs, dont ce dernier auteur et Pline ne sont que les échos, plaçaient avec juste raison en Asie Mineure le berceau de la colonne ionienne; nous avons vu qu'elle s'y montrait depuis les époques les plus éloignées. Lorsqu'ils en fixaient la date de l'*invention,* ils l'entendaient donc des proportions canoniques, particulièrement de celles de l'entablement, celui-ci n'étant pour les anciens qu'un ornement de la colonne. La date même qu'ils donnent à cet événement implique de toute nécessité, ainsi que nous allons le prouver, la première formation de l'ordre que nous avons décrite.

Pausanias appelle ionique l'une des salles métalliques du trésor de Myron, édifice élevé dans l'Hellade plus d'un siècle avant la fondation du deuxième temple d'Éphèse.

Or les formes canoniques de l'ordre n'étaient pas fixées à cette époque, Pausanias ne put postérieurement déterminer le style de cette salle que parce qu'il y rencontra la caractéristique ionique invariable, le chapiteau à volutes. L'entablement que portaient ces supports ne pouvaient être en effet, celui que Khersiphron n'avait pas encore inventé. Pausanias affirme donc implicitement l'existence d'un ordre proto-ionique[1].

1. V. dans le man. de l'*Histoire de l'Archit.* de D. Ramée, plusieurs particularités intéressantes sur les ord. grecs, I, 468 et suiv.

II

Origine orientale de la colonne ionique. — Principes des chapiteaux circulaires et rectangulaires appliqués dans le couronnement. — Particularités.

C'est sous le rapport des proportions définitives que le *temple* asiatique est postérieur au *temple* dorien. Quant à la colonne, il est superflu, après ce que nous avons dit dans la première partie de ce volume, d'insister sur ce point, que l'origine en est orientale; les dispositions que nous allons analyser le prouveront d'ailleurs surabondamment. Il est évident que l'Asie Mineure recevait avant l'Hellade les formes de la haute Asie. Par conséquent on peut attribuer à la colonne ionique une ancienneté au moins aussi grande que celle de la colonne à chapiteau circulaire de Mykênæ.

Le principe asiatique de la colonne ionienne est le cône surmonté d'un parallélipipède. La forme est élancée, et l'amoindrissement progressif du diamètre est beaucoup moins considérable que dans la colonne dorique. Comme dans celle-ci, le fût est strié, mais de cette cannelure particulière dont la stèle de Ninive et une ancienne colonne d'Agrigente nous ont offert des exemples. Ce n'est qu'exceptionnellement, et dans de très-anciens monuments, qu'il est lisse.

La colonne repose toujours sur une base circulaire; la volute est inhérente au chapiteau (F. CXXI).

Tous ces caractères appartiennent à l'Orient.

Nous avons étudié à Persépolis les conditions de la

jonction du chapiteau rectangulaire avec le fût conique, et nous avons montré les efforts infructueux tentés pour la rendre satisfaisante.

C'est ce problème qu'ont résolu les Ioniens.

En combinant le principe de la colonne à chapiteau rectangulaire avec celui de la colonne à chapiteau circulaire, ils ont opéré cette jonction d'une manière savante, et parfaite au point de vue plastique[1].

FIG * CXXI×A×

Le départ du chapiteau ionique s'opère, en effet, au moyen de l'échine dorique. La principale difficulté de la transition se trouve ainsi vaincue. Sur la face supérieure de l'échine repose le plateau rectangulaire à volutes, qui l'accompagne, la recouvre, et la couronne merveilleusement (F. CXXIX).

Cette transition n'a pas paru, cependant, toujours suffisante à l'architecte. Dans l'Attique, il l'a préparée soi-

---

1. Le chapiteau babylonien, représenté fig. 58, montre le principe de cette disposition; quoiqu'il ne porte pas d'échine proprement dite.

LA COLONNE IONIQUE

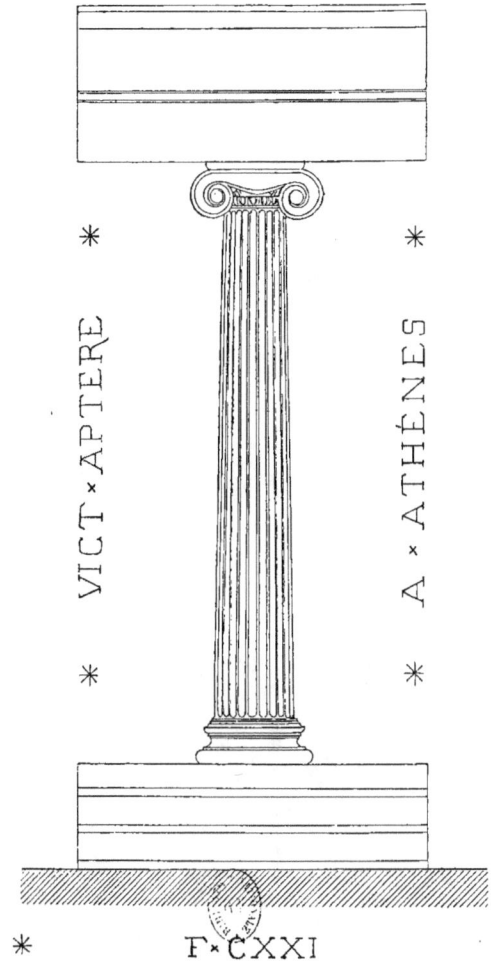

VICT·APTERE
A·ATHÈNES
F·CXXI

gneusement au moyen du *gorgerin*, qui fait du chapiteau de l'Erechthéum le type le plus élevé de l'ordre (F. CXXI. A.). On rencontre également des exemples de cette disposition en Phénicie, et en Asie Mineure, dans le théâtre de Patare, édifice du IIᵉ siècle de notre ère.

Quoique bien éloignée de la simplicité dorienne, la composition du chapiteau ionien est admirable. Malgré les pénétrations des volutes avec l'échine, quoique les oves de celle-ci disparaissent en partie sous les coussinets de celles-là, les formes générales de ce couronnement sont d'une grâce charmante et remplie de richesse.

C'est donc en s'assimilant des éléments étrangers et en les modifiant profondément, comme ils le firent pour la colonne dorique, que les Grecs ont créé un second ordre d'architecture, empreint de la délicatesse la plus exquise.

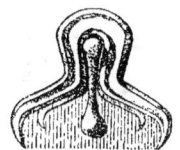

III

La colonne de Samos. — Les quatre types de la volute ionique se montrent dans les chapiteaux de l'Assyrie, de l'Iran, de la Ptérie et de la Phénicie. — Les deux dispositions du chapiteau ionique.

Le plus ancien fragment de colonne ionique se trouve dans l'île de Samos.

Il repose sur une base à cannelures horizontales (F. CXXII), d'un profil semblable à celui de certaines

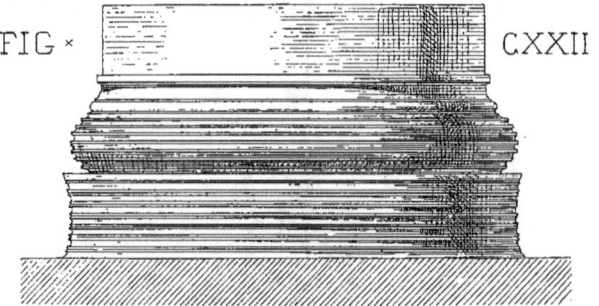

FIG. CXXII

bases d'Ecbatane. Le fût svelte est lisse, comme celui des colonnes de l'Assyrie. Il diffère cependant de celles-ci par les nombreux tambours qui le composent. La hauteur de la colonne devait être d'un peu plus de huit diamètres, l'entablement comprenait trois diamètres[1] (F. CXXIII).

[1]. Choiseul-Gouffier, *Voyage dans l'empire ottoman*, d'après les relevés de Foucherot.

Ces proportions sont bien éloignées de celles des colonnes doriques du vi[e] siècle.

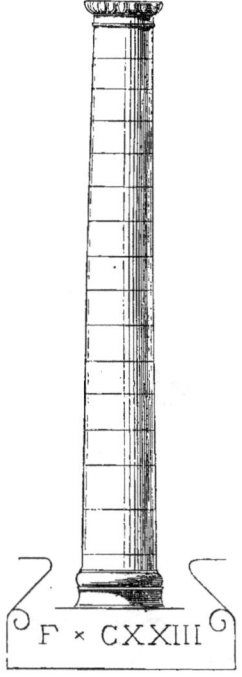

Une partie seulement du chapiteau de ce support a été trouvée sur le sol; on y constate des particularités extrêmement curieuses. Un astragale, un gorgerin et une échine formée par des oves en sont les membres : ces trois formes sont comprises dans un tambour. La partie supérieure de ce couronnement n'a pas été découverte, ce devait être une assise distincte. Les dessins de

Tournefort indiquent nettement cette particularité[1] (F. CXXIV). Ce chapiteau n'a pas été brisé; la partie inférieure, qui subsiste, présente un lit parfaitement dressé, et porte encore la trace du scellement qui la reliait à la partie supérieure.

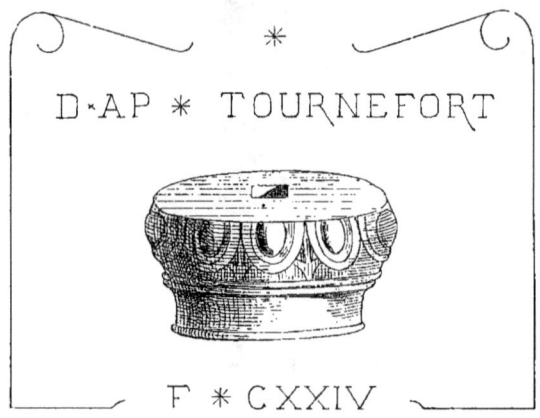

Mais nous l'avons dit déjà, dans tous les chapiteaux canoniques, les volutes et l'échine sont comprises dans une même assise, par la raison que les premières forment de chaque côté de la colonne une pénétration avec la seconde, et l'entament à un tel point que les oves disparaissent complétement sur les côtés (F. CXXV). Or, non-seulement dans le chapiteau de Samos la volute et l'échine forment deux membres constructifs? mais les oves se montrent intactes sur toute la périphérie de celle-ci.

Comment expliquer cette disposition?

Les dimensions du temple auquel appartient ce

---

1. Tournefort, *Voyage du Levant*, II, p. 123.

LA COLONNE IONIQUE

✳   ERECHTHEUM   ✳

✳   F ˟ CXXV   ✳

fragment se rapprochent assez de celles que devait avoir l'Heræum.

D'après Hérodote, ce monument aurait eu pour premier architecte Rhœkos[1]; la date de la fondation en serait donc la fin du vIII^e siècle[2]. Vitruve nous apprend d'autre part que le temple dédié à Héra était d'ordre dorique[3].

Incendié par les Perses, ce monument avait été reconstruit ou restauré, après la guerre de Kyros contre les Samiens, c'est-à-dire dans la seconde moitié du vI^e siècle[4].

La colonne de Samos appartiendrait-elle au temple de Rhœkos? Quoique cette conjecture soit peu probable, il importe de remarquer que l'abaque quadrangulaire est la forme qui s'adapterait le mieux à la partie inférieure du chapiteau. Nous aurions ainsi un exemple de la colonne proto-dorique qui répondrait assez exactement à l'idée que nous en avons donnée.

La supposition qu'elle appartient au second temple, entièrement reconstruit suivant le mode ionique, explique moins bien ce chapiteau. Une restitution rencontre dans ce cas quelques difficultés.

Si l'on suppose le tambour qui terminait le chapiteau, formé par une assise lapidaire portant les volutes canoniques, on est forcé d'admettre qu'il présentait la singulière disposition indiquée par la F. CXXVI. Aucun chapiteau antique ne montre un appareil aussi bizarre,

---

1. Hérodote, III, p. 60.
2. Sur cette date, voy. Littré, trad. de Pline, II, notes, p. 587. — De Clarac, man. de l'*Histoire de l'art*, II, p. 492. — M. Beulé place cet artiste au commencement du vI^e siècle.
3. Vitr., VII. *Præf.*, 12, cite le traité de Théodore, fils de Rhœkos.
4. V. Louis Lacroix, *les Iles de la Grèce*. (*Univ. pitt.*), p. 208-258.

une coupe aussi déraisonnable. Seules, les murailles **pélasgiques** offrent de ces décrochements.

Cette particularité s'expliquerait davantage par l'emploi du métal, qui peut se prêter sans inconvénient à de telles dispositions.

On peut supposer encore que l'échine du chapiteau était surmontée d'un abaque, sur la face rectangulaire duquel se dessinaient des volutes complétement indépendantes de l'échine. Les chapiteaux de quelques tombeaux de la Lycie et de la Cyrénaïque, ainsi qu'un chapiteau du musée d'Athènes, rendent cette conjecture vraisemblable. Mais, dans tous les cas, quelle que soit la supposition à laquelle on s'arrête, on est obligé, en admettant les formes ioniques, de reconnaître dans les colonnes de Samos un type très-différent de celui qu'avait *inventé* Khersiphron et très-probablement antérieur à la construction du temple d'Éphèse.

Même après la fixation des formes générales ioniques, les architectes grecs conservèrent une grande liberté dans la composition du chapiteau de la colonne.

Sur les plus anciens monuments de cet ordre, les volutes se rapportent à quatre types :

1° Elles sont reliées par une courbe fléchissante

(F. CXXVII). — Les chapiteaux du temple de la Victoire

Aptère, élevé pendant la première moitié du ve siècle,

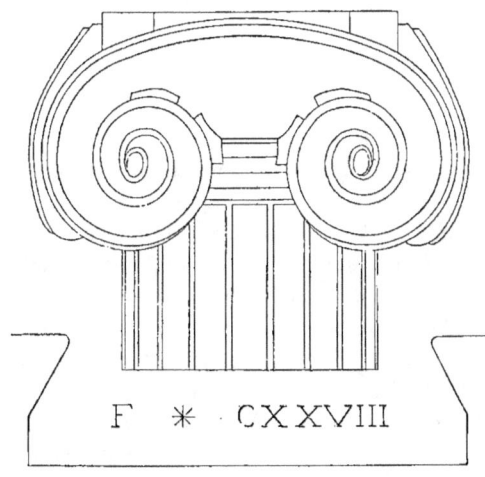

présentent cette disposition, que l'on rencontre également

en Asie Mineure, dans le temple d'Athéna, à Priène. Des fouilles récentes ont montré que tel était le mode d'union des volutes qui couronnaient les colonnes du dernier temple d'Éphèse. — C'est ainsi que sont représentés les chapiteaux des colonnes symboliques sur les cylindres babyloniens (F. LVIII);

2° Elles sont unies par une courbe surélevée (F. CXXVIII), comme dans les bas-reliefs de la Ptérie (F. LXXII). — Iktinos a appliqué cette forme de couronnement dans le temple d'Apollon Epikourios, à Phigalie. Cet édifice fut construit dans la deuxième année de la 87° Olympiade (431 ans avant notre ère);

3° Elles se raccordent au moyen d'une ligne horizontale (F. CXXIX), ainsi que dans les bas-reliefs de Ninive (F. XLIX). — C'était la disposition la plus ordinaire des chapiteaux de l'Asie Mineure. Le Didymœum de Milet, monument élevé postérieurement à la 71° olympiade (496-493), et le temple de Vénus Aphrodisias, dans la Carie, en offrent des exemples;

LA COLONNE IONIQUE. 273

4° Elles sont adossées et presque tangentes. — On en voit des exemples dans un grand nombre de tombeaux de l'Asie Mineure et dans les stèles représentées sur les vases grecs (F. CXXX); cette disposition était commune en Étrurie. Nous l'avons rencontrée déjà sur les

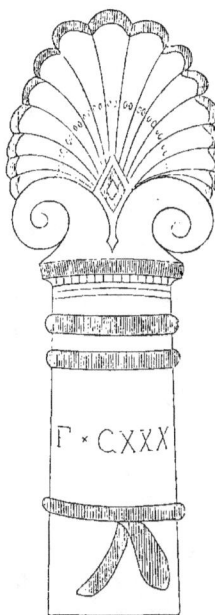

bas-reliefs de l'Assyrie (F. LXXXIV) et de Ptérium, et à Golgos, dans l'île de Chypre.

Considéré, non plus seulement sous le rapport de la face principale, mais sous celui de la forme générale, le chapiteau ionique offre deux dispositions :

Dans la première, la masse du couronnement est

rectangulaire, quoique l'abaque forme un carré parfait. Les volutes se montrent seulement sur les faces principale et postérieure, avec lesquelles les côtés n'ont aucun rapport de forme. Ceux-ci se composent élémentairement de deux cônes tronqués, opposés par le sommet, et placés sur un même axe horizontal. Vitruve donne aux faces latérales ainsi disposées le nom de *Pulvini* (F. CXXXI)

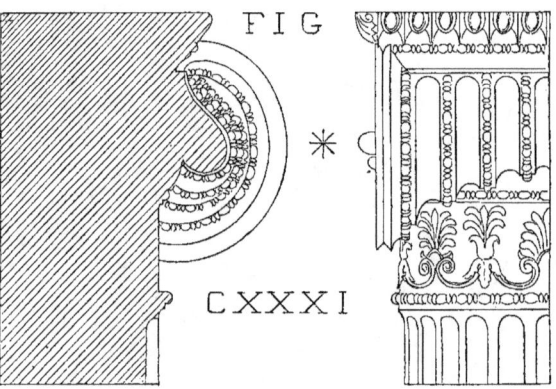

Quoiqu'il se rencontre dans l'Hellade, ce mode de liaison des volutes sur deux côtés du chapiteau semble avoir été particulièrement répandu en Asie Mineure. Il n'était modifié que pour le couronnement des colonnes angulaires, dont les volutes, développées suivant une courbe particulière, occupaient les deux faces extérieures (F. CXXXII).

Dans la seconde disposition donnée par les anciens au chapiteau ionique, le *plan* de celui-ci est un carré, et les volutes se montrent uniformément sur chacune des faces. Le temple d'Apóllon Epikourios, élevé par Iktinos,

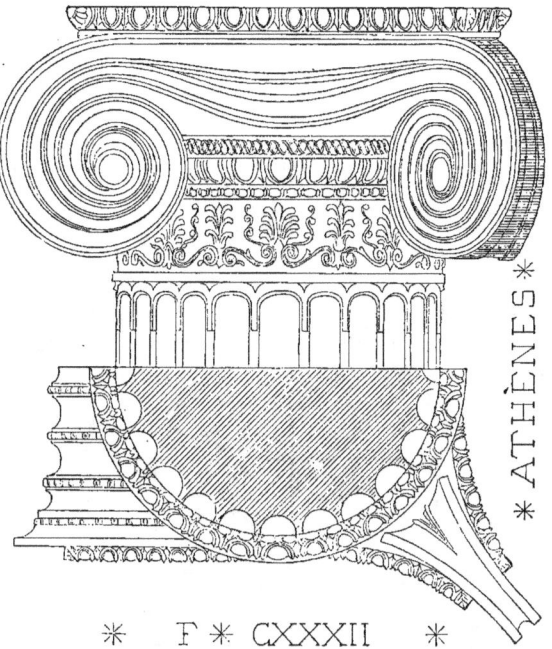

renferme un des plus anciens exemples de ce type de couronnement (F. CXXVIII)[1].

1. Voir au Musée du Louvre les colonnes de Palatitza.

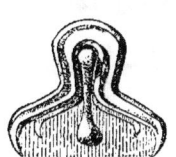

IV

L'ante ionique de l'Hellade. — L'ove. — Le principe n'en réside pas dans l'imitation des formes naturelles. — Elle reproduit une des formes particulières des arts secondaires. — Le principe des antes ioniques de l'Asie Mineure est celui des chapiteaux de l'Iran. — Explication de ce fait.

Aux caractères orientaux de l'ordre ionique que nous venons de décrire, on peut ajouter la base sur laquelle repose toujours la colonne; ce n'est plus un simple ornement, comme dans l'Asie, mais un membre du support (F. CXXXIII).

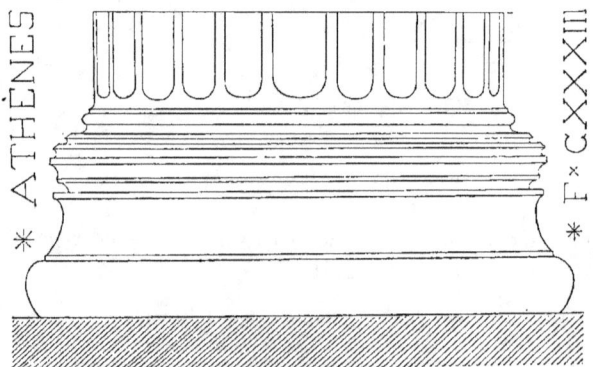

Les fûts de cet ordre pouvaient recevoir, concurremment avec les cannelures, une autre ornementation. Ainsi, sur les parties inférieures des colonnes d'Éphèse découvertes par M. Wood, se développent des représentations figurées (F. CXXXIII A). Déjà nous avons

LA COLONNE IONIQUE

constaté un mode d'ornementation tout particulier sur les fûts de Mykênæ (F. LXXIX).

Des caractères extrêmement curieux se manifestent dans les colonnes ioniques qui se rencontrent quelquefois dans le pronaos et le naos du temple dorique, comme subordonnées à ce mode architectural. Ils ne présentent pas cependant l'importance de ceux que nous allons étudier dans le chapiteau de l'ante, ou pilier angulaire ionique.

Dans l'Attique, l'architecte a distingué le chapiteau des piliers de celui des colonnes, en vertu d'un principe que nous avons énoncé déjà; il a composé le couronnement de l'ante d'une succession de moulures formant les unes sur les autres des saillies égales (F. CXXXIV).

FIG * CXXXIV

On n'y rencontre pas l'élément rostriforme qui divise si violemment le chapiteau du pilier dorien (F. XCVI). La succession et la riche ornementation des moulures qui se développent au sommet des pilastres ioniques contrastent heureusement par la monotonie des effets, avec l'expression du chapiteau de la colonne, aux surfaces accidentées et inégales.

Parmi les ornements que présentent l'entablement du temple et les chapiteaux des antes, on remarque l'ove.

Cette forme, ainsi que le prouvent les fragments découverts par M. Schliemann, appartenait à l'orfévrerie des Grecs d'Asie, probablement un grand nombre de siècles avant qu'ils eussent fixé les dispositions de leurs temples. On la trouve reproduite sur un grand nombre de chapiteaux d'origine asiatique avec la même fidélité que le sont les barrillets sur les chapiteaux de Sélinonte.

Cette similitude n'a rien de fortuit; nous avons montré quel était le mode de filiation des ornements dans notre étude sur l'ante dorique.

On a voulu voir pourtant dans les oves la reproduction de formes naturelles, la représentation des offrandes déposées sur l'autel. Cette conjecture est peu fondée. Lorsque les Grecs ont figuré des objets de cette nature, ils ont mis tous leurs soins à les placer en évidence de manière à forcer l'attention; ils les ont disposés de telle sorte qu'ils ne pussent être inaperçus.

C'est un effet tout contraire qu'ils ont cherché dans le cas présent. En usant à satiété des rangées d'oves indéfiniment répétées, ils n'ont eu évidemment pour but de n'appeler les regards sur aucun point particulier de ces longues lignes. Ils se sont simplement servis de ce motif ornemental pour créer des effets de lumière et d'ombre destinés à répandre sur certaines parties du temple une richesse plastique savamment mesurée.

Dans ces conditions, un motif quel qu'il soit perd toute valeur significative.

Lorsqu'ils ont jugé à propos de donner aux formes une expression plus haute que celle qu'elles peuvent recevoir des exigences plastiques, ils les ont séparées par des vides, comme ils l'ont fait pour les triglyphes et les mutules, et ont ainsi attiré la vue sur elles d'une manière assurée.

Les chapiteaux ioniques des antes de l'Asie Mineure sont formés d'après un type tout différent. Ils offrent, dans la plupart des cas, une richesse bien supérieure à celle des colonnes à l'ordonnance desquelles ils sont soumis. Les volutes y figurent; mais, contrairement à celles des colonnes, elles se développent dans un sens vertical et forment une sorte de cadre entourant une surface couverte de feuillages sculpturalement interprétés. Un mince abaque les recouvre (F. CXXXV)[1].

Le motif élémentaire de ce chapiteau est, ainsi que le montre la figure CXXXVI, le même que celui du cha-

1. Ante du temple de Minerve à Priène.

piteau à taureau bicéphale de Persépolis (F. CXXXVII). On peut aisément expliquer cette coïncidence.

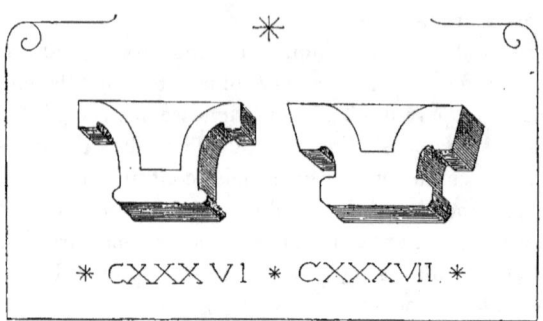

La jonction du plateau rectangulaire et évidé avec le fût de la colonne s'opérait d'une manière brutale à laquelle l'Iranien remédiait d'une manière imparfaite par le mode de transition qu'il employait. Lorsque les formes de ce couronnement, dont les ciseleurs de la Lydie se servirent de bonne heure, furent connues des Grecs, il ne fut certainement pas difficile à l'esprit clairvoyant de l'architecte de percevoir que, si elles s'assemblaient désagréablement avec les fûts coniques, elles avaient au contraire tout ce qu'il fallait pour se réunir heureusement au fût quadrangulaire, et cela à un tel point qu'aucune transition n'était nécessaire. Aussi un simple rang de perles a-t-il suffi pour séparer les deux membres du pilier.

Un fragment de colonne, découvert à Delphes par M. Foucart, peut faire conjecturer que les types columnaires de l'Asie pénétraient parfois dans l'Hellade sans avoir subi la moindre altération. On découvre dans ce fragment le caractère demi-monolithique qui lie les bases aux fûts dans les supports de l'Iran, les proportions, et jusqu'aux quarante-quatre cannelures des colonnes de Persépolis (F. CXXXVIII)[1].

F* CXXXVIII

Les formes orientales qui entrent dans la composition de l'ordre ionique, se manifestent donc de plus en plus à mesure que nous poursuivons cette étude[2].

[1]. *Archives des Miss. scient.,* IIe série, II.
[2]. L'influence des arts partie!s s'accuse d'une manière certaine dans les membres de quelques colonnes ioniques ; sur les bases, des ornements nattés reproduisent exactement des motifs empruntés de ce que nous appelons la *passementerie*.

V

Influence du systeme de la construction ligneuse sur le temple ionique. — Le Modillon. — L'influence de la construction ligneuse se manifeste dans les proportions et non dans les formes ioniques.

La manière dont s'est constitué l'ordre ionique détermine exactement l'action que le principe imitatif de la construction en bois a exercée sur les formes de ce type. Elle est indirecte dans le temple canonique, évidente et directe dans les temples dont les entablements portent des modillons. Nous tenons cet ornement pour un des signes les plus certains de l'imitation lapidaire des éléments ligneux.

Le tronc d'arbre offre, en effet, une section à peu près circulaire. Lorsqu'on l'équarrit pour le rendre propre à recevoir des assemblages, le carré parfait inscrit dans une circonférence détermine tout naturellement la forme la plus convenable à donner, celle qui ménage le mieux la matière ligneuse.

C'est cette forme qu'affectent les poteaux de l'Égypte, sous les premières dynasties, ceux des tombeaux asiatiques et ceux dont les cylindres babyloniens offrent des exemples. Les extrémités de ces éléments, également espacés et disposés en plafond, donnent avec une telle précision le motif des modillons lapidaires de l'Asie, qu'aucune méprise n'est possible sur ce point.

Sous le rapport des *formes,* l'imitation de la construction en bois est aussi peu sensible dans la colonne ionique

que dans la colonne dorique. Mais si l'on considère l'influence que le système ligneux a dû exercer sur les *proportions* de l'édifice lapidaire comme mode antérieur à celui-ci, on découvre aisément le principe des proportions de la colonne et de l'entre-colonnement ioniques.

L'étude des supports de l'Assyrie, de la Médie, de l'Iran et de la Judée prouve ce que nous avançons. Nous avons montré la colonne asiatique, dans l'emploi le plus général, supportant des architraves ligneuses, et nous avons constaté que la sveltesse des supports et la largeur considérable des entre-colonnements étaient motivées par ce mode constructif. Les colonnes n'avaient besoin, en effet, que d'un faible diamètre pour recevoir les poutres légères, et la portée considérable de celles-ci n'exigeait qu'un nombre restreint de points d'appui. Nous avons vu qu'antérieurement au viie siècle la structure d'un grand nombre de temples helléniques était ainsi composée. En Asie Mineure, ce système, dérivé de l'Assyrie, avait reçu des applications plus nombreuses encore.

On conçoit que lorsque les Ioniens voulurent un temple lapidaire comme celui des Grecs occidentaux, et qu'ils choisirent pour élément constitutif de cet édifice la colonne asiatique, ils ne purent malgré leurs efforts modifier que légèrement les proportions premières. Les formes mêmes de ce support, par les extensions latérales du couronnement, ne permettaient pas ces rapprochements parfois excessifs que l'on remarque dans les soutiens de certains temples doriques.

De plus, les proportions de cette colonne devaient avoir quelque chose de national pour les Ioniens, qui s'en servaient depuis longtemps. Toutes ces causes concoururent à conserver finalement à la colonne ionique des proportions sveltes.

Si l'on compare la plus ancienne colonne de cet ordre, celle de l'Hérœum de Samos, aux colonnes doriques du temple de Corinthe, il est impossible de ne pas être frappé de l'énorme différence qui existe entre les proportions (F. CXXXIX et CXL).

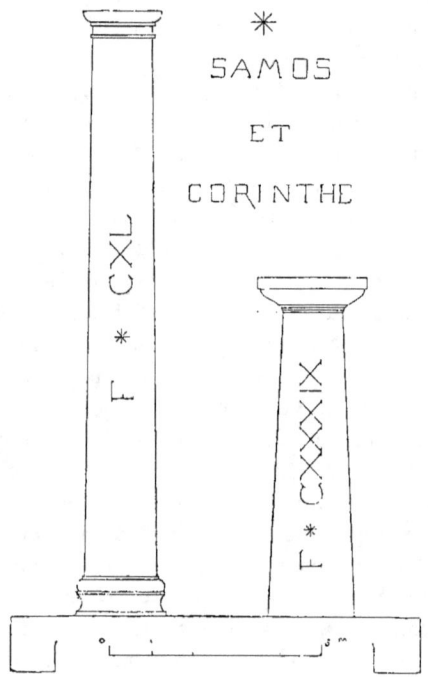

SAMOS ET CORINTHE

La colonne de Corinthe a moins de quatre diamètres de hauteur et celle de l'Hérœum en comprend plus de huit.

Ces chiffres seuls n'indiquent-ils pas que les modes dorique et ionique résultent des causes que nous avons reconnues? Les proportions de la colonne ionique sont le reflet de celles des supports orientaux, et c'est en cela seulement que l'on apprécie d'une manière certaine l'action de la construction ligneuse dans le temple des Grecs d'Asie.

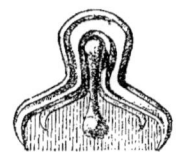

VI

Les nécessités de la construction n'ont exercé aucune action sur le développement canonique du temple ionien. — Les volutes du chapiteau ionique ne résultent pas de l'imitation des formes naturelles. — Filiation de ces formes.

Un certain nombre d'exemples montrent des chapiteaux ioniques composés d'une maigre échine, recouverte par un abaque dont les côtés forment des demi-cylindres. Sur les faces planes étaient peintes des volutes, ou plutôt des enroulements (F. CXLI)[1].

On pourrait voir dans cette disposition une nécessité constructive déterminant le principe d'une forme, si cet épais plateau n'était arrondi et surmonté d'une mince table dont la largeur n'excède que faiblement celle du diamètre de la colonne.

Dans ces conditions, l'ampleur du couronnement reste sans emploi dans la construction.

Cette particularité s'accuse davantage dans les formes définitives du chapiteau, quel que soit le type auquel elles se rapportent. Non-seulement les volutes ne remplissent aucune fonction constructive, mais elles sont absolument impropres à porter quoi que ce soit.

Les évidements de la partie inférieure des coussinets ne permettent même pas de reconnaître la forme élémentaire du plateau. Les gracieuses surfaces, aux contours élastiques, dont la finesse paraît excessive même

---

[1]. Ch. Texier, *Asie M.* (*Univ. pitt.*), pl. 11.

pour le marbre, éloignent jusqu'à l'idée d'une fonction matérielle. Enfin, le peu de hauteur de l'abaque qui couronne les chapiteaux et les ornements répandus sur les faces verticales rendent à peu près impossible l'apposition directe de l'architrave sur la surface supérieure.

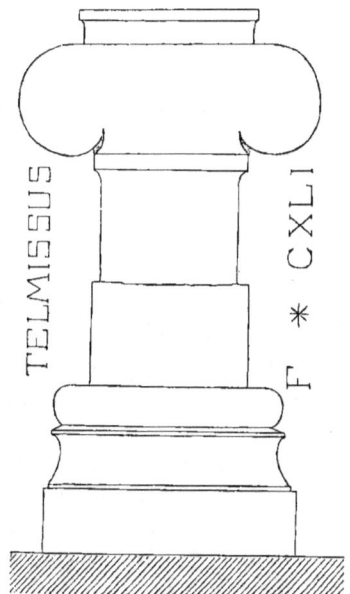

L'architecte a même presque toujours été forcé, pour éviter l'écrasement certain de la partie extrême du chapiteau, de recourir à l'abaque intercalaire, et pour ainsi dire invisible, que nous avons accidentellement rencontré dans les anciens temples d'Agrigente et de Sélinonte (F. CXXVII).

Ainsi, bien différent du chapiteau dorique, qui porte d'une manière effective, le chapiteau ionique est simplement ornemental, et les formes en ont été disposées en vue de toute autre exigence que celles de la construction.

On ne rencontre, au reste, dans aucune partie principale du temple, des traces caractéristiques de ces exigences.

Le fronton offre cette particularité remarquable, que, dans les corniches rampantes, les modillons ou les denticules de la corniche de l'édifice ne se montrent jamais.

N'est-ce pas une nouvelle preuve que les anciens attribuaient au sommet du temple une valeur fort différente de celle de l'entablement? Ce caractère, pour ainsi dire isolé dans le temple ionique, et ne se liant pas, comme dans le monument dorien, à tout un ensemble symbolique, confirme la filiation du temple des Grecs d'Asie et montre que cet édifice n'est qu'un reflet affaibli du premier.

On a donné aux volutes du chapiteau ionique des origines diverses, à peu près exclusivement cherchées dans l'imitation des formes naturelles. Successivement on a cru les trouver dans le serpent enroulé sur soi, dans les cornes des béliers sacrifiés, dans des coquillages communs sur les bords de la Méditerranée.

Une origine funéraire a été imaginée aussi : on a supposé qu'elles représentaient le suaire incombustible qui enveloppait les cadavres placés sur le bûcher.

Nous reconnaissons qu'entre toutes les formes naturelles, certaines *ammonites* fossiles offrent avec une complète précision la forme de la volute. Mais nous ne croyons pourtant pas que les Ioniens aient jamais cherché dans les profondeurs terrestres le motif du chapiteau de leur ordre.

Les volutes, dans les monuments de la haute Asie antérieurs au vi⁰ siècle, n'ont qu'une valeur linéaire dépourvue de signification. Il est impossible de reconnaître un caractère différent à celles de l'Hellade.

Les Grecs d'Asie ont appliqué cette forme telle que l'Assyrie la leur a donnée : ils n'ont donc pas eu besoin de la chercher dans la nature. Les Hellènes, du reste, ne comprenaient pas de cette manière l'imitation *architecturale* des objets; les triglyphes du temple dorien nous l'ont montré. C'est seulement au temps de la décadence romaine que l'on observe des imitations serviles de la nature, dans les éléments des édifices.

Le coup d'œil que nous avons précédemment jeté sur les arts somptuaires de l'Orient nous a découvert les principes de ces formes; la variété que présentent les chapiteaux ioniques justifie singulièrement notre manière de voir.

Nous avons reconnu quatre dispositions dans les couronnements ioniques; les plasticiens de l'Orient, qui imprimaient la forme de la volute à l'argile et au métal dans des applications extrêmement étendues, avaient épuisé toutes les combinaisons linéaires possibles, et il en était résulté un certain nombre de types secondaires.

Or ces types, se retrouvant sur les plus anciens monuments de l'Ionie, excluent nécessairement l'imitation d'un motif unique. Ils prouvent d'autre part, d'une manière certaine, une transmission asiatique.

Quoique nous considérions le temple ionique uniquement au point de vue de l'origine, nous devons ajouter que les modifications imposées aux formes des éléments secondaires ont toujours été motivées par la recherche des expressions plastiques. Celles-ci seules expliquent l'énergique disposition des volutes dans les supports angulaires, et justifient une infraction aux lois de symétrie, qui a eu pour effet de donner à ces soutiens une fermeté impérieusement réclamée par les exigences de la vue.

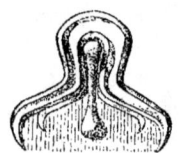

IV

LA COLONNE CORINTHIENNE

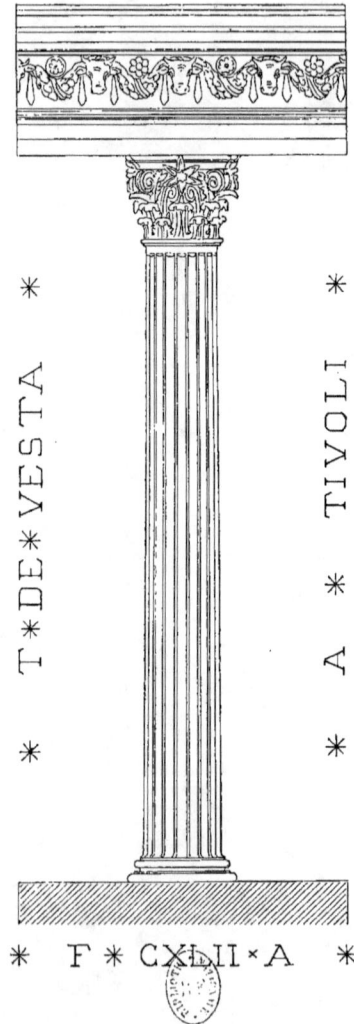

LA COLONNE CORINTHIENNE

T * DE * VESTA   A * TIVOLI

* F * CXLII * A *

IV

LA COLONNE CORINTHIENNE

I

Applications restreintes de cet ordre dans l'Hellade. — Principes de la colonne corinthienne.

Tardivement inventé, l'ordre corinthien fut loin de recevoir en Grèce un développement considérable. Il joua, relativement au mode ionique, le rôle que celui-ci remplissait quelquefois par rapport au mode dorique; c'est-à-dire, il entra dans la composition intérieure des temples. On voit même, au siècle de Périclès, les trois genres de colonnes simultanément employés dans un même édifice.

Les preuves de l'application restreinte de cet ordre dans l'Hellade sont évidentes. On n'a pas reconnu dans les monuments de cette contrée un seul chapiteau offrant d'une manière certaine le type corinthien canonique.

Aucune particularité ne paraît avoir distingué le temple corinthien des temples dorique et ionique. L'entablement fut en général celui de ce dernier ordre; les Romains ajoutèrent des modillons aux denticules qu'il portait déjà. Suivant Vitruve, la colonne corinthienne recevait également l'entablement dorique avec les triglyphes et les mutules[1]. Les exemples de cette disposition sont rares. Quelques tombeaux de l'Asie et le temple de la Paix, à Pœstum, donnent néanmoins un grand poids à l'assertion de l'architecte romain[2].

La colonne corinthienne se rapproche, par les proportions asiatiques, de la colonne ionique; elle n'en diffère que par le chapiteau. Nous avons vu déjà que ce membre de la colonne est l'élément caractéristique des deux premiers ordres.

Le principe de la colonne couronnée d'un kalathos est celui de deux cônes tronqués et opposés par les petites sections : nous en avons admiré les effets dans les supports du deuxième type de Karnak (F. CXLII. A).

La plus ancienne ordonnance corinthienne signalée par Pausanias décorait l'intérieur du sanctuaire d'Athéna Aléa, à Tégée, bâti par Skopas, postérieurement à la 96ᵉ olympiade (396 avant notre ère), tandis que celle de l'extérieur de ce temple était ionique[3].

Les colonnes corinthiennes dont parle cet auteur reposaient sur une ordonnance dorique.

Ce n'est pas le seul exemple qui prouve que la gradation conventionnelle des ordres, telle que l'ont comprise les architectes de la Renaissance, était inconnue des anciens.

On a découvert, au commencement de ce siècle, une colonne corinthienne d'une époque plus reculée, dans le temple d'Apollon Epikourios, près de Phigalie, construit par Iktinos avant la deuxième année de la 87ᵉ olympiade (431 avant notre ère).

1. Vitr., IV, 1, 2.
2. *Institut archéologique de Rome*, pl. II vol.
3. Pausan., VIII, 45.

LA COLONNE CORINTHIENNE

TOUR D'ANDRONIKOS

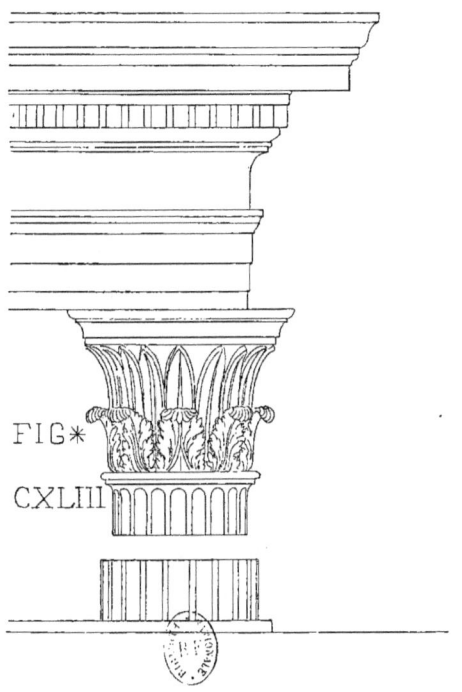

FIG. CXLIII

A ATHÈNES

II

Analyse des formes de la colonne corinthienne. — Le type proto-corinthien. — Motifs qui ont provoqué la création des hélices. — Les colonnes de Phigalie et du Didymæum. — Expansion des formes végétales. — La colonne du monument de Lysicrates.

On distingue plusieurs types corinthiens.

Le premier, et probablement le plus ancien, accuse la disposition purement campaniforme des couronnements de Karnak, modifiée par l'application de l'abaque quadrangulaire dorique, dont le périmètre inscrit les bords supérieurs du Kalathos.

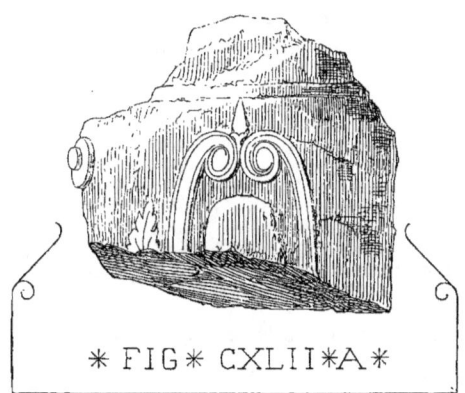

✳ FIG ✳ CXLII ✳ A ✳

La base de celui-ci est entourée d'un rang de feuilles d'acanthe, minces, pointues et peu élevées[1] (F. CXLII. B).

1. Blouet, *Expéd. de Morée*, III, pl. 21, pl. 82. I, pl. 36.

Des cannelures d'une forme particulière occupent la surface supérieure de la corbeille, sur laquelle aucune volute ne se dessine.

Ce type, que nous pouvons appeler Proto-Corinthien, se montre à l'état rudimentaire dans de très-anciens tombeaux de Théra. L'expédition scientifique du Péloponèse l'a reconnu dans un grand nombre de fragments d'âges divers, parmi lesquels nous signalons celui de Coron (F. CXLII)[1]. On le rencontre encore au milieu du IIe siècle avant notre ère dans le monument d'Andronikos, à Athènes, surmontant des colonnes dépourvues de bases (F. CXLIII).

Les Grecs ont appelé corinthiennes les colonnes ainsi couronnées, quoiqu'elles n'offrissent pas les formes canoniques.

Dans le second type se montre un élément nouveau qui modifie heureusement le caractère du chapiteau.

Cet élément ornemental est la volute.

Ce ne sont plus les enroulements ioniques reliés par des lignes horizontales; on ne rencontre que des tiges largement espacées, presque verticales, dont les extrémités se contournent en forme d'hélices et divisent en quatre parties égales la périphérie du Kalathos.

Il suffit de jeter les yeux sur la F. CXLIV pour reconnaître combien cette disposition transforme le type précédent.

Dans celui-ci, les quatre angles de l'abaque projettent une saillie considérable et inutilisée; cette particularité distingue également le robuste chapiteau dorique.

---

[1]. Blouet, *Expéd. de Morée*, I, pl. 17. Ce type se rencontre fréquemment dans les peintures antiques, particulièrement dans la maison du poëte tragique, à Pompéi; on le trouve aussi sur les vases grecs. V. *Revue archéolog.*, ann. 1875, Ier vol.

LA COLONNE CORINTHIENNE

D×APRÈS*A*BLOUET

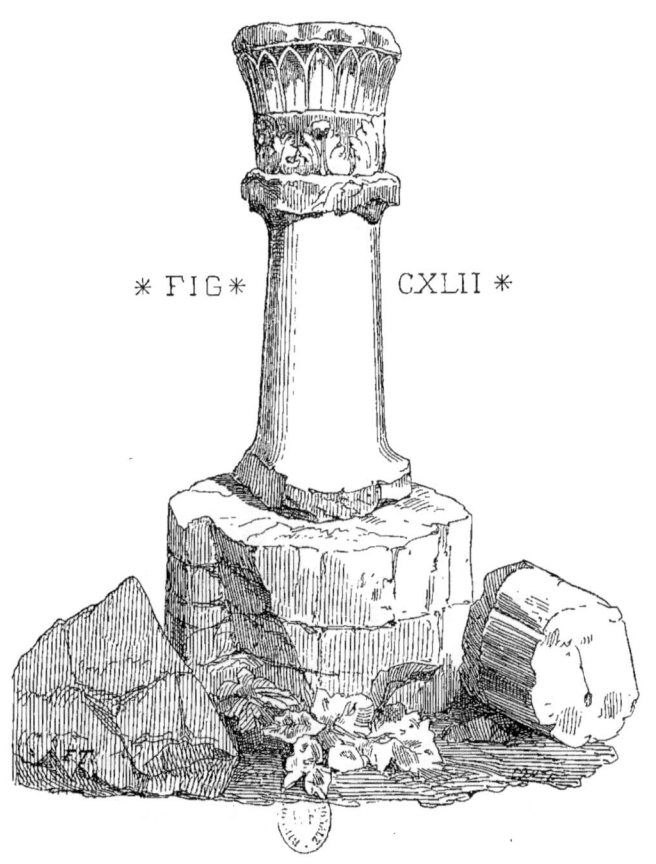

FIG CXLII*

Mais les proportions du chapiteau corinthien diffèrent au plus haut point de celles de ce dernier couronnement;

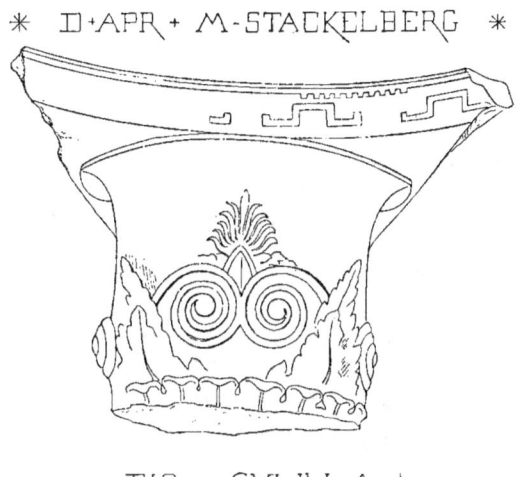

FIG. CXLIV. A — D'APR. M. STACKELBERG

il n'y a pas égalité de rapport entre les membres, la partie dominante, et de beaucoup, est le kalathos. C'est intentionnellement que l'abaque qui le surmonte a été privé d'épaisseur, sans cette précaution il aurait alourdi le chapiteau.

Les inconvénients et l'effet brutal des saillies angulaires, atténués dans l'abaque dorique par l'épaisseur qu'il présente, deviennent ici très-sensibles.

De là résulte la nécessité des enroulements, qui, appliqués avec une faible saillie sur la partie inférieure de la corbeille, se développent progressivement et se replient sous les angles de l'abaque qu'ils renforcent et semblent porter.

DEUXIÈME PARTIE.

C'est évidemment en vue de cette fonction toute plastique que les volutes furent créées dans le chapiteau corinthien.

Il reste trois exemples grecs de cette disposition :

Le premier est le chapiteau de la colonne intérieure du temple de Phigalie, élevée en l'an 431[1] (F. CXLIV).

La place particulière que ce support occupait dans l'édifice peut faire supposer qu'il appartenait à quelque sanctuaire antérieur et qu'on l'avait placé dans le temple d'Apollon Epikourios comme ces anciennes colonnes de bois dont parle Pausanias, qui se montraient parfois dans les monuments lapidaires.

L'état de ce fragment ne permet pas d'affirmations absolument précises au sujet des volutes. Elles paraissent

---

[1]. Blouet, *Expéd. de Morée*, II, pl. 14.

LA COLONNE CORINTHIENNE

* ASIE—MINEURE *

CHAP. DU TEMP.
D. APOLL. DIDYME.
F. CXLV

se détacher à peine du tambour du kalathos; des enroulements plus petits et affrontés les relient. Ceux-ci ne s'approchent pas de l'abaque, et supportent une palmette. Des rangées de très-petites feuilles, dont les axes sont alternés, se montrent à la base du kalathos et dissimulent la naissance des volutes. Ces différentes formes voilent peu la nudité de la corbeille.

Le second exemple appartient au Didymæum de Milet, reconstruit après la destruction de l'ancien temple, arrivée dans la 71ᵉ olympiade (496-493), suivant O. Müller (F. CXLV). M. Ch. Texier attribue cet édifice à l'époque d'Alexandre.

Ce chapiteau couronne les colonnes intérieures du pronaos du temple. Il présente des dispositions et des éléments semblables à ceux du chapiteau de Phigalie, mais combinés dans des proportions bien différentes[1]. Sous ce rapport, un changement capital s'est opéré; la surface nue du kalathos et les volutes ne sont plus des éléments principaux; les feuilles d'acanthe sont la partie importante du couronnement. Moins nombreuses que dans l'exemple précédent, elles accusent une ampleur extraordinaire et ne sont plus jointives. Un vide considérable les sépare, et laisse voir l'extrémité inférieure d'un second rang de hautes feuilles placées derrière les premières.

Toutes ces formes végétales, d'une extrême délicatesse, sont minces et refouillées par des nervures multipliées, découpées par des dentelures aiguës; elles se recourbent loin du kalathos dont elles se séparent même complétement, présentant dans les parties déta-

---

[1]. Wolff, *Aesthetik*, pl. XVIII.

chées des épaisseurs amincies jusqu'aux limites du possible.

Les volutes centrales ne remplissent plus qu'un rôle médiocre; ce sont de minces tiges, qui accompagnent, ou plutôt portent discrètement une palmette.

Procédant d'un mode sculptural différent, les volutes angulaires, loin de s'appliquer sur le tambour du chapiteau, s'en éloignent et présentent des évidements si profonds, qu'à certains points la matière est perforée. Elles sont supportées à leur tour par des feuilles élégantes qui en suivent et doublent le mouvement.

Le kalathos, entouré de ces ornements, reste à peine visible. L'abaque s'enrichit d'un rang d'oves et prend une forme singulière. Les faces sont disposées suivant un plan *curviligne* qui donne aux angles une extrême acuité. L'astragale sur laquelle reposent les feuilles est formée par des perles. Cet ensemble, d'une grâce et d'une finesse sans égale, n'offre aucune analogie avec le chapiteau égyptien.

Le troisième édifice dans lequel on rencontre l'ordre corinthien est le monument choragique de Lysicrates élevé dans les premières années de la CXI[e] olympiade (335-334) (F. CXLVI). En admettant pour la fondation du Didymæum une époque même un peu plus ancienne que celle d'Alexandre, et en tenant compte du temps que la construction dut exiger, on peut considérer l'ordre du monument de Lysicrates comme antérieur à celui du temple de Milet.

La plupart des caractères qu'accusent les chapiteaux de ce dernier édifice se montrent dans les couronnements de l'édicule athénien, mais les formes sont loin d'être identiques.

On retrouve cependant les petites feuilles des cou-

LA COLONNE CORINTHIENNE

F×CXLVI

ronnements de Coron et de Phigalie; caractère évident d'antiquité.

Les grandes feuilles qui les surmontent rappellent celles du Didymæum. Elles présentent seulement une maigreur plus grande, un amincissement plus exagéré.

Des fleurons, particularité unique dans les chapiteaux de cet ordre, sont placés à mi-hauteur, comme pour maintenir l'acanthe.

Ainsi que dans le chapiteau du Didymæum, des évidements nombreux caractérisent les hélices[1] angulaires avec lesquelles les petites hélices centrales présentent une certaine similitude de forme. Quoique celles-ci s'appliquent exactement sur le tambour du kalathos, on voit que l'artiste a cherché à établir une certaine harmonie entre ces éléments.

Contrairement à ce que nous ont montré les chapiteaux précédents, l'extrémité inférieure des volutes ne se dissimule plus derrière le feuillage; elle sort d'un ornement spécial, appelé *Caulicole*, petite tige. La direction n'est plus verticale, mais légèrement oblique, et rappelle le profil de la moulure à laquelle on a donné le nom de cymaise.

L'assemblage de ces volutes rend la surface de la corbeille de moins en moins visible.

L'abaque du chapiteau offre les formes curvilignes de celui du Didymæum, avec cette modification, que les angles retranchés ont donné naissance à de petites faces octogonales. Sur ce tailloir se détache une palmette.

Enfin aucun astragale ne se montre à la base du

---

1. Nous appelons indistinctement *hélices* les grandes et les petites volutes, parce que ces deux éléments ne se développent pas sur une surface plane. Vitruve donne ce nom particulièrement aux volutes centrales.

chapiteau; à cet endroit un creux indique qu'un cercle métallique avait dû primitivement y être disposé.

De tous les chapiteaux de l'architecture antique, aucun n'a une proportion aussi élancée, exagérée allions-nous dire. La hauteur comprend plus de deux diamètres.

Ainsi, peu à peu le kalathos tend à disparaître. Il n'est plus que le noyau du chapiteau autour duquel s'appliquent des ornements qui en dénaturent la forme, à peine perceptible dans le mouvement général d'une silhouette étrangement découpée.

Nous avons jusqu'ici analysé les deux premiers types du chapiteau corinthien sans nous préoccuper de la question d'origine, il est temps d'aborder ce sujet.

Commençons par examiner quelle était l'opinion des anciens; écoutons d'abord Vitruve.

III

Opinion de Vitruve touchant l'ordre corinthien. — Callimaque. — Particularité sur cet artiste. — Sa légende. — En quoi consiste son invention.

Dans une légende gracieuse et touchante, l'architecte romain raconte que le sculpteur Kallimaque rencontra sur une tombe le motif qu'il reproduisit dans ce couronnement.

Après la mort prématurée d'une jeune Corinthienne, ses jouets furent réunis dans une corbeille et placés par la nourrice sur la sépulture. Au printemps l'acanthe entoura la corbeille de feuilles nombreuses; mais celles-ci, « rencontrant une résistance qui les comprimait dans les angles d'une tuile qui recouvrait cette corbeille, furent forcées de se replier en forme de volutes [1] ». Nous verrons bientôt que ces derniers mots ont une importance capitale.

Il est impossible de ne pas remarquer combien ceci ressemble peu à tout ce que dit Vitruve au sujet des premiers ordres. Il ne remonte plus, comme pour la colonne dorique, aux héros mythiques. Ce n'est plus une époque vaguement indiquée, comme pour la colonne ionique. Nous sommes ici en pleine histoire, le nom de l'inventeur est livré; c'est un contemporain de Phidias. Des ornements de la légende se dégage une date.

Le héros de Vitruve est cité par Pline.

Sur l'interprétation douteuse d'un passage de ce der-

---

1. Vitr., IV, I, 9.

nier auteur, quelques antiquaires ont assigné à l'existence de Kallimaque des dates très-différentes. D'autres ont supposé que ce nom appartenait à deux artistes.

On est maintenant à peu près d'accord pour reconnaître un seul Kallimaque qui florissait vers la LXXXVe olympiade (440-437) selon Ot. Müller[1], ou vers l'an 416 suivant M. de Clarac[2].

Le surnom sous lequel Vitruve et Pline nous apprennent qu'il était connu, a également été l'objet de nombreuses controverses; mal transcrit par les copistes, ce nom nous est parvenu sous différentes formes. On l'a lu Κατάτεχνος, *faisant tout avec art.* Κακιζότεχνος, *ennemi de l'art, celui qui blâme l'art,* et enfin Κατατηξίτεχνος, *celui qui affaiblit l'art par trop de minuties*[3].

Pausanias et Pline font connaître que Kallimaque était peintre, statuaire, ciseleur et architecte. Il éleva des monuments à Corinthe, ville célèbre par ses fondeurs et où la toreutique avait pris une extension considérable. Suivant Pausanias, il avait sculpté, à Athènes dans le temple d'Athènâ Poliade, la lampe d'or qui brûlait devant la déesse. Au-dessus de ce luminaire était placée une grande palme de bronze, qui s'élevait jusqu'au plafond du temple[4].

Tels sont les principaux renseignements fournis par l'antiquité sur cet artiste.

La poétique légende qui mêle l'idée de la mort aux formes luxuriantes de l'acanthe monumentale est tout empreinte de l'esprit grec. La principale valeur en réside dans la grâce.

---

1. O. Müller, man. d'*Archéolog.*, § 109.
2. De Clarac, man. de l'*Hist. de l'Art*, p. 542.
3. V. Pline, trad. Littré, II, note p. 578.
4. Pausan., I, 26.

LA COLONNE CORINTHIENNE.

Avant Kallimaque, le kalathos avait couronné bien des colonnes de l'Hellade et de l'Asie Mineure, sans compter les supports de Karnak. Des formes végétales en avaient même recouvert timidement la surface. Les chapiteaux du premier type que nous avons décrit laissent peu de doutes sur ce point. Ensuite, cet architecte ne paraît pas avoir constitué d'ordre proprement dit. On ne prouve pas qu'il ait appliqué son invention à un temple.

Vitruve dit seulement : « charmé de cette forme nouvelle, il l'adopta pour les colonnes qu'il éleva dans Corinthe[1]. »

La partie historique de la légende peut donc se réduire à ceci : Kallimaque apporta de nombreuses modifications au chapiteau en forme de kalathos; elles furent assez importantes pour que les anciens les considérassent comme des créations.

Les chapiteaux du Didymæum et ceux du monument choragique d'Athènes, postérieurs à cette évolution architecturale[2], laissent clairement discerner que les formes canoniques corinthiennes résultèrent de trois modifications apportées à l'antique forme du kalathos :

1° Des hélices diagonalement placées sur la surface;

2° De la substitution des hautes feuilles occupant la périphérie, aux maigres formes végétales des premières époques;

3° Des échancrures de l'abaque.

1. Vitr., IV, I, 10.
2. V. Ch. Texier, *Asie M.* (*Univ. pitt.*), p. 338.

IV

Étrangeté des formes du chapiteau corinthien. — Elles s'expliquent par la constitution métallique du modèle de Kallimaque. — Explication du silence des auteurs anciens au sujet de quelques particularités de l'invention de cet artiste.

Lorsque l'on considère attentivement le chapiteau de la colonne corinthienne dans quelques-uns de nos monuments du commencement de ce siècle, par exemple dans ceux que l'on honorait, bien à tort, du nom de *temples grecs,* on ne tarde pas, quelque habitué que l'on soit aux ornements végétaux, à subir l'impression qu'en fait éprouver l'excessive richesse.

Mais un examen prolongé fait bientôt découvrir certaines anomalies de ces formes élégantes : les volutes évidées et grêles, qui se contournent avec tant d'élasticité et se détachent du chapiteau ; le peu d'épaisseur de l'acanthe ; la manière sèche dont elle s'ajoute au kalathos, contre lequel elle s'appuie sans s'incorporer.

On trouve alors les caractères incompatibles avec la nature de la matière employée, ils semblent inexplicables, et la raison, cherchant en vain le pourquoi problématique de ces particularités, finit par réprouver l'étrange magnificence des formes.

On dirait, en effet, que ces chapiteaux se composent d'éléments pris à part et ajoutés les uns aux autres, d'un assemblage bizarre d'objets laborieusement assortis.

La disposition linéaire des anciennes volutes orientales est méconnaissable dans les hélices corinthiennes, qui, ne reposant sur l'imitation d'aucun motif naturel, contredisent singulièrement la légende de Vitruve.

Il faut bien le reconnaître, les éléments de ce chapiteau, par la délicatesse même, se concilient peu avec la fonction du support. La richesse des procédés que l'architecte a employés est portée à un si haut point que le sommet de la colonne arrête l'œil plus qu'aucune autre forme de l'édifice. Sur les nombreux feuillages, une frise sculpturale perd fatalement toute importance plastique.

Le problème du passage de la forme circulaire à la forme quadrangulaire est bien résolu, mais avec un tel luxe de moyens qu'il ne constitue plus cette transition, si remarquable par exemple, entre le chapiteau dorique et l'épistyle.

L'acanthe contraste violemment avec les cannelures du fût.

On devine dans cette tête de la colonne un motif conçu pour soi, uniquement en vue d'une beauté relevant de soi, et en dehors de toute fonction matérielle.

En effet, l'abaque, qui porte d'une manière effective dans l'ordre dorique, est ici absolument impropre à recevoir un poids quelconque. Jamais architecte ancien n'a songé du reste à faire rien porter au kalathos; une table intercalaire a toujours empêché tout contact entre l'architrave et les angles amaigris du mince tailloir placé sur les volutes.

Cette particularité ajoute encore au caractère général de violence faite à la pierre, qu'accuse le chapiteau à feuilles d'acanthe.

Aussi, lorsque je songe que Kallimaque était Toreuticien, qu'il maniait le bronze et avait sculpté la palme d'airain d'Athéna Poliade, je n'hésite pas à reconnaître dans cet assemblage d'éléments juxtaposés et de formes hétérogènes que l'on appelle le chapiteau corinthien, l'œuvre du ciseleur.

La multiplicité des éléments, la disposition, les formes, la ténuité s'expliquent alors d'elles-mêmes.

Originairement appliqué aux monuments honorifiques c'est-à-dire à des colonnes isolées ainsi que le laisse entendre Vitruve, les pièces de rapport pouvaient être impunément évidées. Elles relevaient de la technique du métal et constituaient précisément la beauté du couronnement qu'aucune architrave ne comprimait.

On conçoit que l'œuvre de Kallimaque ait été trouvée belle, et qu'elle ait excité un vif enthousiasme.

On s'explique que des Grecs n'aient pu résister à l'envie d'en faire un *ordre* destiné à s'épanouir sur le marbre des édifices.

Et l'on trouve alors facilement la raison des fleurons du monument de Lysicrates, qui reproduisent exactement ceux qui maintenaient les frêles feuilles repoussées au marteau. L'arrangement des formes végétales si élégamment recourbées, les nombreuses nervures, et jusqu'au cercle métallique qui reliait les extrémités inférieures, montrent avec quelle fidélité étaient reproduits les caractères qui distinguaient le type canonique du sculpteur de Corinthe.

Comme ceux des deux premiers ordres, les éléments de la colonne corinthienne appartenaient depuis longtemps à l'Orient. L'Asie Mineure nous a offert des exemples de chapiteaux campaniformes sur des colonnes trapues, rappelant de très-près les couronnements de l'Égypte. Cette particularité permet de conjecturer que le kalathos avait réellement pénétré de la vallée du Nil dans l'Asie, et qu'il n'avait été modifié que par l'addition de quelques formes secondaires, produits de l'art local de cette contrée.

Quoique l'hélice corinthienne diffère des volutes asiatiques et égyptiennes, on ne peut se refuser à voir dans quelques-unes de celles-ci le motif rudimentaire de la première.

Il serait superflu de revenir longuement sur ce point, que l'airain avait reçu en Asie des applications multipliées. Sur ce sujet Pline s'exprime ainsi : « Quant aux lits de table, aux buffets et aux monopodes en airain, ce fut, selon L. Pison, Cn. Manlius qui, après sa conquête d'Asie, les apporta... L. Crassus vendit beaucoup de ces lits garnis d'airain[1]. »

Cet emploi étendu du métal devait singulièrement aider à l'éclosion de l'œuvre de Kallimaque. Mais le mode des feuillages d'or et d'argent, élément caractéristique si remarquable de l'architecture égyptienne ligneuse, des arts de la Judée et de la Médie, était-il pratiqué par les Grecs d'Asie et d'Occident ?

Les auteurs que nous allons citer répondent à cette question. Voici ce que dit Pline : « ... Cyrus dans la conquête de l'Asie, avait fait un butin de trente-quatre mille livres de ce métal, sans compter les vases d'or, les ouvrages en or, et, entre autres, des feuilles d'arbres, un platane, une vigne[2]. » Voilà pour l'Asie Mineure.

La citation suivante est non moins décisive en ce qui regarde les Hellènes de la Grande-Grèce.

« Il existe encore aujourd'hui dans l'Agora de Métaponte, » dit Hérodote, « une image appelée Aristée, près de la statue même d'Apollon, avec des lauriers plantés

---

[1]. Pline, XXXIV, 8, 1 (trad. Littré).
[2]. Pline, XXXIII, 15, 1 (trad. Littré).

tout autour[1]. » Le duc de Luynes commente ainsi l'historien grec : « Ces arbres étaient de bronze, et animés par une puissance surnaturelle; il sortit une voix de leur feuillage quand la thessalienne Pharsalia, maîtresse de Phayllus, vint se montrer à Métaponte couronnée de lauriers d'or. Soudain les jeunes gens qui se trouvaient dans l'Agora furent agités d'une fureur divine, et déchirèrent la courtisane qui avait osé revêtir les insignes de leur dieu. Pharsalia périt de cette funeste manière vers l'an 354 avant notre ère[2]. »

Ces particularités, qui prouvent que les Grecs employaient les feuillages d'or et de bronze, appuient déjà notre opinion touchant l'origine métallique du chapiteau corinthien de Kallimaque.

Plusieurs faits la fortifient encore. Dans un passage auquel on n'a pas accordé une attention suffisante, le naturaliste romain nous apprend que le portique que fit élever Cnéius Octavius, après avoir vaincu Persée, en l'an 586 (174 avant notre ère) « était appelé corinthien parce que les chapiteaux des colonnes étaient d'airain[3]. » La construction de ce portique étant antérieure à la prise de Corinthe par Mummius (en l'an 146 avant notre ère), on ne saurait alléguer qu'il s'agit ici de l'alliage produit par des métaux en fusion pendant l'incendie qui suivit la prise de cette ville, mélange auquel on donna, en l'imitant plus tard, le nom de Corinthien.

Il résulte évidemment du passage de Pline que les anciens nommaient corinthiens les chapiteaux du portique d'Octavius uniquement parce qu'ils étaient en métal.

---

1. Hérodote, IV, 15.
2. Duc de Luynes, *Métaponte*.
3. Pline XXXIV, VII, 1.

Il est à remarquer que les premiers ordres ne nous ont fourni, après le viie siècle, aucun exemple de cet emploi dans le couronnement des colonnes ; au contraire le bronze a toujours rivalisé avec le marbre dans la composition des chapiteaux corinthiens.

Plus d'un siècle, en effet, avant le triomphe de Cn. Octavius, le musée d'Alexandrie, élevé par Ptolémée-Soter antérieurement à l'an 285 avant notre ère, montrait des chapiteaux de colonnes composés avec des feuillages de bronze doré[1]. »

Avant la restauration du Panthéon sous Septime-Sévère, l'ordre intérieur de ce monument était formé de colonnes corinthiennes, que surmontaient des chapiteaux d'airain. Cette ordonnance avait été placée par M. Agrippa[2].

Cet usage se perpétua même pendant la décadence romaine ; des colonnes de Spalatro portent un kalathos en pierre, aujourd'hui à peu près dépouillé, mais sur lequel on reconnaît aisément les traces laissées par les scellements des feuilles métalliques qui l'entouraient[3].

Avant de poursuivre cette étude nous devons aller au-devant d'une objection. On peut demander pourquoi l'origine métallique du chapiteau corinthien n'a été mentionné par aucun auteur ancien.

Nous répondrons :

1° Vitruve cite le seul Argélius comme ayant écrit sur cet ordre[4]. Or cet architecte, d'après une opinion soutenue par Quatremère de Quincy, vivait avant Périclès.

---

1. Aphthonius. *Progymn.*, *Descript. arc. Alexandr.*
2. Pline, XXXIV, vii, 1.
3. Quatremère de Quincy, *Dict. d'archit.*, art. Bronze.
4. Vit., VII, *Præf.*, 12.

c'est-à-dire 450 ans avant notre ère. Il aurait donc été quelque peu antérieur à l'architecte de Corinthe.

Il ne faut pas oublier, en effet, que ce dernier fit la lampe d'or d'Athèna Poliade, et que dans la vingt-troisième année de la guerre du Péloponèse (409-408 avant notre ère), le temple de ce nom n'était pas encore achevé.

Par conséquent, Argélius aurait écrit sur l'ordre que nous avons appelé proto-corinthien, et son silence au sujet de la formation métallique du chapiteau serait très-explicable : il ne pouvait décrire que les couronnements connus de son temps, lapidaires et dépourvus, comme celui de Phigalie, de toute espèce d'évidements.

Si l'on suppose, au contraire, comme on est porté à l'admettre maintenant, que ces deux architectes vivaient à une même époque, on est bien forcé de reconnaître que ce n'est pas dans le traité d'Argélius que Vitruve a puisé ce qu'il raconte. Un événement contemporain n'aurait pu prendre dans l'auteur grec la tournure vague et légendaire sous laquelle le présente l'architecte romain.

2° On a lieu de croire que Kallimaque imprima lui-même à la pierre les formes d'un type métallique. Les anciens lui attribuaient l'invention du foret ou trépan destiné à percer le marbre[1]. Cette matière, pour reproduire les dispositions du bronze, exigeait, en effet, des instruments dont les formes ornementales antérieurement usitées n'avaient pu provoquer l'invention. Il n'y a rien d'étonnant à ce que les Grecs, frappés des difficultés que l'artiste avait vaincues dans cette application, et émerveillés du résultat obtenu, aient considéré ce chapiteau lapidaire comme seul canonique. Et comme on n'en voyait pas d'autre lorsque la légende de Kallimaque se forma,

---

1. Pausan., I, 26.

il est naturel qu'elle n'ait conservé aucune trace du point de départ réel, et sans doute depuis longtemps oublié, des innovations de cet artiste.

Par une destinée singulière, l'origine corinthienne se lit plus visiblement encore sur les monuments de Rome que sur ceux de l'Hellade.

V

Les chapiteaux corinthiens de l'Italie se rapportent à deux types dont l'un reproduit les formes d'un modèle métallique. — Explications de ce fait. — Le type originaire du chapiteau corinthien était formé de pièces de rapport. — L'ante corinthienne.

Les chapiteaux corinthiens de l'Italie semblent y avoir été apportés par deux courants (F. CXLVII).

Dans les uns, où l'on discerne une influence étrusque, les architectes grecs appelés en Italie conservèrent religieusement les formes du Κανών lapidaire, surtout dans les volutes ; mais ils donnèrent aux feuillages du kalathos des formes convenables à la pierre et au marbre. L'acanthe *frisée* leur fournit le moyen de laisser aux feuilles une épaisseur relative. Rattachées à la corbeille par des plans inclinés, elles s'y lient intimement. Dans ces couronnements, les hélices, dont le départ s'effectue suivant une verticale, comme dans un des modes asiatiques, sont dépourvues de *Caulicoles*. Entre les hélices, des *vrilles* végétales d'un aspect singulier remplacent les petites volutes centrales.

Ce chapiteau est trapu ; très-souvent la proportion en hauteur atteint à peine la moitié de celle du chapiteau du monument de Lysicrates.

Quoique la forme du kalathos ne soit plus sensible, enveloppé qu'il est par des ornements végétaux, on sent pourtant que l'artiste qui a composé ce couronnement a fait acte d'architecte : il l'a rendu apte à porter, au moins

LA COLONNE CORINTHIENNE

✳   ITALIE   ✳

T · VESTA
A · TIVOLI
F · CXLVII

en apparence. Le plus ancien de ces chapiteaux, celui de Préneste, date de la fin de la République romaine.

Les colonnes corinthiennes de l'Empire accusent des caractères différents (F. CXLVIII) : le type métallique s'y montre intact.

Il est facile d'en soupçonner la raison : les chapiteaux d'airain de quelques stèles honorifiques furent sans doute enlevés et transportés de Corinthe à Rome, puis servilement reproduits.

Dans tous les cas c'est par les monuments de ce peuple que nous pouvons nous représenter les formes corinthiennes telles qu'elles furent définitivement constituées dans l'Hellade.

Les feuilles d'olivier ou d'acanthe qui enveloppent la corbeille de ces couronnements sont minces à l'excès, et découpées à profusion ; elles se recourbent en *panaches* avec autant de hardiesse que des feuilles de métal.

Bien mieux que dans les chapiteaux du Didymæum, on devine des pièces de rapport, des feuilles qui dans le modèle étaient isolément sculptées, et que l'on disposait ensuite autour du kalathos comme des fleurs dans un bouquet.

Ainsi que le montre la figure CXLIX, une lame de métal martelée sur un corps cylindrique donne exactement la forme élémentaire de l'hélice, si différente de la volute du plasticien de l'Orient. Si quatre lames sont préparées séparément, puis réunies, on obtient l'hélice représentée figure CL. C'est exactement celle de ces chapiteaux (F. CL. A.).

La formation des membres fut évidemment obtenue d'abord par ces moyens. Le fondeur reproduisit facilement plus tard cette disposition.

On s'explique ainsi les évidements des volutes lapidaires, sur lesquelles on voit fidèlement imitées les soudures qui les unissaient dans les types métalliques.

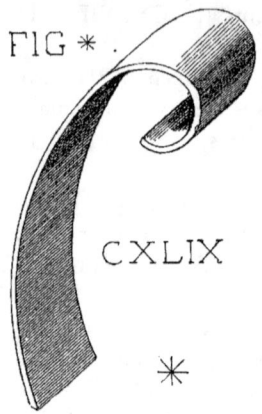

FIG. CXLIX.

Des formes secondaires, les *Caulicoles,* étaient préparées pour recevoir les enroulements et en dissimuler le

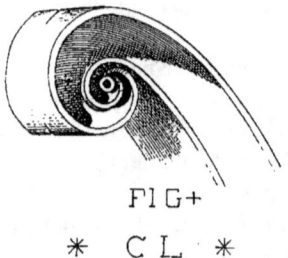

FIG. CL.

mode d'apposition. Il est visible que toutes les dispositions du chapiteau corinthien ont été conçues en vue d'assurer la réunion des membres épars.

Les Romains, moins artistes que les Grecs, durent

LA COLONNE CORINTHIENNE

✳   ITALIE   ✳

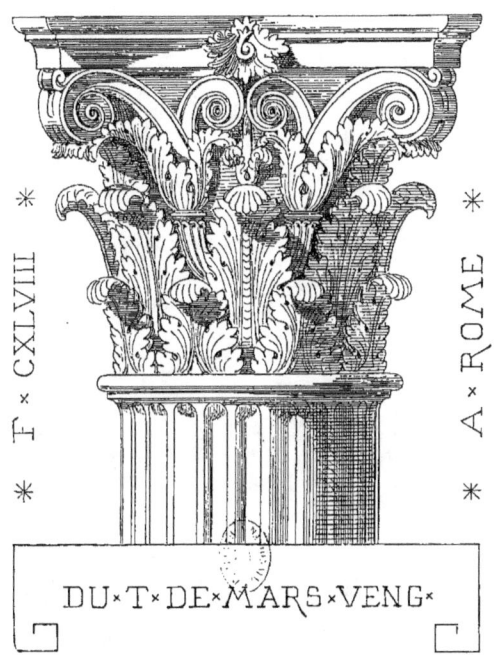

✳ F · CXLVIII ✳   ✳ A · ROME ✳

DU·T·DE·MARS·VENG·

vivement admirer les caractères métalliques donnés à la pierre; aussi ne tardèrent-ils pas à les exagérer encore. Pline cite comme modèle du genre un chapiteau dans lequel un aigle se détachait complétement de la corbeille.

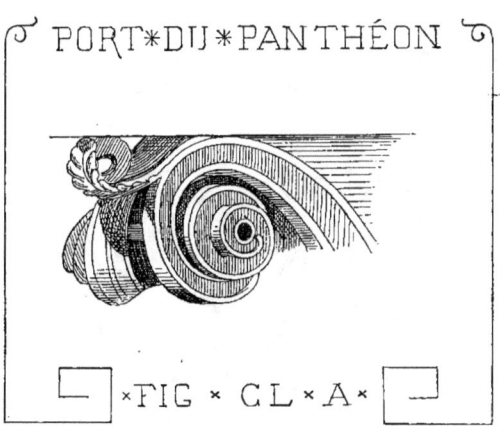
PORT*DU*PANTHÉON
×FIG × CL × A×

Nous n'insisterons pas longuement sur les changements qui modifièrent plus tard le type corinthien. On a retrouvé, parmi des fragments antiques placés dans les murs de l'église de la Παναγία Γοργώπικο d'Athènes[1], des chapiteaux paraissant provenir de l'Eleusinium de cette ville : des animaux fantastiques s'y montrent à la place des hélices. On essaya aussi de substituer à ces dernières formes les volutes ioniques dans quelques monuments grecs. On obtint ainsi des chapiteaux dépourvus de grâce, dont les Romains usèrent fréquemment. C'est à

---

1. F. Lenormant, *Rech. à Eleusis*. (Rec. des inscript.), p. 400.

ce produit hybride que les architectes de la Renaissance donnèrent le nom de *Composite*.

Vers 1830, on a découvert à Pœstum un temple reconstruit avec les débris d'un édifice plus ancien, dans lequel les formes étrusques paraissent remplir un certain rôle. L'architecte qui a composé les chapiteaux des colonnes de ce monument n'a pas usé des formes canoniques. Ils rappellent le type de Phigalie avec une expression lapidaire infiniment plus accentuée (F. CLI).

C'est sur ce temple que l'on a reconnu l'entablement dorique enrichi de quelques ornements.

Les architectes grecs appelés en Italie n'ont vraisemblablement imité pendant longtemps que les chapiteaux lapidaires du second type; ils les ont modifiés seulement par des caractères plus robustes et plus convenables à la pierre.

Ce genre de couronnement se perpétua même lorsque la reproduction du type métallique eut reçu des développements considérables en Italie : on rencontre particulièrement à Pompéi les corbeilles entourées d'acanthe frisée.

L'horloge d'Andronikos, à Athènes, montre que les Grecs essayèrent de donner aux chapiteaux des antes de cet ordre les moulures ioniques (F. CLII). Les couron-

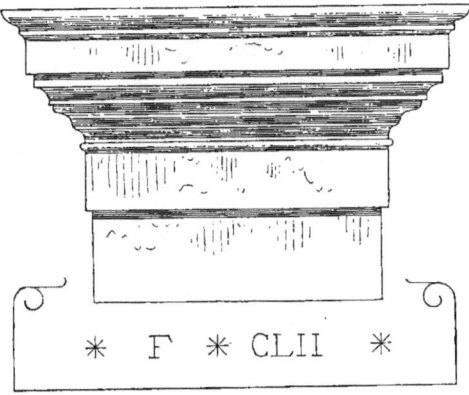

nements des propylées d'Appius, à Éleusis, offrent, il est vrai, les dispositions du chapiteau des colonnes avec lesquelles elles forment une ordonnance ; mais ce monument a été élevé sous la domination romaine, et, en Italie, loin de différencier les couronnements de ces divers membres de l'édifice, les architectes cherchèrent à en rapprocher les caractères autant que possible.

En cela, ils usèrent mal à propos de la facilité qu'offrent des éléments épars de s'appliquer aux formes les plus diverses (F. CLIII).

Tel se montre, dans les différentes périodes de formation, le chapiteau corinthien, dont la magnificence eut le don de séduire les maîtres du monde.

DEUXIEME PARTIE.

En modifiant le type primitif de ce couronnement,

✳   ROME   ✳

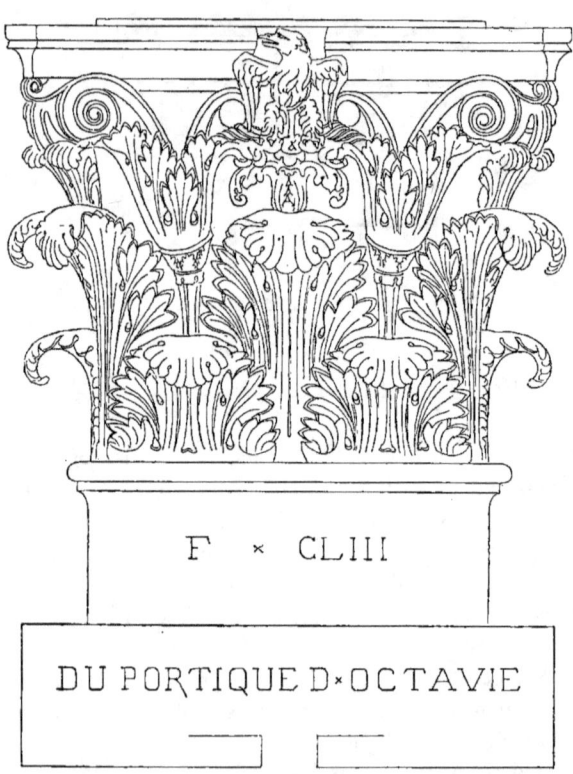

F × CLIII

DU PORTIQUE D×OCTAVIE

dont les dispositions rudimentaires, empruntées pour la plupart de l'Asie, existaient depuis une haute antiquité, le ciseleur Kallimaque a amplement justifié les noms sous lesquels les copistes le présentent

Lorsqu'il conçoit le chapiteau de la colonne isolée c'est bien le Κατάτεχνος; car jamais, avant son invention, aucune colonne ne fut couronnée de formes disposées d'une façon plus exquise, assemblées avec un art plus parfait.

Mais quand il le sculpte sur le marbre, et que plus tard ses successeurs placent ce chef-d'œuvre de délicate magnificence sous les massives architraves, on comprend que le peuple artiste par excellence lui ait infligé le surnom de Κατατηξίτεχνος, *celui qui affaiblit l'art*, et l'on trouve que cette dernière qualification est décidément la meilleure.

V

OBSERVATIONS
SUR
LA COLONNE ITALIQUE OU TOSCANE

OBSERVATIONS

SUR

LA COLONNE ITALIQUE OU TOSCANE

I

Caractères du temple toscan. — Analyse des formes de la colonne toscane.

Le temple toscan est principalement connu par la description qu'en a donnée Vitruve[1]. Les ruines d'édifices de ce genre sont tellement rares et si peu importantes qu'elles ne fournissent pas le moyen d'en faire une restitution.

Les auteurs romains nous ont appris que la colonne toscane formait l'ordonnance d'un grand nombre d'anciens édifices sacrés de l'Italie, et que quelques-uns de ces monuments existaient encore du temps des empereurs.

Les sanctuaires toscans offraient des caractères remarquables.

1° Ils étaient, en général, consacrés à une triade de divinités ayant chacune un *naos*. Celui de la divinité principale était le plus considérable et occupait le milieu de l'édifice.

[1]. Vitr., IV, 7.

2° Ces temples étaient toujours *prostyles*, c'est-à-dire que les colonnes se montraient uniquement sur les façades.

3° Sous le rapport de la construction, c'étaient des temples mixtes. Les colonnes et les murs étaient en pierre. Le bois entrait seulement dans la composition des parties hautes; il restait apparent à l'extérieur de ces édifices.

4° Vitruve n'applique pas aux membres de l'entablement toscan le nom qu'il donne à ceux des couronnements des autres temples. Il ne nomme ni la frise ni la corniche. Une architrave en bois, composée de deux poutres séparées par un vide, formait la partie inférieure de l'entablement. Sur ces poutres on construisait un mur sur lequel s'appuyaient des mutules ligneux dont la saillie devait égaler, suivant les traducteurs, le quart de la largeur de la colonne.

Tous les manuscrits portent cependant que la projection des chevrons devait être égale au quart de la *hauteur* de la colonne[1].

La saillie du toit devait être le tiers du toit entier.

5° La proportion de l'entre-colonnement de ces édifices était *aræostyle*. Le texte de Vitruve est certainement très-obscur; les corrections qu'on lui a fait subir achèvent de le rendre inintelligible. Aussi les restitutions présentées par les commentateurs sont-elles la plupart du temps choquantes, inadmissibles au plus haut point, et opposées absolument à l'esprit de l'art antique.

---

1. Vitr., IV, VII, 5. *Supra trabes et supra parietes trajecturæ mutulorum parte quarta altitudinis columnæ projiciantur.* Galiani a substitué le mot *latitudinis* à celui d'*altitudinis*. V. l'*Architecture* de Vitruve, trad. de Bioul, notes, p. 182.

La colonne toscane offre une extrême simplicité de forme (F. CLIV). Elle repose sur une base, circulaire

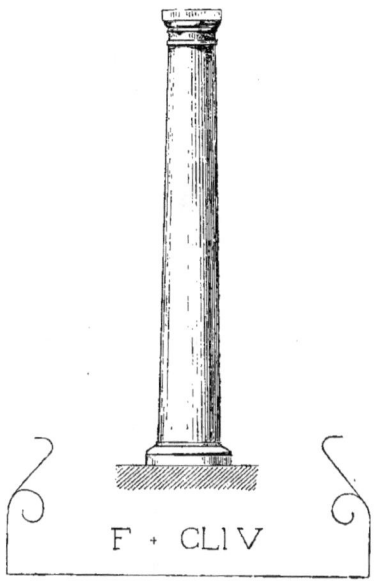

dans toute la hauteur comme celle des supports de Persépolis, et composée d'une face verticale surmontée d'un tore, moulure que nous avons rencontrée déjà sous les fûts des colonnes du Trésor d'Atrée et de l'Heræum de Samos. Quelquefois elle se compose d'un talon, l'une des formes caractéristiques de l'architecture phénicienne (F. CLV).

Le fût toscan, que ne divisent jamais des cannelures, est couronné d'un chapiteau sans extension dont la largeur égale celle de la base de la colonne.

328   DEUXIÈME PARTIE.

Un abaque recouvrant une maigre échine le compose; sous l'apophyge de celle-ci se montre un hypotra-

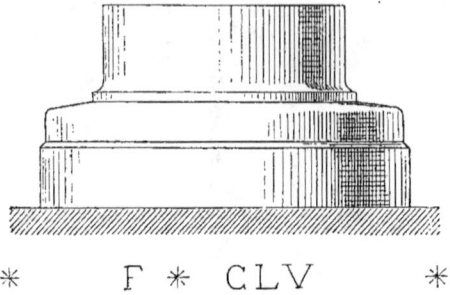

※   F ※ CLV   ※

chelium (F. CLVI). Souvent le quart-de-rond de l'échine est remplacé par un talon (F. CLVII).

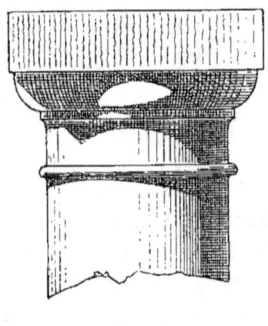

※ F ※ CLVI ※

Nous avons observé la plupart de ces caractères sur les colonnes d'Eddé et de Mykênæ[1].

1. Voy. fig. 70 et 78.

Que l'on place un abaque sur la colonne de l'Heræum de Samos et l'on aura à peu près les proportions et

F ✻ CLVII

les formes de la colonne toscane. Ce rapprochement n'est pas sans importance.

II

L'ordre toscan n'est pas une dégénérescence de l'ordre dorique. — L'état de l'Italie comparable à celui de la Grèce pendant l'âge héroïque. — L'architecture pélasgique en Italie, en Grèce et en Asie Mineure. — La colonne toscane est la colonne pélasgique ou proto-dorique.

On a présenté tour à tour la colonne toscane comme purement italique et comme produite par la dégénérescence des formes doriques.

Examinons ces hypothèses :

Sans prendre part aux discussions que soulève l'origine des peuples de l'Italie antérieurs aux Romains, rassemblons quelques faits généralement acceptés pour servir de base à nos appréciations.

L'historien du v° siècle, Hérodote, divise les Grecs en deux grandes catégories, abstraction faite de toute origine mythique.

1° La race pélasgique, qui prit le nom de dorienne lorsqu'après de nombreuses migrations elle se fixa dans le Péloponèse[1].

2° La race hellénique, « qui jamais n'a bougé de sa terre[2] ».

Le même historien fait connaître que de son temps des Pélasges habitaient une ville d'Italie nommée « Crestonne[3] ».

---

1. Hérodote, I, 56-57.
2. Hérodote, I, 56. — L'Attique a toujours eu les mêmes habitants depuis l'antiquité la plus reculée. — Thucydide, *Guerre du Pélopon.*, I, 2.
3. Hérodote, I, 57. — Trad. P. Saliat.

Des événements légendaires racontés par cet auteur dans un autre passage de son histoire, se dégage ce fait : que des Lydiens émigrèrent et prirent terre en Toscane, où ils élevèrent plusieurs villes qu'ils habitaient encore au ve siècle.

Toutes ces immigrations étaient antérieures à la fixation des formes et des proportions canoniques du temple dorien et remontaient à l'âge héroïque.

Or l'étude des monuments montre que, dès une époque très-reculée, les constructions d'une partie de l'Italie étaient identiques à celles de l'Hellade, et particulièrement à celles de l'Épire et du Péloponèse, contrées dans lesquelles avaient longtemps résidé les Pélasges.

Le genre de murailles que les anciens nommaient cyclopéennes, et que nous avons rencontré à Mykênæ et à Tyrinthe, malgré un certain affaiblissement des proportions, est le même, et se reconnaît en Italie dans la plupart des villes antiques comprises entre le Vulturne et l'Arno.

Des constructions semblables forment également l'enceinte de plusieurs villes de l'Asie Mineure.

En Italie comme dans l'Hellade, les portes ménagées dans les murailles accusent souvent la forme de l'arc plein-cintre ou celle de l'arc ogive, mais à l'état de disposition purement linéaire, ces ouvertures étant recouvertes en fait par des assises horizontales placées en encorbellement. Plusieurs portes de l'Étrurie montrent cependant la voûte appareillée, c'est-à-dire composée de voussoirs, invention attribuée par les Grecs à Démocrite d'Abdère. Pendant longtemps cette particularité n'a pas été reconnue dans les murailles cyclopéennes de l'Hellade, M. Heuzey a découvert, il y a quelques années, un grand nombre d'arcs ainsi composés, et s'est assuré que cette disposition était « d'un emploi « général en Arcananie avant comme après le temps de « la guerre du Péloponèse, et qu'elle y faisait, en quelque « sorte, partie de l'architecture nationale [1]. »

Ces rapprochements significatifs prendront une importance plus grande si nous rappelons les faits suivants, que nous avons précédemment reconnus.

1° Le bois était employé d'une manière apparente dans les parties supérieures des temples proto-doriques.

2° L'ordonnance *prostyle* et la disposition *aræostyle* étaient les caractéristiques constantes des temples de l'Asie et de l'Hellade, antérieurs à l'époque de la fixation définitive des formes doriennes.

3° La formation des colonnes asiatiques, qui à cette époque pénétrèrent dans l'Hellade, était monolithique [2].

4° Les colonnes pélasgiques de Mykênæ se composent d'un fût svelte, reposant sur un tore, et d'un chapiteau circulaire que recouvre un abaque [3].

Tous les caractères de la colonne cyclopéenne appartiennent également à la colonne toscane. De cette particularité, ajoutée à l'analogie que présentent les anciennes constructions subsistantes de l'Italie et de l'Hellade, il résulte :

1° Que la colonne toscane date de la période, encore pélasgique, des colonnes de Mikênæ.

---

1. L. Heuzey, *le Mont-Olympe et l'Acarnanie*, p. 460.
2. V. Pline, XXXVI, 19, 6.
3. Sur les analogies de la porte de Mycènes avec les monuments phéniciens. Voyez la note 1 de la page 116.

2° Qu'elle n'est pas à proprement parler italique, attendu qu'elle appartient à un système architectural qui était usité à la même époque en Italie, en Grèce et en Asie Mineure.

III

Les formes phrygiennes en Italie.

Moins inventifs que les Grecs, les Romains n'enveloppèrent d'aucune fiction le berceau de l'ordre toscan.

Vitruve, qui s'est fait l'écho de toutes les traditions au sujet de l'origine des colonnes grecques, est muet sur celle de la colonne italiote.

On ne peut douter que, dès l'époque reculée à laquelle on l'introduisit en Italie, le temple toscan ne fût considéré comme canonique.

Au milieu du viie siècle, à l'époque de Kypselos, une colonie de Corinthe s'établit à Tarquinies (660-657).

Des relations existaient donc entre ces deux villes dès la 30e olympiade. Un peu plus tard, des monuments doriens couvrirent le sol de l'Italie méridionale[1].

Ces événements n'exercèrent aucune influence sur le temple toscan; les formes, hiératiquement fixées depuis des siècles, ne subirent aucune modification.

Parallèlement à ce temple les habitants de l'Italie possédaient aussi des sanctuaires dont les formes étaient en quelque sorte locales, de même qu'ils avaient des dieux nationaux en même temps que des dieux helléniques.

On discerne facilement le proto-type des monuments dont nous parlons, dans les habitations que se construisent

---

1. V. O. Müller, *Man. d'archéol.*, § 75.

encore de nos jours les bergers de la campagne romaine.

Bonstetten décrit ainsi une de ces cabanes : « Ce bâtiment était une rotonde d'environ soixante pieds de diamètre, pavé de pierres plates prises dans les ruines du temple. Une paroi circulaire de huit à neuf pieds d'élévation était tapissée de lits pour cinquante bergers. Au-dessus de chaque lit étaient des planches pour y poser le peu d'effets des habitants de la cabane. Le toit de roseaux, appuyé sur la paroi, était un cône tronqué de quarante à cinquante pieds d'élévation au-dessus du pavé [1]. »

Tel était le temple d'osier couvert de chaume que Numa consacra à Vesta. De nombreuses terres cuites étrusques [2] et les tombeaux de Cœré reproduisent intégralement les formes de ce type rudimentaire.

Or, les dispositions de ces édifices, qui paraissent toutes locales, appartiennent en réalité à la Phrygie; le monument appelé Tombeau de Tantale en offre un exemple remarquable [3].

Une telle coïncidence est loin d'être fortuite, les Phryges appartenaient à la race pélasgique, et, suivant la tradition, le phrygien Pélops, fils de Tantale, fut le premier roi du Péloponèse. On peut donc voir dans les formes similaires des tombeaux asiatiques et étrusques une preuve nouvelle de ce fait, que la colonne toscane appartient bien réellement au système architectural de l'ancien peuple qui, de l'Asie Mineure et de la Grèce, pénétra en Italie, et qu'elle présente les formes et les

---

1. Bonstetten, *Voyage dans le Latium*, p. 103.
2. V. *Dictionn. de l'Académie des Beaux-Arts*, II, pl. 29.
3. Ch. Texier, *Asie M.*, pl. 13. (*Univ. pitt.*).

dispositions particulières des supports de l'âge héroïque.

Cette opinion est singulièrement fortifiée par le défaut de triglyphes dans l'entablement toscan. La forme sacrée de l'édifice dorien n'existait certainement pas à ces époques éloignées; le caractère artistique qu'elle accuse annonce suffisamment qu'elle ne fut inventée, ou du moins utilisée que postérieurement.

IV

Les caractères de l'architecture toscane moderne rappellent ceux de l'architecture antique de l'Étrurie.

Niebuhr fait justement remarquer les curieuses analogies de caractère qui semblent unir les Toscans de nos jours à leurs ancêtres[1].

Par certaines faces de leur génie Dante et Michel-Ange ne semblent-ils pas, en effet, descendre en droite ligne des Étrusques?

Les caractères sombres et énergiques qui se manifestent dans la poésie, dans la peinture et dans la sculpture, se reconnaissent nettement aussi dans certaines œuvres de l'architecture toscane moderne. On n'a pas assez observé qu'elle répète une des principales particularités du temple étrusque.

Ce fait nous servira à expliquer une disposition de ce temple qui a fait le désespoir des traducteurs. Vitruve, avons-nous dit, assigne à la saillie des mutules ligneux du comble de cet édifice la quatrième partie de la hauteur de la colonne.

Cette projection considérable des chevrons hors des murs de l'édifice a toujours paru invraisemblable; elle devient très-compréhensible pour peu que l'on regarde les couronnements usités dans l'architecture florentine, et que l'on en étudie les dispositions.

---

[1]. Niebuhr, *Hist. rom.*, III.

La fig. CLVIII, qui représente une de ces corniches ligneuses, montre quelles saillies considérables on peut obtenir au moyen de la superposition des chevrons.

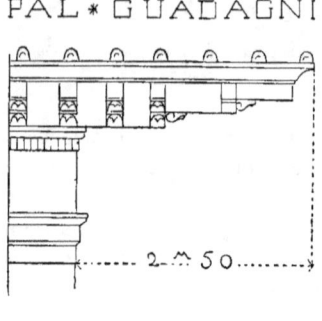

* F * CLVIII *

Suivant toute probabilité, c'est bien là le mode de couronnement du temple étrusque, qui s'est conservé intact. On voit encore dans la charpente de la basilique de Saint-Paul-hors-les-Murs (F. CLIX), un reflet affaibli de cette disposition[1].

La continuité de cette tradition monumentale ne paraîtra pas extraordinaire si l'on songe que les procédés de fabrication de l'orfévrerie étrusque se sont maintenus jusqu'à nos jours dans quelques bourgades de l'Italie.

Nous ne pouvons omettre de faire remarquer que la colonne toscane, placée sur un piédestal, composa les principaux monuments honorifiques des Romains. On en

---

[1]. Sur les saillies des maisons grecques. V. de Pauw, *Rech. philosoph. sur les Grecs*, I, VIII.

retrouve les formes dans les colonnes de Duillius, d'Antonin et de Trajan. Le fût de cette dernière est même comme celui des fragments du trésor d'Atrée, entièrement couvert de bas-reliefs.

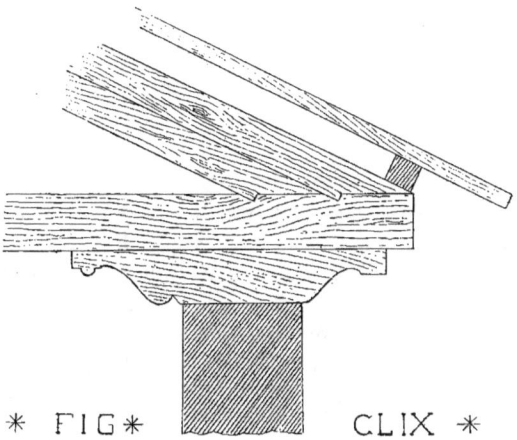

* FIG * CLIX *

Ainsi, la colonne toscane appartient essentiellement au système de construction mixte usité en Occident et en Orient antérieurement à la formation des ordres. La nature même de ce mode constructif, plus encore que l'ancienneté qui le caractérise, explique la rareté des ruines dans lesquelles on peut le reconnaître.

Un passage de Pausanias dont nous avons fait ressortir déjà quelques particularités prouve d'une manière indubitable l'existence dans l'Hellade d'un support lapidaire grêle.

Cet auteur décrit des temples dans lesquels d'antiques colonnes ligneuses alternaient avec des colonnes lapidaires. Nous avons montré déjà que ces supports ligneux ne pouvaient soutenir des architraves de pierre; mais ce que nous n'avons pas dit, c'est que dans aucun cas le bois ne pouvait recevoir les proportions doriques des anciens temples. On ne peut se représenter un tronc d'arbre couronné de l'échine et de l'abaque des colonnes de Corinthe.

Le profond sentiment artistique des Grecs ne pouvait leur permettre, d'autre part, de donner des proportions différentes à des colonnes formant une même ordonnance.

Ils ne purent donc utiliser leurs colonnes de bois que parce qu'ils possédaient un type de support lapidaire dont les proportions étaient identiques à celles des colonnes ligneuses. Il fallait, en outre, que ce type fût caractérisé, comme le support de bois, par le manque d'ampleur du chapiteau; il devait être par conséquent monolithique.

Ces conditions, impérieusement réclamées par l'emploi simultané des supports lapidaires et ligneux, s'appliquent au plus haut point à la colonne toscane[1].

---

[1]. Il est probable qu'en accordant la qualification de dorique aux colonnes lapidaires alternant avec les colonnes ligneuses, Pausanias l'entend des formes et non des proportions. Les cannelures du fût et les triglyphes de l'entablement ne permettaient pas de le nommer autrement.

VI
RÉCAPITULATIONS

LES PROPORTIONS

RÉCAPITULATIONS

LES PROPORTIONS

I

Proportions générales des ordonnances asiatiques.

Toute période monumentale originaire a été précédée d'un état dans lequel l'art de bâtir avait pour but immédiat la satisfaction des plus élémentaires besoins de la vie, par exemple, l'habitation. Exclusivement placé sous la dépendance des exigences physiques, il en accusait toute les vulgarités.

A ce moment, l'homme n'était cependant pas insensible à la beauté; les découvertes dites préhistoriques ont révélé son amour de la parure, et montré qu'il donnait parfois aux produits de son industrie des formes qui ne relevaient d'aucune nécessité matérielle.

Mais, dans ces circonstances, les conditions résultant des matériaux et des climats s'imposaient avec une telle énergie, qu'elles annihilaient tous les instincts artistiques du constructeur.

Des ressources propres à chaque contrée dérivaient des formes architectoniques locales très-diverses.

Dans la Babylonie, la terre, crue ou cuite, était la

principale matière que l'homme avait à sa disposition, et la plus propre à satisfaire aux exigences du climat ; les Syro-Phéniciens, au contraire, employaient fréquemment le bois des montagnes dans des constructions appropriées à un sol accidenté.

La superposition ou l'assemblage de ces matériaux, quelque rudimentaire qu'on le suppose, produisait nécessairement des formes dissemblables.

Pendant la longue durée des périodes anté-architectoniques une influence considérable fut exercée par les formes locales sur les sens et le goût de l'homme. L'habitude d'observer ses œuvres le porta à vouloir les revêtir de quelque grâce ou de quelque grandeur. Il le fit plus ou moins heureusement, mais dans les limites des moyens que fournissaient les matériaux.

Quand les agglomérations humaines se furent étendues, et se furent constituées aux points de vue religieux et politique ; lorsque la richesse publique provoqua le développement des œuvres d'art, l'emploi des dispositions antérieures fut fatal.

Puis, l'architecture monumentale atteignit un certain degré d'expansion et s'enrichit de formes nouvelles ; alors, par une pente naturelle à l'esprit humain, on éprouva le besoin d'arrêter les caractères généraux et les rendre en quelque sorte canoniques. Toutes les traces de l'état antérieur que contenait l'architecture nouvelle furent fixées et se perpétuèrent.

L'emploi des matériaux ligneux avait primitivement provoqué l'usage des supports et en avait réglé les proportions. La légèreté des architraves n'exigeait que des points d'appui d'un faible diamètre, sveltes, allongés, la matière qui les composait ne pouvant dépasser des dimensions restreintes. La longueur des architraves ne néces-

LES PROPORTIONS

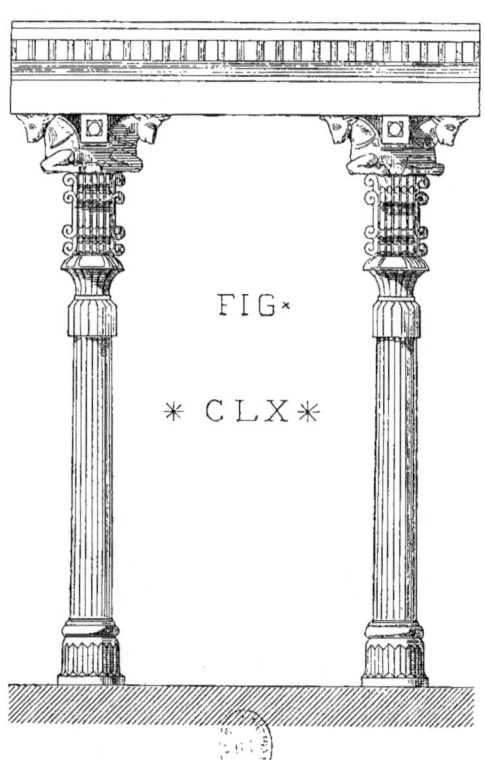

PERSEPOLIS

FIG. CLX

sitait qu'un petit nombre de soutiens, par conséquent, l'importance des vides l'emportait sur celle des pleins, et les entre-colonnements étaient larges, ou *arœostyles*.

De là les dispositions des palais lapidaires de Persépolis, dans lesquels les Iraniens modifièrent faiblement les proportions auxquelles les avait accoutumés leur antique mode de construction.

Ainsi, l'emploi des matériaux ligneux, plus ou moins répandu en Asie à une haute antiquité, donna naissance à un système de proportions réglé sur un module particulier, dont le diamètre ordinaire du tronc d'arbre semble avoir été l'unité : Je l'appellerai Module asiatique (F. CLX).

C'est dans ce sens, non dans celui de l'imitation des formes, que les primitives constructions en bois ont exercé une influence sur les monuments lapidaires.

La reproduction servile, la *Pétrification* des éléments ligneux, n'existe que dans les monuments monolithes, où les éléments représentatifs d'une charpente réelle sont traités en haut relief et forment des membres simulés, privés de toute fonction constructive.

II

Proportions générales des ordonnances égyptiennes.

Dans un pays où la pierre se rencontrait en abondance, en roches non stratifiées, mais fondues, granitiques, on pouvait extraire des blocs dont les dimensions n'étaient limitées que par la puissance des moyens mécaniques mis en œuvre.

On doit comprendre que les monuments élevés avec de tels matériaux n'étaient pas soumis au module précédent.

Si le peuple qui habitait cette contrée, isolée jusqu'à un certain point des pays voisins par la situation géographique et topographique, vit se développer de bonne heure et d'une manière puissante l'organisation politique; s'il fut architecte par excellence, et doué d'un profond sentiment monumental de grandeur, de stabilité et de durée, on doit s'attendre à rencontrer dans les plus anciens monuments l'expression de ces conditions particulières.

C'est ce que l'on observe en Égypte : les pyramides furent élevées sous les premières dynasties.

Pourtant le développement des monuments lapidaires ne suivit pas dans la vallée du Nil la marche régulière que semblait imposer la nature des matériaux. En même temps que l'on construisait les pyramides, on élevait des édifices, robustes, il est vrai, mais dépourvus d'ampleur.

LES PROPORTIONS

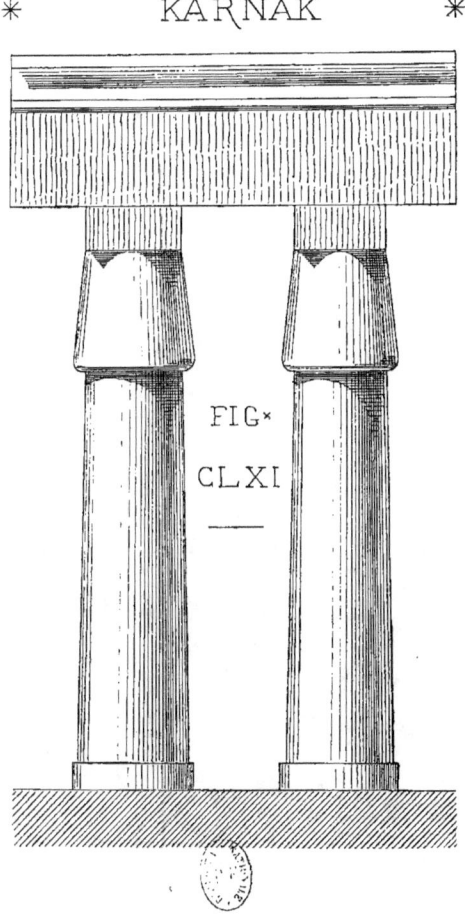

KARNAK

FIG.
CLXI

Qu'est-ce donc qui luttait contre le sentiment des grandes proportions, inné chez l'Égyptien?

L'influence de l'ancienne architecture de l'habitation.

Que ces modes fussent locaux ou qu'ils eussent été apportés par les premiers immigrants, les constructions en briques et en bois furent usitées en Égypte sous les anciennes dynasties, et exercèrent une action sur les monuments lapidaires, pendant une période incroyablement longue

Ce fut, en effet, seulement après plusieurs siècles que l'architecte parvint à en secouer le joug.

Toute cette phase de l'art monumental égyptien porte un caractère asiatique, qui s'accuse nettement dans la proportion des supports de Beni-Hassan, dans la largeur des entre-colonnements et surtout dans les modillons qui reposent sur les architraves.

Mais arrive un moment où l'architecte renonce à la constitution monolithique des supports; il les compose de hautes assises, et, par ce mode de superposition, atteint l'objectif qu'il poursuit depuis si longtemps.

L'œil s'habitue graduellement aux proportions nouvelles; les anciennes formes perdent en importance et en signification.

Il se produit, par rapport à la pierre, une évolution de la nature de celle que nous avons observée en Asie relativement au bois : les types canoniques se fixent et conservent l'empreinte de toutes les dispositions antérieures.

Alors les conditions de la matière s'imposent dans une large mesure. De grêles qu'elles étaient, les proportions de la colonne deviennent trapues, et ne rappellent en aucun point celles des supports ligneux.

A l'entre-colonnement large, ou *arœostyle,* commandé par les architraves de bois, succède l'entre-colonnement étroit, ou *pycnostyle*, que réclame la lourdeur des architraves lapidaires.

Ainsi se forma un module particulier : je l'appellerai MODULE ÉGYPTIEN ; il semble que l'unité en soit la dimension maxima que peuvent atteindre les matériaux (F. CLXI).

Les Égyptiens sont le seul peuple de l'antiquité chez lequel l'importance des matériaux lapidaires se soit manifestée d'une manière aussi puissante. Nous disons l'*importance des matériaux* et non l'*importance de la construction*. Les nécessités de celle-ci n'ont déterminé d'une manière rigoureuse aucune proportion dans l'architecture égyptienne : les dimensions de l'architrave n'ont pas réglé fatalement l'entre-colonnement des supports.

Les besoins constructifs n'ont pas déterminé davantage les dispositions des chapiteaux, dont les corbeilles ne portent rien, quoiqu'elles soient si rapprochées parfois, que, comme à Karnak, elles paraissent se toucher.

III

Proportions générales des ordonnances helléniques.

Des formes orientales pénètrent de bonne heure en Grèce par les Iles et par l'Asie Mineure. Les Ioniens à leur arrivée dans cette dernière contrée s'approprient non-seulement les cultes indigènes des anciens habitants, mais les formes de leur architecture, sur lesquelles l'influence assyrienne était visible.

La construction lapidaire reçoit en Grèce, pendant l'âge héroïque, un développement considérable, affirmé par les monuments cyclopéens. Les formes columnaires de cette période sont conçues d'après le module asiatique.

Puis les royaumes de l'Hellade, les confédérations de petits États libres, s'unissent pour élever des temples.

Jusqu'à cette époque, ainsi que le montre le temple toscan, l'éducation des architectes grecs avait été faite principalement par les proportions asiatiques et par celles des édifices ligneux qui leur appartenaient en propre. Ils possédaient tous les éléments du temple dorien, la disposition périptère, les colonnes à chapiteaux circulaires et le fronton; mais ce qu'ils ne connaissaient pas c'était le module égyptien, c'est-à-dire les proportions columnaires particulièrement propres à la pierre. Ils trouvèrent dans les édifices de la vallée du Nil le module qu'ils cherchaient. Mais là s'arrêta l'action de l'Égypte sur l'architecture hellénique[1].

Pendant que le temple dorien se constituait avec les proportions nouvelles que recevaient les éléments indigènes ou asiatiques, les caractères propres de ces derniers étaient conservés en Asie Mineure.

Plus habitués que les Grecs occidentaux aux formes sveltes, les Ioniens ne les abandonnèrent qu'à regret. Ils construisirent cependant quelques temples doriens; mais, dans de nombreux essais, ils cherchèrent à adapter à ce genre d'édifices des éléments columnaires grêles et élancés, exclusivement asiatiques.

De ces tentatives se dégagea finalement leur temple national, qui, tout en conservant les dispositions générales du temple Dorien, offrit des traits distinctifs : la colonne ionique, introduite dans l'édifice, en modifia les proportions dans le sens du module asiatique. Ainsi composé, le temple n'était point caractérisé par les entre-colonnements, soit *arœostyle,* soit *pycnostyles;* les supports n'accusaient ni les proportions des grêles colonnes de l'Asie, ni celles des massives colonnes doriennes.

Lorsque les formes canoniques furent définitivement arrêtées, les temples doriques et ioniques différaient moins par les proportions que par les formes secondaires.

Les colonnes de l'Erechthéum et celles du Parthénon présentent, sous ce rapport, des analogies que l'on chercherait vainement entre les anciennes colonnes de

---

[1]. Peut-être sera-t-il possible un jour de rattacher, avec quelque certitude la filiation des cannelures doriques aux stries des supports égyptiens de l'ancien et du moyen Empire, quoique le caractère des plus anciennes colonnes grecques soit évidemment asiatique. Un élément indispensable pour déterminer la valeur de cette supposition, serait la détermination de l'âge des nécropoles de Paphos, dont nous avons parlé page 160.

LES PROPORTIONS

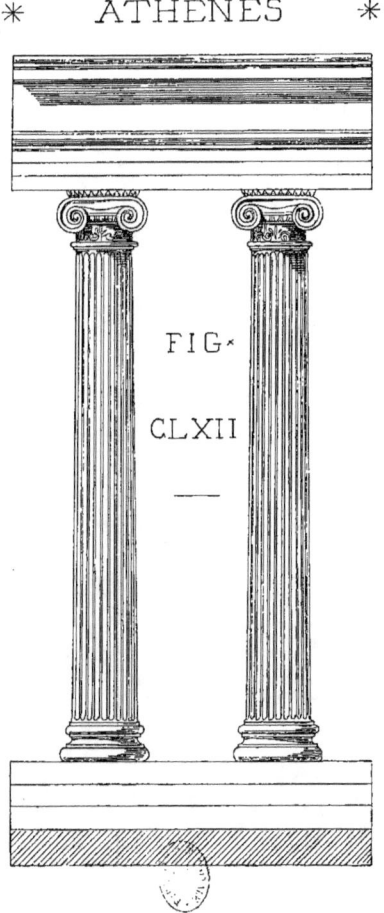

✳ ATHÈNES ✳

FIG.
CLXII

l'Heræum de Samos et celles des temples doriques de Corinthe (F. CXXXIX et CXL).

Ces proportions donnèrent naissance à un module que j'appellerai MODULE HELLÉNIQUE, dont l'unité, indépendante de la dimension des matériaux, est une des divisions de la hauteur de l'édifice[1]. Le nombre de celles-ci étant fixé canoniquement suivant le mode architectural employé par l'artiste (F. CLXII).

Entre toutes les colonnes antiques, la colonne grecque offre cette particularité, que les proportions par rapport à l'édifice en sont toujours les mêmes quelles que soient les dimensions de celui-ci : c'est le principe dominant de l'architecture hellénique.

Toutefois, les anciens ne l'ont jamais appliqué d'une manière rigoureuse et absolue. Les architectes de la Renaissance, en supposant le contraire, ont méconnu la vérité des faits. Le type canonique n'a jamais été une entrave pour l'artiste; il n'a jamais constitué, aux yeux des architectes, qu'une sorte de moyenne exemplaire, au delà et en deçà de laquelle leur libre action s'est toujours pleinement exercée.

---

1. Dans les édifices sacrés, le module était une des divisions de la *largeur* de l'édifice. Vit., IV, 3. 3.

VII

LES FORMES

LES FORMES

I

Influence des arts secondaires sur l'architecture monumentale.

Les applications de l'argile et de l'airain correspondent à l'origine des antiques civilisations.

Dès le principe, le fondeur et le céramiste utilisent les formes dépourvues de signification naturelle et particulièrement appropriées à la technique de leur métier. Les armes, les objets de parure, les vases constituent les premières œuvres d'art.

Plus tard naissent les systèmes ligneux asiatique et égyptien.

Alors le métal remplit un rôle considérable. Les productions des arts secondaires provoquent les dispositions ornementales, l'airain recouvre les murs, enveloppe les supports et parfois les compose. Les membres de la colonne sont créés.

Enfin l'architecture lapidaire succède à l'architecture ligneuse.

L'artiste ne peut se soustraire à l'influence des formes antérieures; il puise à cette source d'innombrables motifs compatibles avec la nature des nouveaux matériaux. Les types métalliques envahissent l'édifice de pierre, s'y implantent et restent reconnaissables malgré les modifications qu'ils subissent.

La peinture textile même fournit des combinaisons linéaires : les lambris de pierre de l'Égypte et les tombeaux monolithes de la Phrygie en portent les traces certaines.

A ces faits, dont l'importance est encore inappréciée, se rattachent la plupart des formes grecques.

Les unes accusent la technique du *repoussé au marteau* et sont organiques : de là le chapiteau corinthien.

D'autres, dans lesquelles on discerne les traces des procédés de la fonderie et de la céramique, sont indépendantes de la nature : de là le chapiteau ionique.

Ces dernières, en un sens, portent le plus haut témoignage de la puissance de l'art.

Une cause d'une nature différente a exercé une action non moins décisive :

La nécessité de donner au temple une expression religieuse a inspiré directement un certain nombre de motifs lapidaires; les mythes asiatiques en révèlent la signification.

C'est ainsi que, dans les anciens sanctuaires helléniques, l'architecte a su imprimer à des éléments naturels, à des phénomènes atmosphériques liés aux vieilles croyances aryennes, et dont la représentation n'était pourtant ni du domaine de la sculpture ni même de celui de la peinture, des formes architecturales dont l'énergie et la puissance atteignent aux dernières limites de l'art.

Ce principe a déterminé plusieurs formes doriques.

II

Les exigences constructives et plastiques.

La colonne antique montre avec évidence, par la manière dont l'architecte a satisfait aux nécessités de la construction, qu'elles ne suffisent pas à motiver les formes, et que, par conséquent, ou ne saurait chercher dans celles-là l'origine de celles-ci.

On ne la découvre pas davantage dans les exigences plastiques.

L'observation des expressions de la lumière est certainement le principe qui a déterminé, jusqu'à un certain point, le champ d'action de l'artiste; mais il a sollicité les formes sans les créer; il a posé, ou plutôt suggéré, les conditions et les données des problèmes plastiques sans les résoudre; en somme, il est impuissant à expliquer pourquoi l'on a employé cette ligne plutôt que celle-là, cette forme au lieu de cette autre.

L'action s'en est manifestée pour modifier bien plus que pour produire.

On ne peut le méconnaître, les exigences plastiques et constructives ont été dominées de haut par le sentiment de l'Hellène, qui le portait à rechercher la beauté pour la beauté.

Ce sentiment, qui a réglé finalement les proportions, a déterminé le choix ou la création des formes. Et la haute expression linéaire, poursuivie et atteinte par l'artiste, explique pourquoi le chapiteau de l'Érechthéum, dégagé de toute fonction dans l'édifice, séparé de la colonne, placé sur le sol et éclairé d'une manière anormale, reste une œuvre d'art complète et achevée en soi.

Le support grec a toujours été marqué de l'empreinte d'un génie personnel : à côté des colonnes de Khersiphron se montrent celles d'Iktinos et de Kallimaque.

On trouve ainsi la raison de la prodigieuse variété des colonnes d'un même ordre, qui, malgré le joug du type consacré, sont comme les feuilles d'une tige : aucune ne présente des proportions ou des contours identiques.

III

Les formes imitatives.

Il faut le dire bien haut : dans toute l'antiquité, chez les Orientaux comme chez les Grecs, la colonne ne résulte pas de l'imitation des formes de la nature. Cette imitation est absente de l'édifice dorien, absente aussi de l'édifice ionien, accidentelle et subordonnée à Karnac et dans la colonne corinthienne.

Dans celle-ci les végétaux ont reçu, comme dans la colonne égyptienne plus d'une interprétation ; la nature même des formes montre qu'ils n'ont jamais existé et qu'ils n'existeront jamais. Telle en est la condition de l'emploi.

De là l'inanité de la *Colonne-Plante* des savants d'outre-Rhin, considérée autrement que comme élément d'une classification arbitraire.

Le sens monumental si élevé des Égyptiens repousse le principe de l'imitation de la plante par le support, l'idée choquante de placer une poutre de granit sur un bouton de lotus. On peut bien faire reposer l'architrave sur une section horizontalement opérée dans un tronc d'arbre ; on ne saurait l'appuyer sur une touffe flexible.

En Égypte, comme en Grèce, dans les colonnes de Karnak comme dans celles du Dydimæum de Milet, les éléments végétaux ne sont que des *formes d'application*, des *formes-enveloppes*, qui répondent à l'idée gracieuse d'entourer de fleurs ou de feuilles un soutien, sans lui enlever rien de l'expression lapidaire et fonctionnelle.

Ce sont des éléments subordonnés et jamais *constitutifs,* de simples accidents ornementaux.

C'est cette idée d'entourer et non de constituer le fût avec des formes vivantes, dont nous avons rencontré l'application dans les colonnes d'Éphèse.

Du reste, quand les anciens se proposaient pour but l'imitation des formes végétales, ils s'y prenaient autrement pour l'atteindre; les palmiers d'or de Ninive et les lauriers d'airain de Métaponte l'ont montré.

Les Cariatides grecques offrent sans doute des exemples de l'imitation des êtres vivants, mais comme elles s'expliquent d'elles-mêmes!

Ce n'est plus ici le cas de l'architrave placée sur des touffes flexibles. Le corps humain, en effet, peut porter dans une certaine mesure, et il n'y a que la permanence de cette fonction qui présente à l'esprit une idée révoltante. Aussi, comme l'artiste a conçu ces figures de manière à éviter toute illusion, comme nous sommes bien en présence d'un corps dont les membres robustes et la constitution évidemment lapidaire font que, sans le moindre sentiment d'inquiétude nous le considérons comme éternellement chargé d'un fardeau.

Les Grecs n'ont, d'ailleurs, jamais confondu l'emploi des cariatides avec celui de l'ordre. Toujours accessoires elles ne remplacent jamais les colonnes, et en font valoir au contraire les proportions.

Quand nous aurions obtenu ce seul résultat, de rectifier la fausse idée de l'imitation de la nature servant de base à l'architecture égyptienne, nous nous tiendrions pour satisfait.

Non, ce n'est pas la nature qui a appris à l'architecte à combiner les proportions et les lignes. Où avons-nous donc rencontré les ophidiens, les cornes de bélier, les coquilles déterminant les formes?

Rêves et chimères! qui méconnaissent le principe de l'art architectural, en faussent le caractère; le confondent avec la botanique et la zoologie, et empêchent de voir que la plupart des formes imitatives, empruntées des arts secondaires et non de la nature, relèvent d'une physiologie toute monumentale, et vivent d'une vie extranaturelle, dont les conditions ont été créées par le génie de l'artiste antique.

VIII

LES TRANSMISSIONS DES FORMES

LES TRANSMISSIONS DES FORMES

L'action plus ou moins intense des formes étrangères sur l'art primitif de l'Occident s'est propagée suivant différents modes.

Par divergence. — Il est dans la nature des créations architecturales de rayonner autour des centres où elles reçoivent des développements considérables. De proche en proche, de contrée en contrée, l'influence des monuments de l'Égypte, de l'Assyrie, de la Phénicie, s'est répandue, dans des mesures diverses, sur la majeure partie du monde antique.

On découvre en Asie Mineure des traces certaines de l'influence de l'Assyrie, antérieurement à la formation dorienne.

Les productions des arts secondaires de la Phrygie et de la Lydie imitées dans l'Hellade dès une haute antiquité montrent l'une des voies par lesquelles les formes de Ninive et de Babylone pénétrèrent en Europe.

Par transport. — Les colonies asiatiques importaient directement en Occident un grand nombre de formes orientales. Les caravanes commerçantes, chargées de menus objets de métal provenant de l'Asie ou de l'Égypte, répandaient dans toutes les directions des modèles qui étaient toujours imités.

Les Chananéens, surtout, ces courtiers de l'ancien monde, qui étaient en même temps teinturiers, verriers, ivoiriers, joailliers, céramistes et métallurgistes, inondaient la côte de la Méditerranée de leurs produits et de ceux des autres peuples.

« Hérodote, » dit M. Champollion-Figeac, « donne des détails circonstanciés sur la route commerciale de Thèbes à Carthage, et l'antiquité des échanges commerciaux porte à croire à l'antiquité de cette grande voie africaine. De la capitale de l'Égypte, elle se dirigeait au nord-ouest, vers l'oasis d'Ammon et vers la grande Syrte, par Augéla, d'où une autre route conduisait par le sud-ouest, dans le pays des Garamanthes; c'est par là que les caravanes parties de Thèbes pouvaient rencontrer celles des Nasamouns et des Lotophages. Une autre route, également indiquée par Hérodote, se dirigeait, de l'est à l'ouest, de Thèbes vers les colonnes d'Hercule et le cap Soloès et touchait ainsi à l'Océan; et, quelque opinion qu'on se fasse sur l'exacte direction de ces routes, on ne pourra que reconnaître la réalité de cette grande direction entre la vieille Thèbes et la vieille Carthage, la Carthage des Chananéens qui fut contemporaine du successeur de Moïse, et qui recevait ainsi par la voie de terre les produits de l'Inde, de l'Arabie, de l'Égypte et de l'Afrique intérieure et méridionale.

« ... D'un autre côté, Memphis et la basse Égypte communiquèrent facilement avec toute la côte de la Méditerranée, et le canal des deux mers la liait avec la mer Rouge. Une route très-connue, surtout depuis Memphis, conduisait en Phénicie, où d'autres routes s'ouvraient vers l'Arménie et le Caucase, vers Babylone par Palmyre et Thapsaque sur l'Euphrate, et, de Babylone et de Suze on communiquait avec l'Inde, qui était en rapport avec la Bactriane, laquelle touchait à son tour à d'autres peuples commerçants[1].

« ... La guerre fut aussi quelquefois l'auxiliaire du commerce ».

Des découvertes archéologiques récentes ont montré que, dès le XVIIe siècle avant notre ère, les peuples des îles et des rives septentrionales de la Méditerranée commerçaient avec l'Égypte[2].

Et plus tard, sur certains points, le mélange des peuples fut tel, que toutes les formes du vieux monde durent devenir familières aux Hellènes. C'est ce dont Pausanias donne une idée dans le passage suivant : « La Sicile, dit-il, est peuplée de plusieurs nations grecques et barbares. Les nations barbares sont les Sicaniens et les Sicules, qui y sont descendus d'Italie, les Phrygiens qui y sont venus des rives du Scamandre et de la Troade, les Phéniciens et les Lybiens, qui ont aussi passé dans cette île lorsque les Carthaginois y envoyèrent une colonie. Les Grecs sont des Doriens, des Ioniens, avec quelques mélanges de Phocéens et d'Athéniens[3]. »

N'oublions pas enfin que, dans les anciens états helléniques, les ouvriers étaient tous esclaves ou *étrangers*[4].

1. Champollion-Figeac, *Égypte ancienne*, p. 206 et suiv.
2. Devéria, *Mém. de la Soc. des antiq. de France*, t. XXIV.
3. Pausanias, *Élide*, XXXV.
4. Aristote, *Politique*, III, 3.

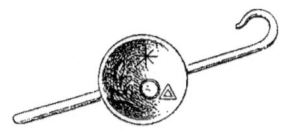

ÉPILOGUE

ÉPILOGUE

Fidèles à leurs habitudes, les Grecs ont entouré les commencements de l'art architectural, comme ils le faisaient de toutes les origines, de gracieuses fictions, dont se dégage leur intime compréhension de l'art[1].

Au son de la lyre d'Amphion, les pierres se meuvent et s'assemblent; quand les accents du chantre divin ont cessé, elles éternisent l'harmonie à laquelle elles ont obéi.

Magnifique et juste image, qui, mieux que toutes les descriptions, fait saisir ce que les anciens entendaient par la Rhythmique monumentale ce caractère suprême de l'architecture qui la fait appeler par Gœthe une *musique rigide*.

Dans des métaphores hardies, qui sont le commentaire le plus lumineux et le plus exact que l'on ait jamais fait des ordres, Vitruve, d'après les architectes helléniques, compare la colonne au corps humain, et affirme que les supports lapidaires ont été conçus sur ce modèle.

On aurait donné à la colonne dorique la fermeté des attaches, la sévérité des formes, les proportions robustes du corps de l'homme.

---

[1]. Il est singulier que les Hellènes, qui avaient des dieux architectes, comme Posidôn, Apollon et Héphæstos, n'aient accordé à aucun d'eux l'invention de ces œuvres charmantes qu'on appelle les ordres. Touchés sans doute de la beauté de ces productions, ils n'ont voulu en partager l'honneur avec personne, pas même avec les dieux.

La colonne ionique aurait reçu de la femme l'exquise beauté, la grâce et jusqu'aux ornements de la parure[1].

On aurait reproduit dans la colonne corinthienne la délicatesse des membres, l'élégance des proportions et la sveltesse du corps de la jeune fille.

Cette explication de l'origine des ordres par une sorte d'anthropomorphisme columnaire, et la légende d'Amphion, contiennent virtuellement toute la théorie de l'architecture grecque; elles en renferment toute l'esthétique.

Elles donnent le sens précis que l'architecte grec attachait au mot Imitation, et montre le but idéal qu'il poursuivait dans ses recherches expressives.

Elles nous initient à la raison des modes proportionnels, et nous découvrent l'existence des rhythmes lapidaires.

Au milieu du siècle dernier, Winckelmann, dans quelques remarques pleines de justesse, a comparé l'abondante chevelure de Zeus Olympien à la crinière du lion; il a retrouvé, dans le col large et la tête relativement petite d'Héraklès, les caractères qui distinguent le taureau, et des rapports étroits entre les mouvements du cerf élégant et svelte et la vive allure d'Artémis aux pas légers.

Il y a plus qu'une comparaison ingénieuse dans ces remarques : c'est bien ainsi, c'est dans ce sens, abstrait, que les artistes helléniques savaient voir la nature et l'imiter, et Winckelmann confirme ici merveilleusement Vitruve.

En terminant, nous ne saurions trop insister sur ce point, que le développement prodigieux de l'art antique,

---

[1]. Vitr., IV.

EPILOGUE.   373

toujours maintenu dans une même voie, n'a cependant jamais rien enlevé à l'architecte de ses prérogatives d'artiste, c'est-à-dire de créateur. C'est le sens profond qui ressort de la légende de Kallimaque.

Ainsi sont nés les ordres grecs, dans lesquels sont résumées toutes les élégances, toutes les beautés et toutes les splendeurs de l'art antique.

En perpétuant la colonne dans tous les siècles, l'architecte a montré combien l'emploi en était fatal. Aussi le jour où, obéissant à un rationalisme étroit, notre moyen âge l'a transformée en simple *nervure,* a-t-il été celui qui a ouvert la période de toute une décadence monumentale.

Nous aurions certes beaucoup à dire encore sur les causes diverses qui ont donné naissance aux ordres; mais ne serait-ce pas dépasser, sans grand intérêt peut-être, les limites que nous nous sommes imposées? Tout n'est pas explicable, d'ailleurs, dans les formes d'art. Et c'est pour cela que Socrate disait : « L'architecture et la théorie des autres sciences analogues sont toutes connaissances accessibles à l'intelligence humaine; mais ce qu'il y a de plus grand en elles, les dieux se le réservent, sans en rien laisser voir à l'homme[1]. »

1. Xénophon, *Mém. sur Socrate,* I.

TABLE GÉNÉRALE

PÉRIODE ORIENTALE

I

ÉGYPTE

LES COLONNES FIGURÉES

	Pages.
I. — Description du premier type d'édifices figurés dans les bas-reliefs égyptiens. — Le pan de bois.	3
II. — Description du second type d'édifices figurés dans les bas-reliefs égyptiens. — L'édicule ouvert.	6
III. — Recherche de la valeur imitative des édifices figurés. — Explication du nombre restreint des éléments columnaires.	11
IV. — On reconnaît dans les édifices figurés un certain nombre de motifs appartenant aux constructions réelles.	15
V. — Les monuments portatifs élevés par les Hébreux après leur sortie d'Égypte expliquent les modes de construction des édifices représentés dans les bas-reliefs égyptiens. — Emploi des pans de bois fermés et des édicules ouverts. — Composition de la couverture de ces monuments. — Nature ligneuse ou métallique des supports.	19
VI. — Motifs qui ont provoqué la formation du couronnement des colonnes ligneuses. — Les chapiteaux métalliques de l'architecture légère de l'Égypte	

donnent la raison des formes étranges accusées par ce genre de couronnements dans les bas-reliefs. 24
VII. — Diverses confirmations des faits précédents. 27
VIII. — Les bas-reliefs montrent que le bois formait souvent la matière du fût des colonnes. — Au lieu d'un appentis, les édicules étaient recouverts quelquefois d'une légère charpente horizontale. — Valeur significative de l'abaque dans l'architecture légère. 30
IX. — Valeur imitative et composition des architraves. 35
X. — Différentes valeurs imitatives des édifices figurés sur les bas-reliefs. — Réalité de l'architecture légère, ligneuse et métallique. Elle s'était developpée en Égypte parallelement à l'architecture lapidaire. 37

II

ÉGYPTE

LA COLONNE LAPIDAIRE

I. — Développement du support lapidaire. — Période monolithique. — Les supports primitifs sont quadrangulaires. — Sous le moyen-empire on les transforme en prismes octogonaux. — Le fût devient circulaire, et des cannelures en creusent la surface. — Formation de l'abaque. — Dès la IVe dynastie, le support est caractérisé par l'inclinaison des côtés et par l'abaque. 41
II. — Apparition de la colonne lapidaire. — Les formes ne résultent pas des modifications du pilier. — L'entre-colonnement aræostyle. — Fin de la période monolithique — La colonne est construite au moyen d'assises superposées. 46
III. — Les deux principaux types columnaires de l'Égypte. — Le premier, couronné d'un chapiteau rentrant. — Le second, d'un chapiteau saillant. — L'entre-colonnement pycnostyle. 48
IV. — Les formes primitives de la colonne lapidaire n'ont été déterminées par aucun motif d'imitation naturelle, ni par une nécessité de construction. . 50
V. — Les formes des supports de Beni-Hassan résultent du mode de travail de la pierre et de l'imitation des poteaux ligneux. — Preuves de ce fait. — Les colonnes lapidaires reproduisent aussi des formes antérieu-

TABLE GÉNÉRALE. 377
Pages.

rement données aux colonnes ligneuses et métalliques. — Ce principe d'imitation se perpétue. 52

VI. — L'architecte égyptien imite les formes de l'architecture ligneuse ou métallique, sans les utiliser toutes. 57

VII. — Motifs qui ont guidé l'architecte dans le choix des formes. — Pourquoi la colonne est conique et non cylindrique. — Le sentiment de l'artiste. 59

VIII. — Du contraste qui existe entre le chapiteau et le fût résulte la plus haute expression plastique de la colonne. 62

IX. — Du rôle des exigences plastiques. — Exemples. — Dans les colonnes égyptiennes les formes végétales sont accidentelles et non constitutives. . 64

X. — Type de colonne dont les formes ont été motivées par les exigences religieuses. 67

XI. — Conclusion des chapitres précédents : les formes des colonnes lapidaires ont été empruntées des supports ligneux et métalliques de l'Ancien-Empire. 69

III

ASSYRIE

I. — Obstacles que rencontre l'étude de l'architecture de quelques anciens peuples de l'Asie. 73

II. — Les colonnes figurées de l'Assyrie se composent d'un fût lisse et relativement grêle, sur lequel repose un chapiteau rectangulaire pourvu de volutes. 75

III. — Exemple unique de colonne lapidaire assyrienne. — Fût lisse, surmonté d'un chapiteau rentrant, dans la composition duquel figurent des courbes. 80

IV. — Systèmes parallèles d'architecture légère et d'architecture lapidaire en Assyrie. — On rencontre dans quelques édifices les dispositions des édicules ligneux et métalliques de l'Égypte. — Les colonnes figurées de l'Assyrie ne sont pas conçues d'après les principes égyptiens. — Caractère demi-monolithique du fragment découvert à Ninive. — Conjecture sur les causes qui ont déterminé les formes des colonnes assyriennes. 82

V. — Une stèle de Ninive montre la cannelure ionique. 85

VI. — Emploi de métal dans l'architecture babylonienne. — Les édicules représentés sur quelques cylindres paraissent dériver du système de la construction en bois. — Colonnes couronnées d'un chapiteau dont les volutes sont reliées par une courbe fléchissante. 88

IV

PERSE

I. — Développement considérable de l'architecture ligneuse à Ecbatane. . . 93
II. — Description des colonnes de Persépolis. — Les fûts grêles et les chapiteaux rectangulaires. — Comparaison des principes élémentaires des deux types principaux de la colonne antique. — Dans le premier le chapiteau semble commandé par le fût de la colonne; dans le second par l'architrave. 96
III. — Inconvénients des chapiteaux rectangulaires au point de vue plastique. — Procédés compliqués et insuffisants au moyen desquels l'architecte essaye d'y remédier. 101
IV. — L'alliance de la pierre avec le bois dans les palais de Persépolis, et l'emploi étendu de cette dernière matière dans les monuments antérieurs, suffisent à expliquer la légèreté des colonnes iraniennes et les entrecolonnements aræostyles. — Le caractère demi-monolithique de ces supports et la composition des chapiteaux semblent indiquer que l'architecte a emprunté les formes à des constructions ligneuses et métalliques. . . 103
V. — Traces de l'influence de l'Égypte et de l'Assyrie dans l'architecture de l'Iran. — Les colonnes de Persépolis sont les dernières expressions d'un art depuis longtemps formé. 106

V

JUDÉE

I. — Les monuments salomoniens étaient lapidaires, ligneux et métalliques. — Développement considérable de ces derniers caractères. — Influences de l'Assyrie et de l'Égypte. 111

II — Les bas-reliefs lapidaires de la Judée offrent des formes analogues à celles qui appartiennent en propre aux bas-reliefs métalliques. — La nudité des fûts est un des caractères des colonnes de style grec de la Judée. 114

VI

PHÉNICIE

I. — Les anciens temples phéniciens. — L'influence de l'Égypte. — Des colonnes métalliques se montrent dans le pronaos des temples. — Horizontalité de la couverture lapidaire ou ligneuse de ces édifices. — La moulure caractéristique de l'architecture phénicienne. — L'influence de l'Assyrie. 119

II. — On reconnaît dans les colonnes phéniciennes les formes rudimentaires des chapiteaux dorique et corinthien. — Autres types columnaires à fûts lisses et demi-monolithes, surmontés d'un chapiteau présentant les formes atténuées du chapiteau dorique. — Les volutes des chapiteaux de Golgos. — Les colonnes symboliques. — Explication du faible développement des formes et des proportions de la colonne phénicienne. 123

VII

ASIE MINEURE

I. — Les formes monumentales de la haute Asie et de la Phénicie pénètrent de bonne heure en Asie Mineure. — Colonnes couronnées de chapiteaux à volutes diversement disposées. — Fronton symbolique. — Influence de l'Égypte et de l'Assyrie. 129

II. — L'architecture en bois figurée sur les tombeaux lyciens. — Reproduction exacte des éléments ligneux sur les monolithes. — Le fronton caractéristique des tombeaux phrygiens. — Le principe de l'imitation des éléments ligneux, commun aux peuples orientaux. 134

VIII

OCCIDENT

	Pages.
I. — Etat de l'Architecture dans l'Archipel avant la période historique grecque. — Construction en pierre et en bois. — Provenance éloignée de la plupart des menus objets découverts dans les fouilles de Santorin.	139
II. — L'emploi de la colonne de Santorin a été déterminé par des exigences matérielles.	143
III. — Les colonnes pélasgiques. — Porte de Mykênæ. — Trésor d'Atrée. — Fragment de volutes. — Réminiscences des revêtements métalliques. . .	145

IX

LES ARTS SOMPTUAIRES DE L'ORIENT

I. — Utilité de l'étude des arts décoratifs de l'Orient. — Influence exercée sur les formes par l'emploi dominant d'une matière dans les édifices.	153
II. — Le fondeur et le céramiste. — Formes ornementales propres à la céramique. — Les volutes. — Pourquoi le bronze recevait également ces formes. — L'art du ciseleur.	155
III. — Le mode du repoussé au marteau.	158
IV. — Dans les meubles et les ustensiles le métal est constamment caractérisé par des volutes.	160
V. — Les objets de parure. — Les barillets. — L'ove.	163
VI. — Les formes communes des arts secondaires étaient utilisées par l'architecte.	165
VII. — Les deux foyers d'où rayonnaient les formes antiques. — Les climats et les races. — Caractères généraux de la colonne dans l'architecture orientale.	168

PÉRIODE HELLÉNIQUE

I

HELLADE

COMPOSITION MATÉRIELLE DES TEMPLES

Pages.

I. — Le temple-métallique, le temple-cabane, le temple-mixte. — Le temple-caverne. — Le naos quadrangulaire. — L'usage du bois n'était pas exclusif dans la première période monumentale de l'architecture grecque. 173

II

LE TEMPLE ET LA COLONNE DORIQUES

I. — Opinion des anciens sur l'origine de ce temple. — Les deux périodes de formation de la colonne. — Circonstances remarquables qui accompagnent l'apparition du temple dorien. — Caractères généraux des formes 187

II. — Analyse et étude comparées des formes élémentaires de la colonne dorique. — On les rencontre dans l'architecture orientale. 191

III. — Le fronton curviligne de la Ptérie se montre dans l'Hellade. — Conjectures sur le nom donné par les anciens au faîte des temples. — Le fronton monumental était originairement symbolique 195

IV. — Pourquoi les chapiteaux des antes doriques diffèrent de ceux des colonnes. — Formes asiatiques du chapiteau des antes de Sélinonte. — Les enroulements. — Les barillets de l'Assyrie. 201

V. — Formes identiques des maisons en bois de la vallée du Xanthe et des antiques constructions ligneuses. — Les deux types de ces habitations. — Les formes des membres du temple dorien ne peuvent s'expliquer par l'imitation des éléments de ces cabanes. 207

VI. — Hypothèse dans laquelle le temple dorien reproduirait les formes d'un édifice ligneux perfectionné. — Ce que nous connaissons de la charpente antique rend cette hypothèse inadmissible. 213

VII. — Les formes des éléments du temple dorien ne résultent pas des nécessités de la construction. — Rôle des exigences optiques dans le temple. . . 224

VIII. — Dans quelles proportions l'imitation des constructions ligneuses se manifeste dans le temple dorien. — Les périodes d'essais qui ont précédé la formation canonique de l'ordre. 232

IX. — Quelle action l'Égypte a exercée sur le temple dorien 237

X. — Caractéristiques de la colonne dorique. — Rôle prépondérant des exigences plastiques et optiques dans la formation définitive de l'ordre. — Ces exigences non plus que le principe de l'imitation ne peuvent motiver les formes de l'entablement dorien. — Les mythes de la race aryenne expliquent les formes du triglyphe et du mutule. — Signification symbolique et religieuse de ceux-ci. — Les formes doriennes ne dérivent pas d'un seul principe 242

III

LE TEMPLE ET LA COLONNE IONIQUES

I. — Le temple proto-ionique. — Période de transition. — La formation définitive du temple ionique est postérieure à celle du temple dorique. — Preuves de l'existence du temple proto-ionique. 255

II. — Origine orientale de la colonne ionique. — Principes des chapiteaux circulaires et rectangulaires appliqués dans le couronnement. — Particularités. 263

III. — La colonne de Samos. — Les quatre types de la volute ionique se montrent dans les chapiteaux de l'Assyrie, de l'Iran, de la Ptérie et de la Phénicie. — Les deux dispositions du chapiteau ionique. 266

IV. — L'ante ionique de l'Hellade. — L'ove. — Le principe n'en réside pas dans l'imitation des formes naturelles. — Elle reproduit une des formes particulières des arts secondaires. — Les antes ioniques de l'Asie Mineure. — Le principe en est celui des chapiteaux de l'Iran. — Explication de ce fait 276

V. — Influence du système de la construction ligneuse sur le temple ionique. — Le modillon. — L'influence de la construction ligneuse se manifeste dans les proportions et non dans les formes ioniques. 282

TABLE GÉNÉRALE. 383
Pages.
VI. — Les nécessités de la construction n'ont exercé aucune action sur le développement canonique du temple ionien. — Les volutes du chapiteau ionique ne résultent pas de l'imitation des formes naturelles. — Filiation de ces formes 286

IV

LA COLONNE CORINTHIENNE

I. — Applications restreintes de cet ordre dans l'Hellade. — Principes de la colonne corinthienne. 293

II. — Analyse des formes de la colonne corinthienne. — Le type proto-corinthien. — Motifs qui ont provoqué la création des hélices. — Les colonnes de Phigalie et du Didymæum. — Expansion des formes végétales. — La colonne du monument de Lysicrates. 295

III. — Opinion de Vitruve touchant l'ordre corinthien. — Kallimaque. — Particularités sur cet artiste. — Sa légende. — En quoi consiste son invention. 303

IV. — Étrangeté des formes du chapiteau corinthien. — Elles s'expliquent par la constitution métallique du modèle de Kallimaque. — Explication du silence des auteurs anciens au sujet de quelques particularités de l'invention de cet artiste 306

V. — Les chapiteaux corinthiens de l'Italie se rapportent à deux types dont l'un reproduit les formes d'un modèle métallique. — Explications de ce fait. — Le type originaire du chapiteau corinthien était formé de pièces de rapport. — L'ante corinthienne. 314

V

OBSERVATIONS

SUR LA COLONNE ITALIOTE OU TOSCANE

I. — Caractères du temple toscan. — Analyse des formes de la colonne toscane. 325

II. — L'ordre toscan n'est pas une dégénérescence de l'ordre dorique. — L'état de l'Italie comparable à celui de la Grèce pendant l'âge péroïque. — L'architecture pélasgique en Italie, en Grèce et en Asie Mineure. — La colonne toscane est la colonne pélasgique ou proto-dorique 330

III. — Les formes phrygiennes en Italie. 334
IV. — Les caractères de l'architecture toscane moderne rappellent ceux de l'architecture antique de l'Etrurie 337

RÉCAPITULATIONS

VI

LES PROPORTIONS

I. — Proportions générales des ordonnances asiatiques 343
II. — Proportions générales des ordonnances égyptiennes 346
III. — Proportions générales des ordonnances helléniques 349

VII

LES FORMES

I. — Influence des arts secondaires sur l'architecture monumentale 355
II. — Les exigences constructives et plastiques 357
III. — Les formes imitatives 359

VIII

LES TRANSMISSIONS DES FORMES. . . . 363

ÉPILOGUE. 369

ERRATA.

Page 22, ligne 16, au lieu de : *on a indiqué*, lisez : *elles indiquent*.
Page 67, ligne 19, au lieu de : (*F. LXV*)., lisez : (*XLV*).
Page 90, ligne 4, au lieu de : (*F. LIX*)., lisez : (*F. XLIX*).
Page 122, ligne 17, manque la figure LXVII :

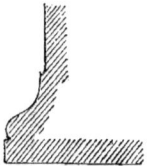

※F※LXVII※

Page 144, ligne 8, au lieu de : *obstacles qui ne pouvaient être atténués*, lisez : *obstacle qui ne pouvait être atténué*.
Page 295. — Sous la figure, au lieu de : *CXLII. A.*, lisez : *CXLII. B.*

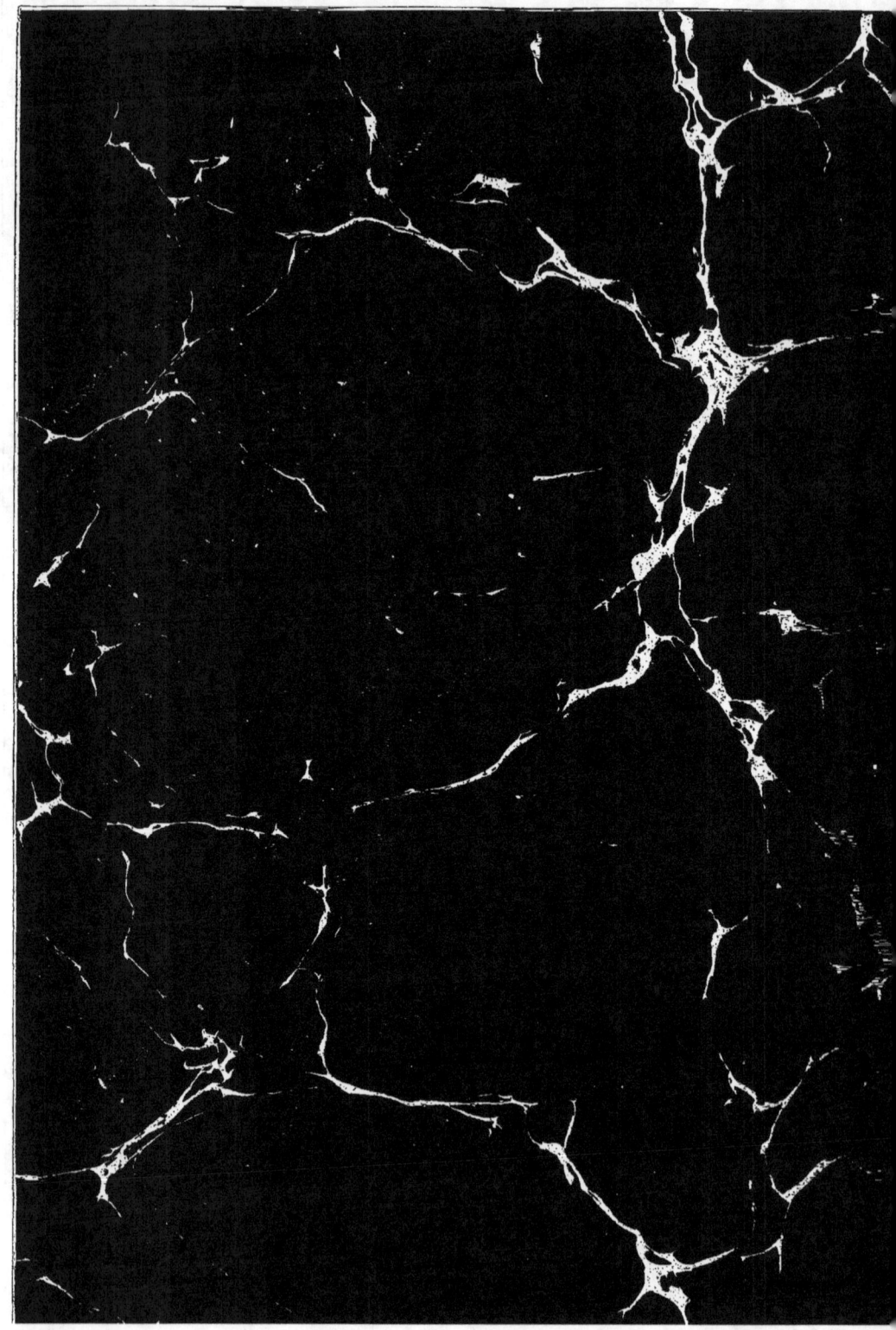

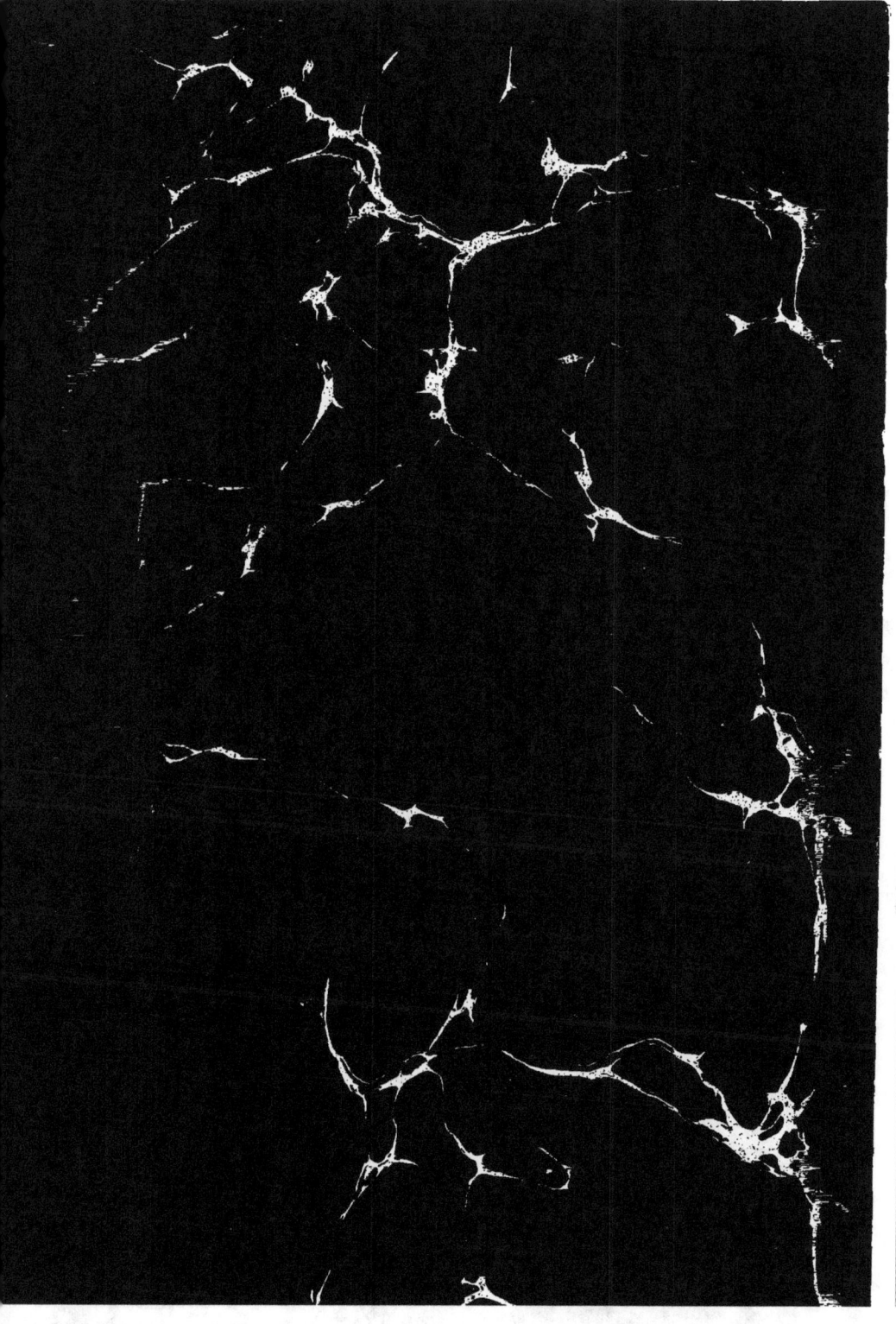

www.ingramcontent.com/pod-product-compliance
Lightning Source LLC
Chambersburg PA
CBHW060514230426
43665CB00013B/1508